ROBERT 1980

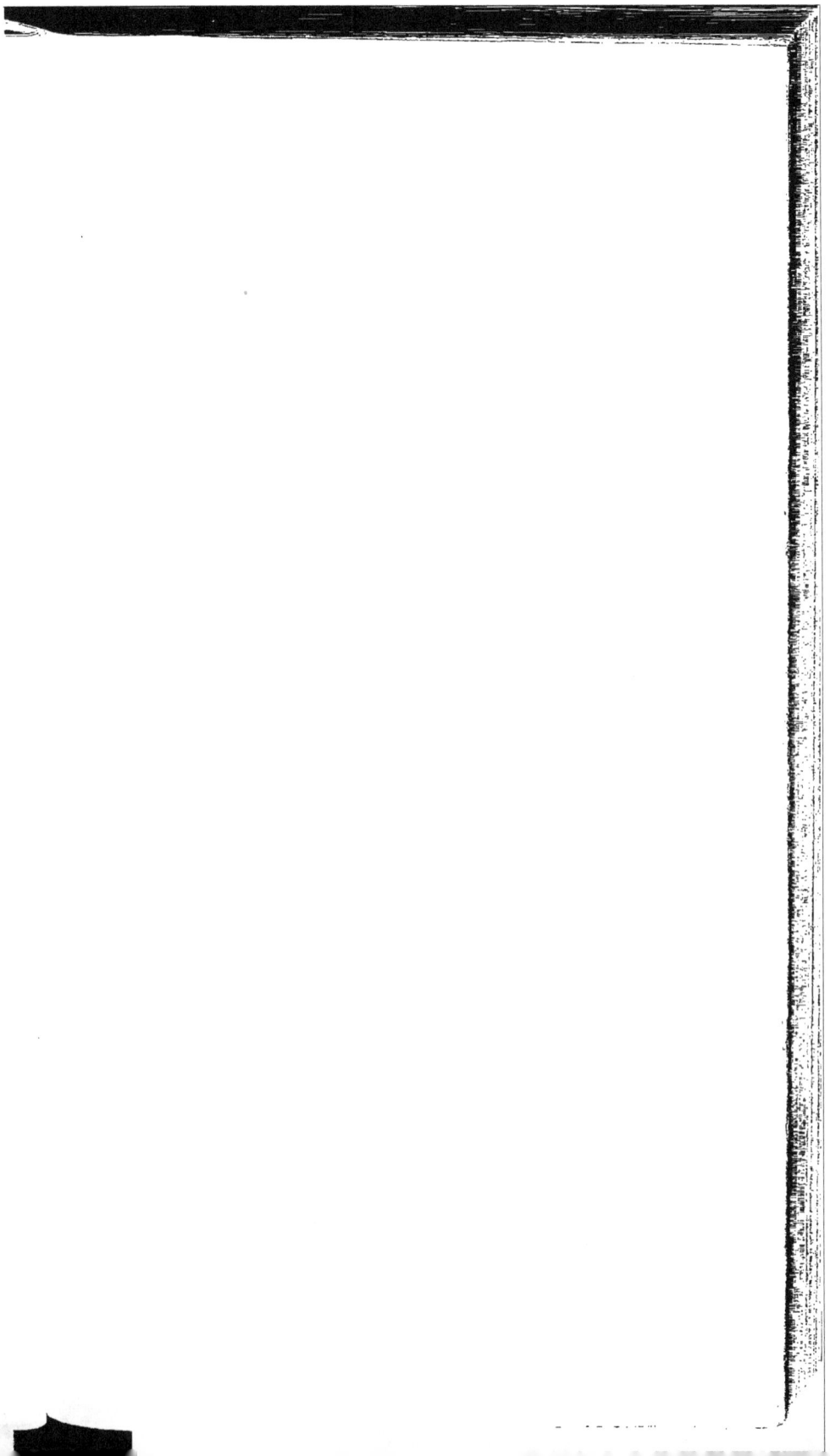

RECUEIL

MÉTHODIQUE ET RAISONNÉ

DES LOIS ET RÈGLEMENTS

SUR

LA VOIRIE.

212

II.

DI

LE

ONT

PARIS. — IMPRIMERIE ET FONDERIE DE FAIN,
Rue Racine, 4, près de l'Odéon.

RECUEIL

MÉTHODIQUE ET RAISONNÉ

DES LOIS ET RÈGLEMENTS

SUR

LA VOIRIE,

LES ALIGNEMENTS ET LA POLICE DES CONSTRUCTIONS.

NOUVELLE ÉDITION,

CONTENANT LES DERNIÈRES LOIS, ORDONNANCES ET INSTRUCTIONS
ADMINISTRATIVES RENDUES SUR CETTE MATIÈRE ;

PAR H.-   ENNE,

CHEF DE BUREA   RIEUR.

T   D.

PARIS.

CARILIAN-GŒURY, LIBRAIRE-ÉDITEUR,

QUAI DES AUGUSTINS, 41.

1836.

I

LI

SI

]

L
l'inc
entr
sous
clas

RECUEIL

MÉTHODIQUE ET RAISONNÉ

DES LOIS ET RÈGLEMENTS

SUR

LA VOIRIE,

LES ALIGNEMENTS ET LA POLICE DES CONSTRUCTIONS.

SUITE DE LA PREMIÈRE PARTIE.

RÈGLEMENTS GÉNÉRAUX.

CHAPITRE VI.

DES CHEMINS VICINAUX.

Les chemins vicinaux sont, comme leur nom l'indique, ceux qui servent de communication entre des territoires voisins ; on comprend sous cette dénomination les chemins qui ont été classés comme tels par l'autorité compétente.

Ils sont propriétés communales (1). Il faut les distinguer des chemins ruraux, qui servent à l'exploitation des terres : ceux-ci se subdivisent en chemins publics et particuliers : les premiers, quant à la police de conservation, sont assimilés aux chemins vicinaux; les seconds, dont l'existence est l'objet de conventions ou de servitudes particulières, sont soumis aux conditions de la propriété privée. Il en est de même des simples sentiers.

(1) La loi ne dit pas d'une manière expresse que les chemins vicinaux appartiennent aux communes ; mais cette condition résulte du système de la législation, puisque le *Code civil* ne considère (art. 538) comme propriété nationale que les chemins, *routes et rues à la charge de l'état.*

Le ministre des finances ayant, dans une circulaire du 4 germinal an VII, établi l'opinion contraire et prétendu qu'aux termes de la loi du 1er décembre 1790, les chemins vicinaux forment une dépendance du domaine national, un décret du gouvernement, du 24 vendémiaire an XI, réforma cette décision en se fondant sur les motifs suivants :

« Considérant que cette loi (du 1er décembre 1790) n'est relative qu'aux biens qui composaient et doivent continuer de composer le domaine national ; que les chemins publics dont elle parle sont les routes faites et entretenues aux frais de la nation ; que celle-ci n'a jamais entendu s'emparer de terrains achetés ou échangés par les communes, ou fournis gratuitement par les propriétaires pour le service particulier des communes ; que les lois des 6 octobre 1791, 16 frimaire an XI et 11 frimaire an VII, qui ont laissé l'entretien des chemins à la charge des communes, sauf le cas où ils deviendraient nécessaires au service public, ne donnent point à croire qu'ils soient propriétés nationales ;

»Considérant *qu'un chemin vicinal appartient à la commune*, etc. »

La législation a beaucoup varié sur cette importante matière où, plus que dans toute autre, l'administration a besoin de s'éclairer des lumières de l'expérience et des observations de la pratique.

On pensait avoir pourvu, par la loi du 28 juillet 1834, aux inconvénients que l'application des dispositions antérieures avait donné depuis longtemps occasion de reconnaître.

Mais la difficulté tenait au principe même qui avait dominé jusqu'alors dans les lois, comme dans la jurisprudence, savoir, que les chemins vicinaux étant la propriété des communes, celles-ci devaient pourvoir exclusivement aux soins et aux frais de leur entretien, et que par conséquent l'autorité municipale demeurait seule chargée de la conservation de ces voies publiques. D'après ce système, qui prévalut encore dans la loi de 1834, l'administration départementale n'avait point d'action immédiate : elle était appelée à contrôler, à surveiller celle des maires; mais elle ne pouvait y suppléer. De là l'impuissance dont les dispositions de cette loi, d'ailleurs utiles à beaucoup d'égards, se trouvèrent également frappées. En effet, l'expérience a prouvé que les droits de la propriété publique, mis en opposition avec ceux des particuliers, sont toujours mal défendus par des administrateurs soumis aux influences locales, comme le sont la plupart des maires dans les communes rurales, où toute mesure d'amélioration dirigée vers un but d'utilité générale ne rencontre que des résistances et des obstacles, dès qu'il en coûte le plus léger sacrifice aux intérêts privés.

Le défaut de ressources pécuniaires ajoutait encore aux difficultés, surtout lorsqu'il s'agissait d'exécuter des travaux de quelque importance, et l'on sait qu'en fait d'améliorations de chemins, ce n'est qu'à grands frais qu'on obtient des résultats profitables.

La loi du 21 mai 1836 est venue remédier plus efficacement aux inconvénients de la législation précédente : elle établit une distinction judicieuse entre les chemins vicinaux d'utilité purement communale et ceux de grande communication ; c'est particulièrement sur ces derniers, si intéressants pour l'agriculture et le commerce des campagnes, soit comme moyens de relation des communes entre elles, soit comme affluents des grandes routes, que le législateur a dû porter sa sollicitude : ils sont placés sous l'autorité des préfets, qui peuvent désormais contraindre les communes à réparer et entretenir leurs chemins. Des centimes spéciaux sont créés pour concourir aux dépenses à l'aide de subventions départementales : ce sont encore les préfets qui en règlent la répartition sous le contrôle des conseils généraux. Des agents voyers sont institués pour en surveiller l'emploi en même temps que pour assurer à la police de conservation une impulsion plus forte et mieux dirigée. En résultat, une juste part de pouvoir est faite à l'autorité administrative, afin de seconder, de stimuler le zèle des fonctionnaires municipaux et de suppléer au besoin à leur action.

Sur la plupart des autres points, la loi de 1836 rappelle, en les modifiant et en les coordonnant au système dans lequel elle est conçue, des dispositions déjà consacrées. Comme du reste elle n'a rapporté les lois antérieures qu'en ce qui y serait contraire; que rien n'est innové, notamment quant au mode de répression, au jugement des contraventions et à la pénalité, nous croyons utile de reproduire tous les actes réglementaires qui l'ont précédée.

Décret relatif aux droits de propriété et de voirie sur les chemins publics.

Du 26 juillet-15 août 1790.

« ART. 1er. Le régime féodal et la justice seigneuriale étant abolis, nul ne pourra dorénavant, à l'un ou à l'autre de ces deux titres, prétendre aucun droit de propriété ni de voirie sur les chemins publics, rues et places des villages, bourgs ou villes.

» ART. 2. En conséquence, le droit de planter des arbres ou de s'approprier les arbres crus sur les chemins publics, rues et places de villages, bourgs ou villes, dans les lieux où il était attribué aux ci-devant seigneurs par les coutumes, statuts ou usages, est aboli.

» ART. 3. Dans les lieux énoncés dans l'article précédent, les arbres existant actuellement sur les chemins publics, rues ou places de villages, bourgs ou villes, continueront d'être à la disposition des ci-devant seigneurs, qui en ont été jusqu'à présent réputés propriétaires, sans préjudice des droits des particuliers qui auraient fait des plantations vis-à-vis leurs propriétés, et n'en auraient pas été légalement dépossédés par les ci-devant seigneurs.

» ART. 4. Pourront néanmoins les arbres existants sur les rues ou chemins publics être rachetés par les propriétaires riverains, chacun vis-à-vis sa propriété, sur le pied de leur valeur actuelle, d'après l'estimation qui en sera faite par des experts nommés par les parties, sinon d'office par le juge, sans qu'en aucun cas cette estimation puisse être inférieure au coût de la plantation des arbres.

» ART. 5. Pourront pareillement être rachetés par les communautés d'habitants, et de la manière ci-dessus prescrite, les arbres existants sur les places publiques des villes, bourgs ou villages.

» ART. 6. Les ci-devant seigneurs pourront, en tout temps, abattre et vendre les arbres dont le rachat ne leur a pas été offert, après en avoir averti par affiches, deux mois à l'avance, les propriétaires riverains et les communautés d'habitants, qui pourront respectivement, et chacun vis-à-vis sa propriété, sur les places publiques, les racheter dans ledit délai.

» ART. 7. Ne sont compris dans l'art. 3 ci-dessus non plus que dans les subséquents, les arbres qui pourraient avoir été plantés par les ci-devant seigneurs sur les fonds mêmes des riverains, lesquels appartiendront à ces derniers, en remboursant, par eux, les frais de plantation seulement.

» ART. 8. Ne sont pareillement comprises dans les art. 4 et 6 ci-dessus les plantations faites, soit dans les avenues, chemins privés, et autres terrains appartenant aux ci-devant seigneurs, soit dans les parties des chemins publics qu'ils pourraient avoir achetés des riverains, à l'effet d'agrandir lesdits chemins et d'y planter ; lesquelles plantations pourront être conservées et renouvelées par les propriétaires desdites avenues, chemins privés, terrains ou parties de chemins publics, en se conformant aux règles établies sur les intervalles qui doivent séparer les arbres plantés d'avec les héritages voisins.

» ART. 9. Il sera statué par une loi particulière sur les arbres plantés le long des *chemins royaux*. »

Les dispositions qui précèdent ont été changées en faveur des communes et des riverains par la loi du 24 août 1792, rapportée à la suite. (*Voir* en outre la loi du 9 ventôse an XIII.)

Décret qui réforme l'art. 10 du décret précédent.

Du 29 août-12 septembre 1790.

Ledit article a été décrété ainsi qu'il suit :

« ART. 10. Les administrations de département seront tenues de proposer au corps législatif les mesures qu'elles jugeront plus convenables, d'après les localités et sur l'avis des districts, pour empêcher, tant de la part des riverains et autres particuliers, que des communautés d'habitants, toute dégradation des arbres dont la conservation intéresse le public, et pour pourvoir au remplacement de ceux qui auraient été ou pourraient être abattus ; et cependant les municipalités ne pourront, à peine de responsabilité, rien entreprendre en vertu dudit décret, que d'après l'autorisation expresse du directoire de département sur l'avis de celui de district, qui sera donné sur une simple requête et après communication aux parties intéressées, s'il y en a. »

Décret

Du 11 septembre 1790.

« La police de conservation, tant pour les grandes routes que pour les chemins vicinaux, appartient aux juges de district. »

La législation postérieure a changé cette disposition ; la police de conservation appartient aux préfets et aux maires, et le contentieux aux conseils de préfecture ou aux tribunaux, suivant les cas. (*Voir* nos observations ci-après, p. 12.)

Extrait du Code rural.

Du 28 septembre-6 octobre 1791.

« Art. 2. Les chemins reconnus par le directoire de district pour être nécessaires à la communication des paroisses, seront rendus praticables et entretenus aux dépens des communautés sur le territoire desquelles ils sont établis ; il pourra y avoir à cet effet une imposition au marc la livre de la contribution foncière.

» Art. 3. Sur la réclamation d'une des communantés ou sur celle des particuliers, le directoire de département, après avoir pris l'avis de celui du district, ordonnera l'amélioration d'un mauvais chemin, afin que la communication ne soit interrompue dans aucune saison, et il en déterminera la largeur.

» Titre II. *Police rurale.*

» Art. 40. Les cultivateurs ou tous autres qui auront dégradé, de quelque manière que ce soit, des chemins publics ou usurpé sur leur largeur, seront condamnés à la réparation ou à la restitution et à une amende qui ne pourra être moindre de trois livres, ni excéder vingt-quatre livres.

» Art. 41. Tout voyageur qui déclorra un champ pour se faire un passage dans sa route, payera le dommage fait au propriétaire, et de plus une amende de la valeur de trois journées de travail, à moins que le juge de paix du canton ne décide que le chemin public était impraticable, et alors les dommages et les frais de clôture seront à la charge de la communauté.

« Art. 44. Les terres ou matériaux appartenant aux communautés ne pourront également être enlevés en aucun cas, si ce n'est par suite d'un usage général établi dans les communes pour les besoins de l'agriculture et non aboli par une délibération du conseil général.

» Celui qui commettra l'un de ces délits sera, en outre de la réparation du dommage, condamné, suivant la gravité des circonstances, à une amende qui ne pourra excéder vingt-quatre livres ni être moindre de trois livres; il pourra de plus être condamné à la détention de police municipale. »

Loi

Du 28 août 1792.

» Art. 14. Tous les arbres existants actuellement sur les chemins publics autres que les grandes routes nationales, et sur les rues des villes, bourgs et villages, sont censés appartenir aux propriétaires riverains, à moins que les communes ne justifient en avoir la propriété par titre ou possession.

» Art. 15. Tous les arbres actuellement existants sur les places des villes, bourgs et villages, ou dans des marais, prés et autres biens dont les communautés ont ou recouvreront la propriété, sont censés appartenir aux communautés, sans préjudice des droits que les particuliers non seigneurs pourraient y avoir acquis par titres ou possession.

» Art. 16. Dans le cas même où les arbres mentionnés dans les deux articles précédents, ainsi que ceux qui existent sur les fonds mêmes des riverains, auraient été plantés par les ci-devant seigneurs, les communautés et les riverains ne seront tenus à aucune indemnité ni à aucun remboursement pour frais de plantations ou autres.

» Art. 17. Dans les lieux où les communes pourraient être dans l'usage de s'approprier les arbres épars sur les fonds des propriétaires particuliers, ces derniers auront la libre disposition desdits arbres.

» ART. 18. Jusqu'à ce qu'il ait été prononcé relativement aux arbres plantés sur les grandes routes, etc. » (*Voir* au tome Ier, chapitre III, section Ire.)

Loi

Du 16 frimaire an II (6 décembre 1793).

« Les chemins vicinaux continueront d'être aux frais des administrés, sauf le cas où ils deviendraient nécessaires au service public. »

Arrêté du Directoire exécutif concernant la confection d'un état général des chemins vicinaux.

Du 23 messidor an V (11 juillet 1797).

« Vu les articles 2 et 3 de la section VI de la loi du 6 octobre 1791, le directoire arrête :

» ART. 1er. Dans chaque département, l'administration centrale fera dresser un état général des chemins vicinaux de son arrondissement, de quelque espèce qu'ils puissent être.

» ART. 2. D'après cet état, elle constatera l'utilité de chacun des chemins dont il sera composé.

» ART. 3. Elle désignera ceux qui, à raison de leur utilité, doivent être conservés, et prononcera la suppression de ceux reconnus inutiles.

» ART. 4. L'emplacement de ces derniers sera rendu à l'agriculture. »

La loi du 11 frimaire an VII comprend parmi les dépenses communales celles de la voirie et des *chemins vicinaux* dans l'étendue de la commune.

Loi

Du 28 pluviose an VIII (17 février 1800).

» Titre 1er, § III, art. 15. Le conseil municipal réglera la répartition des travaux nécessaires à l'entretien et aux réparations des propriétés qui sont à la charge des habitants. »

Arrêté du Gouvernement.

Du 4 thermidor an X (23 juillet 1802).

« Titre II, art. 6. Les chemins vicinaux seront à la charge des communes; les conseils municipaux émettront leurs vœux sur le mode qu'ils jugeront le plus convenable pour parvenir à leur réparation; ils proposeront, à cet effet, l'organisation qui leur paraîtrait devoir être préférée pour la prestation en nature. »

Loi relative aux plantations des grandes routes et aux chemins vicinaux.

Du 9 ventôse an XIII (28 février 1805).

« Art. 6. L'administration publique fera rechercher et reconnaître les anciennes limites des chemins vicinaux, et fixera, d'après cette reconnaissance, leur largeur suivant les localités, sans pouvoir cependant, lorsqu'il sera nécessaire de l'augmenter, la porter au-delà de six mètres, ni faire aucun changement aux chemins vicinaux qui excèdent actuellement cette dimension.

» Art. 7. A l'avenir nul ne pourra planter sur le bord des chemins vicinaux, même dans sa propriété, sans leur conserver la largeur qui leur aura été fixée en exécution de l'article précédent.

» Art. 8. Les poursuites en contravention aux dispositions de la présente loi seront portées devant les conseils de préfecture, sauf le recours au conseil d'état. »

Il résulte des termes de l'article 7 de cette loi
que les propriétaires riverains ont, concurremment avec les communes, le droit de planter
des arbres le long des chemins vicinaux, *même*
sur le terrain de la voie. Les difficultés auxquelles peut donner lieu l'exercice de ce droit
sont déférées au jugement des conseils de préfecture, en vertu d'un arrêt du conseil d'état
du 19 mars 1820.

Les préfets sont d'ailleurs autorisés aujour-
d'hui à faire des règlements obligatoires sur
cet objet (art. 21 de la loi du 21 mai 1836.
Voir cette dernière loi à sa date).

Mais l'art. 8 fournit la matière d'une observation plus sérieuse. Il s'agit du changement
apporté par le nouvel art. 479 (n° 11) du
Code pénal, dans l'ordre de la juridiction appelée
à prononcer en matière d'usurpation des chemins vicinaux.

Il est certain que le Code pénal dit aujourd'hui
positivement (*Voir* tom. 1, p. 325) :

« Seront punis d'une amende de onze à
quinze francs, inclusivement.... ceux qui auront dégradé ou détérioré, de quelque manière que ce soit, les chemins publics ou usurpé
sur leur largeur. »

Or, comme les tribunaux seuls peuvent appliquer les dispositions du Code pénal, il s'ensuit que dans l'état actuel de la législation le
jugement des faits d'anticipation et d'usurpation
sur les chemins vicinaux, remis formellement

par la loi de l'an XIII aux conseils de préfecture, se trouverait ainsi détourné des attributions de la justice administrative. C'est comme
on voit un retour pur et simple au système
établi par le décret du 11 septembre 1790. (*Voir
ci-dessus*, p. 7.)

Mais en se reportant à la discussion de la loi
du 28 avril 1832 rectification du Code pénal,
on voit que cette disposition, d'un intérêt comparativement secondaire dans une loi qui em-
brassait de si hautes questions, a passé pour
ainsi dire inaperçue avec quelques autres renouvelées du Code rural de 1791. On peut donc
considérer le changement qu'elle a introduit
dans l'ordre des juridictions comme l'effet d'une
sorte de surprise plutôt que comme le résultat
d'une délibération réfléchie.

Il est à présumer que le gouvernement s'em-
pressera de provoquer la rectification de cet
article, qui ne pourrait être maintenu sans
entraîner de graves inconvénients pour la conservation des chemins vicinaux, à raison de
la lenteur des formes judiciaires et des autres
difficultés inhérentes au mode de procédure
devant les tribunaux pour des causes de ce
genre.

Quoi qu'il en soit, nous avons dû constater
l'anomalie que présente en ce point l'état de la
législation, et prévoir les embarras qui ne pourraient manquer, selon nous, d'en résulter dans
la pratique.

Instruction du Ministre de l'intérieur pour l'exécution des lois des 9 ventôse an XII et 9 ventôse an XIII.

Du 7 prairial an XIII (27 mai 1805).

« Une loi du 9 ventôse an XII, et celle du 9 ventôse an XIII, relatives aux plantations des grandes routes et des chemins vicinaux, donnent, monsieur, à l'autorité administrative de nouvelles attributions qu'il est essentiel de fixer.

» Cette dernière loi porte, art. 6 (*voir* la loi plus haut, page 11).

» Pour l'exécution de cette disposition, il paraît convenable que vous chargiez chaque maire de former l'état des chemins vicinaux de sa commune; cet état devra en indiquer la direction, les différentes largeurs. S'il existe quelques titres qui fassent connaître ces particularités, ou qui constatent simplement que ces chemins sont une propriété communale ou publique, il en sera fait mention sur cet état; le maire y joindra ses observations sur les élargissements qu'il sera utile de leur donner, soit en général, soit partiellement.

» L'état ainsi disposé devra être publié dans la commune; les habitants seront invités à en prendre connaissance, et à adresser au maire, dans un délai de quinze jours, les réclamations qu'ils pourraient avoir à faire, soit sur la largeur, soit sur la direction ou la propriété desdits chemins.

» Le tout sera ensuite, ainsi que l'état dressé par le maire, soumis au conseil municipal, qui devra vérifier les faits énoncés par le maire, et délibérer, tant sur les dispositions proposées par celui-ci, que sur les difficultés ou réclamations élevées par les habitants. Il donnera son avis sur les élargissements à faire, et il établira, d'après le vu ou l'absence des titres, s'ils doivent s'opérer à titre gratuit sur les propriétés contiguës, ou si la commune doit payer la valeur des terrains à acquérir.

» Vous ferez remarquer, à ce sujet, aux conseils municipaux, que ni la loi du 9 ventôse dernier, ni aucune autre, ne déroge aux principes conservateurs des propriétés privées, et que si le besoin public exige qu'on prenne une portion de ces propriétés, la loi veut qu'on indemnise préalablement les propriétaires.

» La délibération du conseil municipal sera soumise au sous-préfet : ce fonctionnaire discutera les points contentieux ; il vous donnera un avis motivé, d'après lequel le conseil de préfecture approuvera ou modifiera les vues du conseil municipal, en fixant irrévocablement les largeurs des différents chemins et en soumettant la commune à payer, à dire d'experts, les terrains nouveaux dont elle aura besoin.

» L'exécution de cette partie de la loi, surtout lorsqu'il s'agira de reprendre sur les propriétés qui bordent les chemins, les terrains nécessaires pour rendre à ces chemins la largeur qu'ils devaient avoir, fera naître probablement plusieurs difficultés relatives à la propriété des terrains réclamés. Pour connaître l'autorité qui, en cette matière, doit prononcer sur la question de propriété que ces réclamations présenteront, il faut rapprocher des dispositions de cette dernière loi celles du 9 ventôse an XII.

« L'article 5 porte : *Tous les biens communaux possédés à l'époque de la publication de la présente loi, sans actes de partage, et qui ne seront pas dans le cas précisé par l'art. 3 (celui d'un partage sans qu'il en ait été dressé acte) ou pour lesquels les déclarations et soumissions de redevances n'auront pas été faites dans le délai et suivant les formes prescrites par le même article 3, rentreront entre les mains des communautés d'habitants.*

» En conséquence, les maires et adjoints, les conseils municipaux, les sous-préfets et préfets feront et ordon-

neront toutes les diligences nécessaires pour faire ren-
trer les communes en possession.

» L'article 6 n'attribue au conseil de préfecture la connaissance que des contestations, soit sur les actes et les
preuves de partage de biens communaux, soit sur l'exécution des conditions prescrites par l'art. 3, et cette limi-
tation d'attribution semble d'abord exclure le cas établi
par l'art. 5 ; mais l'art. 9 fixe, à ce sujet, l'intention du
législateur. Cet article dit qu'*il ne sera prononcé de res-*
titution de fruit en jouissance, ni par les tribunaux, en
faveur des tiers, dans le cas des répétitions prévues
par l'art. 8, ni par les conseils de préfecture, *en faveur*
des communes dans celui mentionné en l'art 5, qu'à
compter, etc.

» Il résulte de cette dernière disposition que le conseil de préfecture doit connaître aussi des possessions de
biens communaux qui n'ont pas eu pour origine un partage plus ou moins illégal, et qui ne sont par conséquent
que l'effet d'usurpations ordinaires.

» Les chemins vicinaux sont généralement composés
de terrains acquis par les communes ; ils forment une
partie de biens communs : la connaissance des usurpations doit donc appartenir aux conseils de préfecture.

» Vous reconnaîtrez facilement, monsieur, que cette
attribution donnée aux conseils de préfecture par les
dispositions combinées des deux lois du 9 ventôse an
XII et du 9 ventôse an XIII, ne nuit en rien au pouvoir
qu'ont toujours les tribunaux de connaître des questions
de propriété relatives à tous autres terrains que ceux
qu'on peut supposer devoir faire partie des chemins vicinaux. Au reste, le conseil, dans l'exercice de cette
attribution, ne devra pas perdre de vue qu'elle lui est
donnée comme objet d'administration ; il devra par conséquent distinguer les usurpations manifestes des empiète-
ments douteux, ou très-anciens ; et lorsqu'il ne lui sera
pas évidemment prouvé qu'un terrain a dû, de mémoire

d'homme, faire partie du chemin auquel il s'agira de rendre sa largeur, il sera de sa justice d'obliger les communes à dédommager les propriétaires.

» La largeur des chemins vicinaux peut, suivant les cas, être fixée par l'une ou l'autre partie de l'autorité préfectorale. Lorsque la reconnaissance des chemins d'une commune n'aura fait naître aucune réclamation, la fixation sera faite par le préfet, agent d'exécution; elle le sera par le conseil de préfecture lorsqu'il y aura eu réclamation, et conséquemment contestation sur l'ancienne largeur.

» L'établissement, la direction, le changement et l'entretien des chemins vicinaux restent dans les attributions du préfet.

» Deux genres de délits peuvent porter atteinte à la conservation des chemins vicinaux.

» Les uns, tels que les envahissements, les empiétements, les plantations d'arbres, etc., tendent à changer la largeur ou la direction que l'administration a fixée.

» Ces contraventions, conformément aux deux lois des 9 ventôse an XII et 9 ventôse an XIII, sont réprimées par le conseil de préfecture. Elles devront être constatées journellement par des procès-verbaux que dresseront les officiers de police municipale. Le maire fera dénoncer ce procès-verbal au propriétaire délinquant; et si dans la huitaine, à compter du jour de la dénonciation, le chemin n'a pas été remis dans son état primitif, le maire devra vous faire passer, par la voie de la sous-préfecture, le procès-verbal du garde-champêtre, avec copie de l'acte de notification faite au délinquant, pour vous mettre à portée de provoquer auprès du conseil de préfecture la décision convenable. Vous la rendrez exécutoire, soit pour faire confectionner d'office les ouvrages nécessaires, soit pour faire payer les dépenses qu'ils auront occasionnées, et ce conformément au mode prescrit pour le recouvrement des contributions publiques.

» D'autres délits, tels que dépôts de fumiers, matériaux ou autres encombrements, fouillements de terres, enlèvement de bornes ou de pierres, comblements de fossés ou autres dégradations, nuisent à la viabilité des chemins et au libre usage de la voie publique.

» Ces détériorations, soit qu'elles soient commises par les riverains, soit qu'elles soient attribuées à d'autres habitants, sont des délits de police dont la connaissance n'a point été retirée à l'autorité judiciaire. Ils doivent être constatés journellement par le garde-champêtre ou autres officiers de police municipale, pour être ensuite dénoncés au juge de paix, et réprimés par voie d'amende et d'indemnités.

» Quant au mode d'entretien, il a déjà été réglé qu'on emploierait la prestation en nature ; mais on n'a pas déterminé quels seraient les habitants qui devraient concourir à cette charge, et dans quelques départements, on n'exige la prestation en nature que de la part des propriétaires fonciers, tandis que dans d'autres on y assujettit tous les habitants indistinctement, et que d'autres préfets établissent des exceptions fondées sur la cote des contributions.

» En attendant un règlement d'administration générale sur cet objet il convient, pour éviter l'arbitraire, d'adopter une base commune qui établisse une sorte d'égalité proportionnelle que réclame la justice. Il est certain que les chemins vicinaux sont utiles à tous les habitants, mais dans des proportions très-différentes. C'est en raison de l'intérêt de chacun que doivent être partagées entre tous les journées de travail nécessaires à la réparation des chemins.

» On ne doit pas demander un travail gratuit à celui qui est obligé de travailler journellement pour assurer sa subsistance et celle de sa famille ; il faut excepter ces habitants, et pour y parvenir généralement, il conviendra de ne point assujettir à la prestation ceux dont toutes les contributions directes ne s'élèvent pas au-dessus de trois ou quatre journées de travail.

» Vous avez dû remarquer, monsieur, que les lois sur la matière ne donnent aucun moyen de pourvoir au payement des ouvrages d'art dans les communes auxquelles il ne reste aucun fonds disponible. Beaucoup de chemins vicinaux exigent cependant des dépenses de cette nature : pour y subvenir, il sera nécessaire d'évaluer le montant de dépense en journées de travail en nature. A cet effet, le conseil municipal devra fixer en même temps le prix pécuniaire de la journée de travail, afin de mettre les habitants à portée de choisir le mode de prestation qui leur sera le plus convenable; les ouvrages d'art ne pouvant être exécutés par celui de la prestation en nature, on réservera le fonds provenant de la prestation pécuniaire volontaire pour le payement des ouvriers spécialement chargés de la confection de ces ouvrages. Si ce fonds paraît devoir être insuffisant, le maire devra engager les contribuables les plus aisés à fournir un plus grand nombre de journées en numéraire.

» J'ai remarqué que dans quelques départements on mettait le curement des fossés creusés le long des chemins, à la charge des seuls propriétaires aboutissants. Cette mesure est injuste. Les fossés font partie des chemins, et ils doivent être entretenus de la même manière, sauf les poursuites à faire et les amendes à appliquer aux propriétaires qui auraient fait des encombrements extraordinaires, ainsi que je vous l'ai déjà fait observer. »

Cette instruction, que nous avons cru devoir rapporter en son entier, à raison des détails qu'elle donne sur l'exécution de la loi du 9 ventôse an XIII, renferme toutefois une fausse interprétation de cette loi quant à l'intervention des conseils de préfecture dans la reconnaissance et la fixation de largeur des chemins vicinaux. Plusieurs décisions du conseil d'état, qui font jurisprudence, expliquent que par ces mots : *l'administration publique fera rechercher*, etc., l'article 6 de la loi a voulu désigner les préfets et non les conseils de préfecture, qui jugent et n'administrent pas.

Loi.

28 juillet 1824.

« Art. 1er. Les chemins reconnus, par un arrêté du préfet sur une délibération du conseil municipal, pour être nécessaires à la communication des communes, sont à la charge de celles sur le territoire desquelles ils sont établis, sauf le cas prévu par l'art. 9 ci-après.

» Art. 2. Lorsque les revenus des communes ne suffisent point aux dépenses ordinaires de ces chemins, il y est pourvu par des prestations en argent ou en nature, au choix des contribuables.

» Art. 3. Tout habitant chef de famille ou d'établissement à titre de propriétaire, de régisseur, de fermier, ou de colon partiaire, qui est porté sur l'un des rôles des contributions directes, peut être tenu, pour chaque année,

» 1° A une prestation qui ne peut excéder deux journées de travail ou leur valeur en argent, pour lui et pour chacun de ses fils vivant avec lui, ainsi que pour chacun de ses domestiques mâles, pourvu que les uns et les autres soient valides et âgés de vingt ans accomplis ;

» 2° A fournir deux journées, au plus, de chaque bête de trait ou de somme, de chaque cheval de selle ou d'attelage de luxe, et de chaque charrette, en sa posses-

sion pour son service ou pour le service dont il est
chargé.

» ART. 4. En cas d'insuffisance de moyens ci-dessus,
il pourra être perçu sur tout contribuable jusqu'à cinq
centimes additionnels au principal de ces contributions
directes.

» ART. 5. Les prestations et les cinq centimes mentionnés dans l'article précédent seront votés par les conseils municipaux, qui fixeront également le taux de la
conversion des prestations en nature. Les préfets en au-
toriseront l'imposition. Le recouvrement en sera poursuivi comme pour les contributions directes ; les dégrèvements prononcés sans frais, les comptes rendus comme
pour les autres dépenses communales.

» Dans les cas prévus par l'art. 4, les conseils municipaux devront être assistés des plus imposés, en nombre
égal à celui de leurs membres.

» ART. 6. Si des travaux indispensables exigent qu'il
soit ajouté par des contributions extraordinaires au produit des prestations, il y sera pourvu, conformément
aux lois, par des ordonnances royales.

» ART. 7. Toutes les fois qu'un chemin sera habituellement ou temporairement dégradé par des exploitations
de mines, de carrières, de forêts, ou de toute autre
entreprise industrielle, il pourra y avoir lieu à obliger
les entrepreneurs ou propriétaires à des subventions particulières, lesquelles seront, sur la demande des communes, réglées par les conseils de préfecture, d'après
des expertises contradictoires.

» ART. 8. Les propriétés de l'état et de la couronne
contribueront aux dépenses des chemins communaux
dans les proportions qui seront réglées par les préfets
en conseil de préfecture.

» ART. 9. Lorsqu'un même chemin intéresse plusieurs
communes, et en cas de discord entre elles sur la proportion de cet intérêt et des charges à supporter, ou en

cas de refus de subvenir auxdites charges, le préfet prononce, en conseil de préfecture, sur la délibération des conseils municipaux, assistés des plus imposés, ainsi qu'il est dit à l'art. 5.

» Art. 10. Les acquisitions, aliénations et échanges ayant pour objet les chemins communaux, seront autorisés par arrêtés des préfets en conseil de préfecture, après délibération des conseils municipaux intéressés, et après enquête *de commodo et incommodo*, lorsque la valeur des terrains à acquérir, à vendre ou à échanger, n'excédera pas trois mille francs.

» Seront aussi autorisés par les préfets, dans les mêmes formes, les travaux d'ouverture ou d'élargissement desdits chemins, et l'extraction des matériaux nécessaires à leur établissement, qui pourront donner lieu à des expropriations pour cause d'utilité publique, en vertu de la loi du 8 mars 1810, lorsque l'indemnité due aux propriétaires pour les terrains ou pour les matériaux n'excédera pas la même somme de trois mille francs. »

La décision du ministre des finances du 25 mai 1825 (voir au chap. 3, t. Ier, p. 220), qui dispense de la production d'un certificat de non-inscription et de toute autre formalité hypothécaire les propriétaires dépossédés pour cause d'utilité publique, dont l'indemnité ne s'élèverait pas au-dessus de cent francs, a été déclarée, par une circulaire du ministre de l'intérieur aux préfets, en date du 22 avril 1826, applicable aux cessions de terrains en matière de chemins communaux.

En conséquence, le ministre a invité les préfets à suivre la marche tracée par cette décision à l'égard des propriétaires ayant droit à l'indemnité, pour abandon de terrains dans les cas d'application des règlements de voirie vicinale.

Loi sur les chemins vicinaux.

Du 21 mai 1836.

« SECTION PREMIÈRE. *Chemins vicinaux.*

» ART. 1ᵉʳ. Les chemins vicinaux légalement reconnus sont à la charge des communes, sauf les dispositions de l'article 7 ci-après.

» ART. 2. En cas d'insuffisance des ressources ordinaires des communes, il sera pourvu à l'entretien des chemins vicinaux à l'aide, soit de prestations en nature, dont le maximum est fixé à trois journées de travail, soit de centimes spéciaux en addition au principal des quatre contributions directes, et dont le maximum est fixé à cinq.

» Le conseil municipal pourra voter l'une ou l'autre de ces ressources, ou toutes les deux concurremment.

» Le concours des plus imposés ne sera pas nécessaire dans les délibérations prises pour l'exécution du présent article.

» ART. 3. Tout habitant, chef de famille ou d'établissement, à titre de propriétaire, de régisseur, de fermier ou de colon partiaire, porté au rôle des contributions directes, pourra être appelé à fournir chaque année une prestation de trois jours :

» 1° Pour sa personne et pour chaque individu mâle, valide, âgé de dix-huit ans au moins et de soixante ans au plus, membre ou serviteur de la famille et résidant dans la commune ;

» 2° Pour chacune des charrettes ou voitures attelées, et, en outre, pour chacune des bêtes de somme, de trait, de selle, au service de la famille ou de l'établissement dans la commune.

» ART. 4. La prestation sera appréciée en argent, conformément à la valeur qui aura été attribuée annuellement pour la commune à chaque espèce de journée par le conseil général, sur les propositions des conseils d'arrondissement.

» La prestation pourra être acquittée en nature ou en argent, au gré du contribuable. Toutes les fois que le contribuable n'aura pas opté dans les délais prescrits, la prestation sera de droit exigible en argent.

» La prestation non rachetée en argent pourra être convertie en tâches, d'après les bases et évaluations de travaux préalablement fixées par le conseil municipal.

» ART. 5. Si le conseil municipal, mis en demeure, n'a pas voté, dans la session désignée à cet effet, les prestations et centimes nécessaires, ou si la commune n'en a pas fait emploi dans les délais prescrits, le préfet pourra, d'office, soit imposer la commune dans les limites du maximum, soit faire exécuter les travaux.

» Chaque année, le préfet communiquera au conseil général l'état des impositions établies d'office en vertu du présent article.

» ART. 6. Lorsqu'un chemin vicinal intéressera plusieurs communes, le préfet, sur l'avis des conseils municipaux, désignera les communes qui devront concourir à sa construction ou à son entretien, et fixera la proportion dans laquelle chacune d'elles y contribuera.

» SECTION II. *Chemins vicinaux de grande communication.*

» ART. 7. Les chemins vicinaux peuvent, selon leur importance, être déclarés chemins vicinaux de grande communication par le conseil général, sur l'avis des conseils municipaux, des conseils d'arrondissement, et sur la proposition du préfet.

» Sur les mêmes avis et proposition, le conseil général détermine la direction de chaque chemin vicinal de grande communication, et désigne les communes qui doivent contribuer à sa construction ou à son entretien.

» Le préfet fixe la largeur et les limites du chemin, et détermine annuellement la proportion dans laquelle chaque commune doit concourir à l'entretien de la ligne vicinale dont elle dépend ; il statue sur les offres faites par les particuliers, associations de particuliers ou de communes.

» Art. 8. Les chemins vicinaux de grande communication, et, dans des cas extraordinaires, les autres chemins vicinaux, pourront recevoir des subventions sur les fonds départementaux.

» Il sera pourvu à ces subventions au moyen des centimes facultatifs ordinaires du département, et de centimes spéciaux votés annuellement par le conseil général.

» La distribution des subventions sera faite, en ayant égard aux ressources, aux sacrifices et aux besoins des communes, par le préfet, qui en rendra compte chaque année au conseil général.

» Les communes acquitteront la portion des dépenses mises à leur charge au moyen de leurs revenus ordinaires, et, en cas d'insuffisance, au moyen de deux journées de prestation sur les trois journées autorisées par l'art. 2, et des deux tiers des centimes votés par le conseil municipal en vertu du même article.

» Art. 9. Les chemins vicinaux de grande communication sont placés sous l'autorité du préfet. Les dispositions des articles 4 et 5 de la présente loi leur sont applicables.

» *Dispositions générales.*

» Art. 10. Les chemins vicinaux reconnus et maintenus comme tels sont imprescriptibles.

» Art. 11. Le préfet pourra nommer des agents-voyers.

» Leur **traitement** sera fixé par le conseil général.

» Ce traitement sera prélevé sur les fonds affectés aux travaux.

» Les agents-voyers prêteront serment ; ils auront le droit de constater les contraventions et délits, et d'en dresser des procès-verbaux.

» Art. 12. Le maximum des centimes spéciaux qui pourront être votés par les conseils généraux, en vertu de la présente loi, sera déterminé annuellement par la loi de finances.

» Art. 13. Les propriétés de l'État, productives de revenus, contribueront aux dépenses des chemins vicinaux dans les mêmes proportions que les propriétés privées, et d'après un rôle spécial dressé par le préfet.

» Les propriétés de la couronne contribueront aux mêmes dépenses, conformément à l'article 13 de la loi du 12 mars 1832.

» Art. 14. Toutes les fois qu'un chemin vicinal, entretenu à l'état de viabilité par une commune, sera habituellement ou temporairement dégradé par des exploitations de mines, de carrières, de forêts ou de toute entreprise industrielle appartenant à des particuliers, à des établissements publics, à la couronne ou à l'État, il pourra y avoir lieu à imposer aux entrepreneurs ou propriétaires, suivant que l'exploitation ou les transports auront eu lieu pour les uns ou les autres, des subventions spéciales, dont la quotité sera proportionnée à la dégradation extraordinaire qui devra être attribuée aux exploitations.

» Ces subventions pourront, au choix des subventionnaires, être acquittées en argent ou en prestations en nature, et seront exclusivement affectées à ceux des chemins qui y auront donné lieu.

» Elles seront réglées annuellement, sur la demande des communes, par les conseils de préfecture, après des expertises contradictoires, et recouvrées comme en matière de contributions directes.

» Les experts seront nommés suivant le mode déterminé par l'article 17 ci-après.

» Ces subventions pourront aussi être déterminées par abonnement : elles seront réglées, dans ce cas, par le préfet en conseil de préfecture.

» Art. 15. Les arrêtés du préfet portant reconnaissance et fixation de la largeur d'un chemin vicinal attribuent définitivement au chemin le sol compris dans les limites qu'ils déterminent.

» Le droit des propriétaires riverains se résout en une indemnité, qui sera réglée à l'amiable ou par le juge de paix du canton, sur le rapport d'experts nommés conformément à l'article 17.

» Art. 16. Les travaux d'ouverture et de redressement des chemins vicinaux seront autorisés par arrêté du préfet.

» Lorsque, pour l'exécution du présent article, il y aura lieu de recourir à l'expropriation, le jury spécial chargé de régler les indemnités ne sera composé que de quatre jurés. Le tribunal d'arrondissement, en prononçant l'expropriation, désignera, pour présider et diriger le jury, l'un de ses membres ou le juge de paix du canton. Ce magistrat aura voix délibérative en cas de partage.

» Le tribunal choisira, sur la liste générale prescrite par l'article 29 de la loi du 7 juillet 1833, quatre personnes pour former le jury spécial, et trois jurés supplémentaires. L'administration et la partie intéressée auront respectivement le droit d'exercer une récusation péremptoire.

» Le juge recevra les acquiescements des parties.

» Son procès-verbal emportera translation définitive de propriété.

» Le recours en cassation, soit contre le jugement qui prononcera l'expropriation, soit contre la déclaration du jury qui réglera l'indemnité, n'aura lieu que

— 28 —

dans les cas prévus et selon les formes déterminées par la loi du 7 juillet 1833.

» ART. 17. Les extractions de matériaux, les dépôts ou enlèvements de terre, les occupations temporaires de terrains, seront autorisés par arrêté du préfet, lequel désignera les lieux ; cet arrêté sera notifié aux parties intéressées au moins dix jours avant que son exécution puisse être commencée.

» Si l'indemnité ne peut être fixée à l'amiable, elle sera réglée par le conseil de préfecture, sur le rapport d'experts nommés, l'un par le sous-préfet, et l'autre par le propriétaire.

» En cas de discord, le tiers-expert sera nommé par le conseil de préfecture.

» ART. 18. L'action en indemnité des propriétaires pour les terrains vicinaux qui auront servi à la confection des chemins vicinaux, et pour extraction de matériaux, sera prescrite par le laps de deux ans.

» ART. 19. En cas de changement de direction ou d'abandon d'un chemin vicinal, en tout ou partie, les propriétaires riverains de la partie de ce chemin qui cessera de servir de voie de communication, pourront faire leur soumission de s'en rendre acquéreurs, et d'en payer la valeur, qui sera fixée par des experts nommés dans la forme déterminée par l'article 17.

» ART. 20. Les plans, procès-verbaux, certificats, significations, jugements, contrats, marchés, adjudications de travaux, quittances et autres actes ayant pour objet exclusif la construction, l'entretien et la réparation des chemins vicinaux, seront enregistrés moyennant le droit fixe de un franc.

» Les actions civiles intentées par les communes ou dirigées contre elles, relativement à leurs chemins, seront jugées comme affaires sommaires et urgentes, conformément à l'article 405 du Code de procédure civile.

» ART. 21. Dans l'année qui suivra la promulgation de la présente loi, chaque préfet fera, pour en assurer l'exécution, un règlement qui sera communiqué au conseil général, et transmis, avec ses observations, au ministre de l'intérieur, pour être approuvé, s'il y a lieu.

» Ce règlement fixera, dans chaque département, le maximum de la largeur des chemins vicinaux; il fixera, en outre, les délais nécessaires à l'exécution de chaque mesure, les époques auxquelles les prestations en nature devront être faites, le mode de leur emploi ou de leur conversion en tâches, et statuera en même temps sur tout ce qui est relatif à la confection des rôles, à la comptabilité, aux adjudications et à leur forme, aux alignements, aux autorisations de construire le long des chemins, à l'écoulement des eaux, aux plantations, à l'élagage, aux fossés, à leur curage, et à tous autres détails de surveillance et de conservation.

» ART. 22. Toutes les dispositions des lois antérieures demeurent abrogées en ce qu'elles auraient de contraire à la présente loi.

Instruction du ministre de l'intérieur, sur l'exécution de la loi du 21 mai 1836.

24 juin 1836.

« Monsieur le préfet, la révision de la législation sur les chemins vicinaux était depuis longtemps demandée; la loi du 21 mai 1836 vient de satisfaire à ce besoin.

» La longue discussion dont cette loi a été l'objet dans les deux chambres, pourrait, au besoin, y servir de commentaire. Vous l'aurez suivie, je n'en doute pas, avec l'intérêt que commandaient des débats où venaient se résoudre les plus importantes questions de l'administration pratique; vous l'aurez suivie avec l'in-

térêt que pouvait y porter un administrateur chargé
d'appliquer bientôt la législation nouvelle, et qui,
avant d'en étudier les détails, devait en saisir l'esprit
dans son ensemble.

» Le caractère principal de la loi dont le pays vient
d'être doté, c'est qu'elle n'est pas une loi de théorie;
c'est une loi de pratique. Ses dispositions ne sont que
le résumé de l'expérience acquise depuis plusieurs années; les changements qu'elle apporte à la législation
précédente ne sont pas le fruit de seules études spécu-
latives; ils avaient tous été réclamés par les administrateurs dont les efforts étaient trop souvent paralysés
par l'inefficacité des moyens mis à leur disposition;
ils ne sont, pour la plupart enfin, que la traduction
en articles de loi de ce qui se fait depuis longtemps
sur tous les points du royaume, de ce que les besoins
de l'époque avaient suggéré d'améliorations au zèle
des administrateurs, au bon esprit des administrés.

» La législation précédente avait fait de la réparation et de l'entretien des chemins vicinaux une charge
communale, mais elle l'avait laissée pour ainsi dire
au rang des dépenses facultatives, en ne donnant à
l'autorité supérieure qu'un droit de surveillance dépouillé de tout pouvoir coërcitif : désormais l'entretien
des chemins vicinaux est classé au nombre des dépenses ordinaires et obligées des communes; les préfets sont investis du droit de faire suivre le conseil
par l'injonction; ils pourront suppléer par l'action directe, s'il le faut, à l'indifférence et à l'inertie; et s'ils
doivent n'user de ce pouvoir nouveau qu'avec une sage
réserve, ils sauront cependant en faire usage dès que
l'intérêt du pays le commandera.

» Trop peu de liberté avait, d'un autre coté, été
laissée à l'autorité municipale dans le choix des moyens
à employer pour la réparation des chemins vicinaux. La
prestation en nature devait toujours être employée

·gé
ti ,
rit

·nt
e ;

ue
n-
on
u-
is·
és ·
1 ;
)n
)s
1s
le
s.
·
·e
·e
à
·
·1
·
·
1
· .
;
·
·

avant qu'il fût permis aux conseils municipaux de voter des centimes additionnels; il leur sera loisible maintenant de donner la préférence à celle de ces ressources dont l'emploi leur paraîtra le plus conforme aux intérêts de la commune, ou même de les employer simultanément.

» L'isolement des efforts des communes n'était pas le moindre obstacle qu'avait laissé subsister l'ancienne législation à l'amélioration des communications vicinales. Si c'est un principe incontestable que l'entretien des chemins vicinaux est d'abord une charge communale, il faut pourtant reconnaître qu'il est de ces voies publiques qui, par les dépenses qu'elles exigent, sont au-dessus des ressources d'une seule commune, et qui, par leur étendue, intéressent plusieurs communes. La nécessité avait donc amené les conseils généraux et les préfets à appliquer des fonds départementaux à des travaux que la loi regardait comme une charge exclusivement communale, et l'administration supérieure avait été contrainte de tolérer cette dérogation à la législation existante. Une faculté légale remplace aujourd'hui une simple tolérance, et l'affectation des fonds départementaux comme fonds de concours est maintenant autorisée par la loi, mais dans de justes limites, avec les précautions et les formes nécessaires pour en assurer l'utile emploi.

» L'absence d'agents spéciaux chargés de préparer et de diriger les travaux se faisait vivement sentir, et si, dans quelques départements, leur création avait devancé la loi, les agents que l'administration employait sous divers titres étaient restés sans caractère officiel et légal; il leur manquait surtout le droit de constater les contraventions. La loi nouvelle remplit cette lacune, et partout où le zèle et les lumières des ingénieurs et agents des ponts et chaussées ne pourront être employés au service des communications vicinales,

les préfets pourront aujourd'hui choisir et commission-
ner des agents-voyers qui recevront d'eux un caractère
officiel, et qui assureront le succès des projets conçus
par l'administration.

» Les droits de l'administration avaient été incom-
plétement définis jusqu'à présent quant à la reconnaissance des chemins vicinaux, à la fixation de leur
largeur et à l'occupation des terrains nécessaires à l'é-
largissement de ces chemins. Il fallait rechercher pé-
niblement quelques articles épars de lois, de décrets
et d'ordonnances plus ou moins applicables, et former
ainsi une jurisprudence par voie de simple induction.
La loi du 21 mai 1836 a réuni et coordonné les principes consacrés déjà; elle les a complétés comme le de-
mandait l'expérience, et l'administration n'aura plus
à craindre de tomber dans l'arbitraire en faisant ce que
lui commande l'intérêt de la viabilité.

» Enfin, monsieur le préfet, et c'est là une des dispositions les plus importantes de la législation nouvelle,
la loi du 21 mai 1836, générale dans tout ce qui est
du domaine des principes généraux, est devenue aussi
une loi locale, si je puis m'exprimer ainsi, par la faculté
laissée aux administrateurs de faire des règlements spéciaux pour l'application de ces principes, décentralisant
ainsi dans une juste et sage mesure cette portion de
l'action administrative qui peut sans inconvénient être
reportée du centre aux extrémités.

» La loi du 21 mai 1836, si impatiemment attendue
et si mûrement délibérée, ne manquera donc pas aux
espérances du pays; elle prendra place au rang des
travaux législatifs les plus importants de l'époque actuelle; mais si elle doit être, pour notre agriculture
surtout, une source de prospérité, elle est aussi pour
l'administration un gage de la confiance du roi et des
chambres. Cette confiance, nous la justifierons en nous
dévouant à son exécution, en consacrant tous nos

efforts à l'amélioration de la branche du service public qui vient d'être régénérée, et dans le compte annuel que j'aurai à rendre au roi de l'emploi des ressources que la loi nouvelle met à notre disposition, je serai heureux de pouvoir lui signaler les administrateurs de tous les rangs qui sauront se distinguer par un zèle éclairé, par une volonté ferme et soutenue, par des succès marqués dans la voie d'amélioration où nous venons d'entrer.

» Je vais maintenant, monsieur le préfet, examiner successivement avec vous chacun des articles de la loi du 21 mai 1836, et déterminer quelles sont celles de ses dispositions qui doivent être exécutées partout d'une manière uniforme, et quelles sont celles, au contraire, dont le mode d'exécution peut et doit varier, suivant la nature et les besoins des diverses localités.

» Section première. *Chemins vicinaux.*

« Art. 1er Les chemins vicinaux légalement recon-
» nus sont à la charge des communes, sauf les dispositions
» de l'article 7 ci-après. »

» Cet article, monsieur le préfet, ne fait que consacrer de nouveau le principe établi par la loi du 6 octobre 1791, et confirmé depuis par la loi du 28 pluviôse an VIII, l'arrêté des consuls du 4 thermidor an X, et la loi du 28 juillet 1824 ; c'est que l'entretien et la réparation des chemins nécessaires aux communes sont une charge de la communauté : ce principe est une conséquence trop évidente de l'association communale elle-même pour avoir besoin d'être développé.

» En se reportant aux actes que je viens de citer, ainsi qu'aux instructions données pour leur exécution, on trouve indiqués sous différents noms les chemins dont l'entretien était mis à la charge des communes. Tantôt on les a nommés *chemins vicinaux*, tantôt on leur a donné le nom de *chemins communaux ;* quelquefois même on s'est servi indifféremment des deux dénominations dans le même acte. Quoique ces variations pussent paraître d'une faible importance lorsque les obligations restaient les mêmes, il est certain cependant qu'elles ont quelquefois jeté de l'incertitude sur l'étendue de ces obligations. Dans quelques localités, on a cru que ces dénominations différentes avaient pour objet de désigner des communications d'une importance plus ou moins grande, et cette opinion n'a pas été sans influence sur le plus ou moins de soins donnés à leur entretien. Désormais le nom de *chemins vicinaux* désignera seul les chemins que les communes doivent entretenir, quelle que soit d'ailleurs l'importance de ces chemins. Je vous invite donc à employer exclusivement cette dénomination dans tous vos actes comme dans votre correspondance.

» Les communes ont pour obligation générale d'entretenir et de réparer les chemins vicinaux, mais cette obligation ne peut leur être imposée que par un acte de l'autorité supérieure ; elles ne sont tenues d'entretenir que les chemins vicinaux *légalement reconnus*. C'est sur ceux-là seulement que peuvent être appliquées les ressources ordinaires et extraordinaires des communes ; c'est sur ceux-là seulement que les citoyens peuvent être légalement requis de porter le travail personnel, la prestation en nature que la loi leur impose. Appliquer les ressources des communes à la réparation des chemins qui n'auraient pas été classés dans la forme voulue, serait s'exposer au reproche de faire une application irrégulière des revenus communaux, et peut-être même à une accusation de détournement des fonds des communes ; requérir les citoyens de porter leurs prestations sur des chemins non classés serait s'exposer à un refus de service qui trouverait sa justification dans le texte formel de la loi.

» Les formes de la reconnaissance légale des chemins vicinaux n'ont pas été rappelées dans l'article 1ᵉʳ de la loi du 21 mai, parce que cette loi se réfère à la législation existante pour tout ce qu'elle n'a pas modifié ou abrogé. Or, ces formes sont depuis longtemps fixées ; elles consistent dans un arrêté du préfet pris sur une délibération du conseil municipal, et déclarant que tel chemin fait partie des chemins vicinaux de la commune de...... Cette attribution, donnée aux préfets, remonte encore à la loi du 6 octobre 1791 et à l'arrêté du directoire du 23 messidor an V ; elle a été écrite d'une manière plus explicite dans l'article 1er de la loi du 28 juillet 1824.

» Dans presque tous les départements la reconnaissance légale des chemins vicinaux a été opérée, soit en exécution de l'instruction ministérielle du 7 prairial an XIII, donnée sur la loi du 9 ventôse de la même année, soit en exécution de la loi du 28 juillet 1824 et de l'instruction ministérielle du 30 octobre 1824.

» Il est cependant quelques départements où le classement s'est fait d'une manière tout à fait incomplète, et où un grand nombre de communes n'ont pas encore le titre qui donne une existence légale à leurs chemins. Il est indispensable, monsieur le préfet, il est urgent de faire cesser un état de choses qui présente les plus graves inconvénients, et qui, notamment, entrave de la manière la plus fâcheuse la répression des usurpations.

» En effet, l'article 8 de la loi du 9 ventôse an XIII, qui attribue aux conseils de préfecture la répression des usurpations commises sur le sol des chemins vicinaux, n'a évidemment entendu parler que des chemins qui auraient préalablement reçu ce caractère dans la forme légale. Cette interprétation de l'attribution donnée aux conseils de préfecture a été confirmée par un grand nombre d'ordonnances royales rendues sur le rapport du comité du contentieux du conseil d'état ; et toutes les fois que des conseils de

préfecture ont ordonné la répression d'usurpations commises sur les chemins non légalement reconnus, les
décisions de ces conseils, devenus l'objet d'un pourvoi,
ont été réformées comme incompétemment rendues.
Il en résulte donc que jusqu'à ce qu'un chemin ait
été déclaré *vicinal* par un arrêté du préfet, la commune ne peut obtenir la répression des usurpations
par une décision du conseil de préfecture, décision
toujours prompte et sans frais ; la commune doit alors
subir les lenteurs et supporter les frais qu'entraîne
toujours une instance devant les tribunaux ordinaires.

» Vous devez donc, monsieur le préfet, rechercher
immédiatement si la reconnaissance légale des chemins
vicinaux a été opérée pour toutes les communes de
votre département ; soit par vous, soit par vos prédécesseurs.

» Dans le cas où cette opération aurait été négligée
jusqu'à présent pour quelques communes, vous vous
empresseriez de réparer cette omission. A cet effet,
vous chargerez les maires de former sans délai l'état
des chemins qu'ils regarderont comme nécessaires aux
communications, et comme devant, à ce titre, être
déclarés vicinaux. Cet état devra indiquer : 1° la direction de chaque chemin, c'est-à-dire, le lieu où il commence, celui où il aboutit, et les hameaux ou autres
localités principales qu'il traverse ; 2° la longueur des
chemins sur le territoire de la commune ; 3° leur largeur actuelle. Le maire fera connaître également les
portions de chemins qu'il pourrait être nécessaire d'é-
largir. L'état des chemins, ainsi préparé, devra être
déposé à la mairie pendant un mois ; les habitants de la
commune seront prévenus de ce dépôt par une publication faite dans la forme ordinaire ; ils seront invités à
prendre connaissance de l'état des chemins dont le classement est projeté, et avertis que pendant le délai
du dépôt, ils pourront adresser au maire toutes les

observations et réclamations dont le projet de classement leur paraîtrait pouvoir être l'objet, soit dans
leur intérêt privé, soit dans l'intérêt de la commune.

» Après l'expiration du délai d'un mois ci-dessus
prescrit, l'état dressé par le maire sera, ainsi que l.s
oppositions ou réclamations auxquelles il aura donné
lieu, soumis au conseil municipal, qui devra donner
son avis, tant sur les propositions du maire que sur
les réclamations ou oppotitions qui auraient été déposées à la mairie.

» La délibération du conseil municipal, ainsi que
toutes les pièces à l'appui, vous sera transmise par
le sous-préfet avec son avis motivé, et après l'examen de ces divers documents, vous déclarerez, par un
arrêté pris dans la forme ordinaire, que *tels chemins
de telle largeur font partie des chemins vicinaux de
la commune de ....*

» Il est assez difficile, monsieur le préfet, de déterminer par une règle générale quelles sont les circonstances qui doivent faire admettre tel chemin dans la
classe des chemins vicinaux, et faire rejeter tel autre
dans la catégorie des chemins d'une utilité privée.
Dans certaines localités, les maires paraissent croire
qu'on ne doit considérer comme *vicinaux* que les
chemins communiquant d'une commune à une autre,
de vico ad vicum ; ailleurs, au contraire, ils ont demandé et souvent obtenu le classement au rang des
chemins vicinaux de toutes les communications dont
le public était actuellement en jouissance, quel que
fût d'ailleurs leur peu d'importance et même leur peu
d'utilité réelle. C'est une double erreur que vous devez éviter de consacrer par vos arrêtés de classement.
Dans le premier cas, en effet, un classement trop restreint tend à priver les habitants de chemins qui
peuvent leur être indispensables, quoiqu'ils n'établissent pas une communication entre les chefs-lieux de

deux communes ; dans le second cas, et c'est le plus fréquent, le classement d'un trop grand nombre de chemins vicinaux engage la commune dans des dépenses qu'elle ne peut pas supporter. Alors, ou elle néglige l'entretien d'une partie de ces chemins, et les habitants qu'ils intéressent plus particulièrement ont droit de s'en plaindre ; ou bien la commune dissémine ses ressources sur tous les chemins classés, et elle s'épuise en vains efforts, sans pouvoir amener ses communications à un bon état de viabilité.

» Il importe donc que toutes les fois que vous aurez à statuer sur la proposition du classement des chemins d'une commune, vous ne vous borniez pas à une simple approbation du travail fait par l'autorité locale. Vous devrez examiner avec soin si, sur le tableau dressé, on n'a pas omis quelque communication essentielle à une des sections de la commune, et votre attention sera probablement appelée sur cette omission par quelques réclamations des parties intéressées. Dans ce cas, vous inviteriez le maire à faire délibérer spécialement le conseil municipal sur l'utilité du chemin qui vous paraîtrait devoir être rétabli sur l'état. Vous examinerez avec non moins de soin si le nombre des chemins dont le classement vous est proposé n'excède pas les besoins de la circulation, et s'il n'est pas hors de proportion avec les ressources que la commune peut appliquer à leur entretien. Si par exemple deux ou trois chemins conduisent du même lieu au même lieu, vous recherchez s'il n'y aurait pas possibilité de réduire cette communication à un seul chemin, dût-il en résulter un léger détour pour quelques habitans. A plus forte raison ne classeriez-vous pas des chemins qui ne serviraient pas de communication publique, dans le vrai sens de ce mot, mais qui ne serviraient qu'à l'exploitation de quelques propriétés privées, ou à la vidange temporaire des récoltes. Dans ces divers cas, ces chemins doivent être conservés, sans doute, mais leur entretien doit être à la charge des habitants qui en usent privativement, et cet entretien ne peut sans injustice être imposé à la communauté. Ils ne doivent donc pas être inscrits sur le tableau des chemins mis légalement à la charge des communes.

» Si le classement général des chemins vicinaux a été précédemment fait dans votre département, monsieur le préfet, je vous engagerai à examiner s'il ne pourrait pas être nécessaire, ou au moins utile, de le réviser. S'il a eu lieu à une époque déjà ancienne, il se pourrait que ce classement eût été fait alors un peu légèrement, comme le sont trop souvent les opérations administratives qui ne sont pas encore parfaitement comprises. Il se pourrait surtout que des communes eussent, à l'époque de ce travail, demandé et obtenu le classement d'un trop grand nombre de chemins ; elles ont pu y être déterminées en effet par le seul désir de conserver tous les chemins existants, et comme d'ailleurs, sous la législation antérieure, le classement d'un chemin n'en rendait pas l'entretien obligatoire, les communes sentaient peu l'inconvénient d'avoir un nombre de chemins plus grand que ne le commandait l'intérêt des communications. Aujourd'hui, au contraire, que les communes pourront être appelées, et au besoin contraintes à entretenir tous leurs chemins légalement reconnus, il est probable que les conseils municipaux sentiront la nécessité de ne conserver le titre de *vicinal* qu'à ceux des chemins qui seront d'une utilité réelle. Il est donc à penser qu'une révision des classements qui auraient été précédemment faits amènerait d'assez nombreuses demandes de déclassement, et je crois que ce sera un bien, en ayant soin cependant de ne les admettre qu'après un mûr examen.

» Je n'ai pas besoin de vous dire, monsieur le préfet, que le déclassement d'un chemin précédemment déclaré vicinal est dans les attributions de la même autorité à laquelle appartient le droit de prononcer le classement. Il ne s'agit, en effet, que de rapporter un acte administratif, et il est de principe général que les préfets peuvent rapporter leurs arrêtés et ceux de leurs prédécesseurs, pris en matière administrative. Il n'y a d'exception à cet égard que lorsque ces arrêtés ont reçu l'approbation ministérielle, ou qu'ils ont servi de base à une décision judiciaire passée en force de chose jugée.

» Vous pouvez donc prononcer, par arrêté, le déclassement d'un chemin, qu'il ait été classé par vous ou par l'un de vos prédécesseurs. Toutefois il est nécessaire, avant de prononcer le déclassement, de remplir une formalité de plus que pour le classement, et vous allez en comprendre la nécessité. Lorsqu'il s'agit d'admettre une communication au rang des chemins vicinaux, une délibération du conseil municipal a suffi pour servir de base à l'autorité du préfet, parce que le public et les communes voisines ne pouvaient trouver que de l'avantage à être mis en jouissance d'une voie de communication. Lorsqu'au contraire il s'agit de déclasser ce chemin, c'est-à-dire de lui ôter le titre de vicinal, et par suite de dispenser la commune de l'obligation de pourvoir à son entretien, le public et les communes voisines peuvent être intéressés à contredire un projet qui tend à les priver d'une voie de communication dont il jouissaient. Avant donc de prononcer le déclassement d'un chemin vicinal, vous devrez en faire délibérer les conseils municipaux des communes qui peuvent avoir intérêt à la conservation de ce chemin, et s'il n'y a pas unanimité dans les délibérations, vous ferez ouvrir une enquête dans ces mêmes communes. Vous serez ainsi parfaitement éclairé sur les véritables intérêts des localités, et vous prononcerez en parfaite connaissance de cause. Ces formalités entraîneront quelques lenteurs sans doute ; mais le déclassement d'un chemin ne peut jamais être une opération urgente, et les explications dans lesquelles je viens d'entrer vous auront fait comprendre qu'en pareille matière l'administration ne doit opérer qu'avec réserve, parce que la commune sur le territoire de laquelle est situé le chemin n'est plus la seule intéressée.

» Lorsqu'un chemin est déclassé, c'est-à-dire lorsqu'un arrêté du préfet lui a ôté la qualité de chemin vicinal, il reste à examiner ce qu'il convient d'en faire. En effet, le déclassement dispense seulement la commune de pourvoir à l'entretien de ce chemin, mais malgré ce déclassement il peut y avoir lieu quelquefois de le conserver au public comme chemin rural ou d'exploitation. Souvent, au contraire, il pourra être entièrement supprimé et rendu à l'agriculture, comme le recommandait l'arrêté du directoire du 23 messidor an V. Toutes les fois donc que vous aurez prononcé le déclassement d'un chemin vicinal, vous devrez appeler l'attention du conseil municipal sur cette question subsidiaire, savoir s'il y a lieu d'en vendre le sol au profit de la commune. Dans ce dernier cas, vous autoriseriez la vente après les formalités voulues par le premier paragraphe de l'article 10 de la loi du 28 juillet 1824, et vous ne perdriez pas de vue les dispositions de l'art. 19 de la loi du 21 mai 1836.

» Je ne vous ai jusqu'à présent parlé du classement et du déclassement des chemins que relativement aux rapports que ces actes administratifs peuvent avoir avec l'intérêt général ou avec celui des communes. Il me reste à vous entretenir des rapports que ces actes peuvent avoir avec l'intérêt privé, celui des propriétaires riverains des chemins.

» Il arrive assez fréquemment que lorsqu'une commune

demande le classement d'une voie de communication au rang des chemins vicinaux, un propriétaire riverain forme opposition à ce classement, par le motif qu'il est propriétaire du sol du chemin.

» A une autre époque, et alors que la législation sur la vicinalité n'était peut-être pas parfaitement comprise, on avait cru que l'autorité administrative devait s'arrêter devant cette opposition, et surseoir au classement du chemin jusqu'à ce que la question de propriété du sol du chemin eût été décidée par les tribunaux ordinaires auxquels la connaissance en appartient. Il en résultait des lenteurs, toujours fâcheuses dans une branche de l'administration où les retards sont nuisibles au public. Les communes se trouvaient souvent entraînées dans des procès dont les frais, même lorsqu'elles triomphaient, leur étaient fort onéreux; enfin il suffisait souvent de la seule menace d'un procès par un propriétaire riverain pour arrêter une commune dans le projet de classement d'une communication réellement utile.

» Depuis ces dernières années, la question a été mieux comprise; on a senti que si l'intérêt privé devait être respecté, le respect qui lui est dû ne pouvait l'emporter sur des considérations d'un intérêt plus général. On a donc reconnu, et de nombreuses ordonnances royales rendues en matière contentieuse, ont admis que l'exception de propriété du sol sur lequel est établi un chemin ne fait pas obstacle à ce que le chemin soit déclaré vicinal, s'il y a lieu. La question de propriété reste intacte, pour être jugée par les tribunaux. Si elle est résolue en faveur du réclament, le jugement est sans effet quant à la déclaration de vicinalité; il donne seulement droit à une indemnité pour la valeur du chemin.

» Ce qui n'était jusqu'à présent qu'une jurisprudence a été consacré comme droit écrit par les termes de l'article 15 de la loi du 21 mai 1836, sur les

quel j'aurai occasion de revenir; mais j'ai dû vous
en faire apprécier dès à présent les conséquences:
afin que vous compreniez bien que la question de propriété élevée par un propriétaire riverain ne doit pas
suspendre la déclaration de vicinalité pour un chemin auquel vous auriez reconnu nécessaire, après
toutes les formalités voulues, de donner la qualité
de chemin vicinal. Il n'y aurait d'exception à cet égard
que dans le cas où la commune reconnaissant, avant
jugement, le droit de propriété du réclamant, et ne
voulant ou ne pouvant lui payer le prix de son terrain, retirerait sa demande en classement. Encore
même pourrait-il y avoir lieu de donner également
suite à la demande de classement, si, par exemple,
une ou plusieurs communes, intéressées à ce que le chemin fût déclaré vicinal, offraient de faire ce que ne
pourrait faire la commune sur le territoire de laquelle
il est établi, c'est-à-dire en payer la valeur.

» Les mêmes considérations doivent vous servir de
guide en matière de déclassement, et lorsqu'un propriétaire riverain demande qu'un chemin déclaré vicinal soit déclassé, par le motif qu'il est propriétaire
du sol.

» Si la commune admet la prétention du propriétaire riverain; si, en même temps elle déclare ne vouloir ou ne pouvoir en payer la valeur, et qu'elle con-
sente au déclassement, nul doute que vous pouvez le
prononcer, on supposant du reste que les communes
voisines n'y forment pas obstacle.

» Si, au contraire, la commune, tout en reconnaissant que le réclamant est propriétaire du sol du chemin, déclare qu'elle consent à en payer la valeur,
et qu'elle insiste pour que la déclaration de vicinalité
soit maintenue, nul doute que vous pourrez rejeter la
demande de déclassement formée par le riverain,
puisqu'il est désintéressé, autant que le veut la loi,

par le payement du prix du terrain que la commune reconnaît lui appartenir.

» Si, enfin, la commune repousse la prétention de propriété du réclamant, et que les parties doivent recourir aux tribunaux pour faire juger cette question, il est évident que vous devrez surseoir jusqu'à-près le jugement, pour statuer sur le mérite de la demande en déclassement. La solution donnée par les tribunaux à la question de propriété, sans être décisive sans doute, peut cependant exercer quelque influence sur la décision que vous aurez à prendre, car si le réclamant était reconnu propriétaire, la nécessité de lui payer une indemnité pourrait engager la commune à consentir au déclassement; tandis que si la prétention de propriété élevée par le riverain était repoussée, la commune restant propriétaire du sol, il n'y aurait plus de motif fondé pour prononcer le déclassement contre le vœu de la commune.

» Pour terminer ce qui a rapport au classement des chemins vicinaux, il me reste à vous entretenir, monsieur le préfet, d'une distinction entre les diverses catégories de voies publiques, distinction qui a été quelquefois perdue de vue, et qu'il importe cependant d'autant plus de maintenir, qu'elle se rattache à l'ordre des juridictions; il s'agit de la différence légale qui existe entre les chemins vicinaux et les rues des bourgs et villages.

» Il est arrivé quelquefois qu'un préfet, ne considérant ces rues que comme une continuation de chemins vicinaux, ce qui est vrai matériellement, a cru devoir les comprendre dans les tableaux de classement, et y appliquer la législation des chemins vicinaux, soit relativement au mode d'entretien, soit relativement au mode de répression des usurpations faites sur le sol des rues. J'apprécie parfaitement les motifs qui avaient porté ces administrateurs à en agir ainsi, et je reconnais qu'il y aurait peut-être avantage à ce que des voies de communication qui ne sont que la prolongation les unes des autres fussent soumises à la même législation ; mais l'utilité n'est pas la seule règle des décisions de l'administration. Au cas dont il sagit, il ne faut pas perdre de vue que les chemins vicinaux sont, quant à la répression des usurpations, placés par la loi du 9 ventôse an XIII sous la juridiction des conseils de préfecture, tandis que les rues des bourgs et villages font partie de la voirie urbaine ou petite voirie, et que la répression de toutes les contraventions en cette matière est du ressort des tribunaux ordinaires. Or, il ne peut appartenir à l'administration de déplacer les juridictions par un simple arrêté de classement des voies de communication.

» La distinction que je viens de faire ici, monsieur le préfet, a été consacrée de la manière la plus formelle par diverses ordonnances royales rendues en matière contentieuse ; notamment celles des 30 juillet 1817, 23 janvier et 11 février 1820, et 27 avril 1825, que vous trouverez au recueil des arrêts du conseil d'état ; je transcris ici les considérants de la dernière, parce qu'ils sont d'une grande importance.

« Considérant, sur la compétence, que la loi du 19 » mai 1802 (29 floréal an X) ne renvoie au jugement » du conseil de préfecture que les contraventions en ma- » tière de grande voirie, et que la loi du 28 février 1805 » (9 ventôse an XIII) ne concerne que les chemins vici- » naux ; considérant que la maison de la dame veuve » Blanchet est située dans la commune du Trep, le long » de la place publique et dans un carefour formé par plu- » sieurs rues qui y aboutissent ; considérant que les anti- » cipations sur la voie publique dans les rues et places qui » ne font pas partie des routes royales ou départemen- » tales appartiennent à la voirie urbaine ; que dans ce » dernier cas les alignements doivent être donnés par l'au-

» torité municipale, sauf le recours au préfet, et les in-
» fractions poursuivies devant les tribunaux ordinaires ;
» et que dès lors le conseil de préfecture était incompétent
» pour connaître de la réclamation de la commune du
» Trep contre la dame veuve Blanchet : ART. 1ᵉʳ. L'ar-
» rêté du conseil de préfecture du département de.... est
» annulé pour cause d'incompétence. »

» Vous devez donc, monsieur le préfet, vous abstenir
de comprendre les rues des bourgs et villages dans vos
arrêtés de déclaration de vicinalité, et par suite vous
devez veiller à ce que la répression des usurpations commises sur le sol de ces rues ne soit pas poursuivie devant
le conseil de préfecture. Je reconnais qu'il pourra, dans
certains cas, y avoir quelque incertitude sur le point précis
où finit le chemin vicinal et où il commence ; mais vous
sentiriez qu'il ne peut être question ici d'une interprétation judaïque de la loi, et que c'est surtout son esprit
qu'il faut consulter. Il est bien évident que trois ou quatre habitations éparses dans les champs le long d'un chemin, ne peuvent donner à ce chemin le caractère d'une
rue ; mais aussi, toutes les fois qu'il y aura ensemble
un certain nombre d'habitations agglomérées, les voies
de communication qui servent à leurs habitants sont des
rues et non des chemins vicinaux (1).

» ART. 2. En cas d'insuffisance des ressources ordinaires
» des communes, il sera pourvu à l'entretien des che-
» mins vicinaux à l'aide soit de prestations en nature
» dont le maximum est fixé à trois journées de travail,
» soit de centimes spéciaux en addition au principal des
» quatre contributions directes, et dont le maximum est
» fixé à cinq.

» Le conseil municipal pourra voter l'une ou l'autre
» de ces ressources, ou toutes les deux concurremment.

» Le concours des plus imposés ne sera pas nécessaire

(1) *Voir* sur cette question nos observations, t. Iᵉʳ, p. 38.

n-
s;
nt
du
r-
est

ir
os
us

l-
nt
ns
is
is
l-
il
l-
2-
le
le
s
5

s
-
e
,
5
l

» dans les délibérations prises pour l'exécution du pré-
» sent article. »

» Après avoir consacré de nouveau, dans l'article 1er de
la loi, l'obligation pour les communes d'entretenir et de
réparer leurs chemins, le législateur s'est occupé,
dans l'article 2, de spécifier les ressources au moyen
desquelles les communes pourront remplir cette obligation ; ces ressources se composent : 1° des revenus ordinaires des communes ; 2° des prestations en nature ; 3° de
centimes spéciaux.

» La possibilité pour les communes de réparer et d'en-
trenir leurs chemins vicinaux au moyen de leurs revenus
ordinaires est un cas malheureusement si rare qu'il est
presque exceptionnel ; nous avons donc peu à nous en occuper. Cette nature de dépense rentrerait d'ailleurs dans
la classe des autres travaux communaux qui se font sur
les ressources ordinaires, et vous savez quelles règles
sont applicables aux travaux communaux.

» Les communes ne peuvent donc, en général, recourir, pour les travaux à faire sur les chemins vicinaux,
qu'aux deux autres moyens mis à leur disposition, savoir :
des prestations en nature, et des centimes additionnels
aux quatre contributions directes.

» Vous avez suivi avec attention, monsieur le préfet, la
discussion de principe qui a eu lieu dans les deux chambres relativement à la contribution demandée à l'habitant, sous forme de travaux. Je n'analyserai pas ici ce qui
a été dit cet égard ; mais de la discussion même et des
documents sur lesquels elle s'appuyait de part et d'autre,
il en est résulté ce fait incontestable : c'est que dans la
plupart des départements, la prestation en nature a passé
dans les habitudes de la population, et qu'elle produit
d'utiles résultats partout où son emploi est convenablement surveillé.

» La prestation en nature devait donc être maintenue au nombre des ressources que les communes pourront

employer à l'entretien de leurs chemins ; on a même reconnu qu'il convenait aux communes de donner une plus grande extension à l'emploi de cette ressource, et on a élevé à trois le maximum des journées que les conseils municipaux peuvent imposer chaque année, maximum que la loi du 28 juillet 1824 avait fixé à deux journées. On est tellement pénétré, dans la généralité du royaume, de l'urgence de mettre enfin les communications vicinales en bon état de viabilité, qu'il est à espérer que les conseils municipaux useront fréquemment de la faculté qui leur est donnée.

» Mais l'augmentation du nombre de journées de prestation que le conseil municipal pourra imposer annuellement n'est que le moindre des changements que l'article 2 de la loi du 21 mai 1836 apporte à la législation existante, et il en est un surtout dont vous aurez déjà apprécié toute l'importance.

» D'après la loi du 28 juillet 1824, ce n'était qu'en cas d'insuffisance des deux journées de prestation, que les conseils municipaux pouvaient voter cinq centimes additionnels. L'interprétation donnée par l'administra ion était plus restrictive encore, et comme ce n'était réellement que lorsque les journées de prestation avaient été employées qu'on pouvait constater l'insuffisance de ce moyen, on en avait conclu qu'il fallait que les deux journées de prestation eussent été épuisées avant que les conseils municipaux pussent légalement voter des centimes additionnels. Il résultait de ce système des inconvénients que les administrations locales ont promptement reconnus et qu'elles n'ont cessé de signaler.

» Dans certains départements, en effet, on préférait l'addition de quelques centimes additionnels à l'emploi de la prestation. Là même où la prestation a passé dans les habitudes du pays, et où cette nature de contribution se vote et s'acquitte tous les ans sans difficulté, son emploi ne peut avoir toute son efficacité, s'il n'est accompa-

gné de l'emploi de quelques fonds destinés à payer d'indispensables dépenses. Ainsi, par exemple, les prestataires
arrivent souvent sur les chemins, dépourvus des instruments de travail dont ils doivent faire usage, et il serait
peut-être difficile de les contraindre à s'en pourvoir. Il
n'est pas moins nécessaire de joindre aux prestataires quelques piqueurs ou chefs d'ateliers qui, par une plus grande
expérience de cette nature de travaux, puissent donner
une plus utile direction aux travaux de prestation : or, il
faut pouvoir salarier ces agents ; enfin il y a souvent à
faire des travaux d'art, des ponceaux, par exemple, auxquels on ne peut employer le seul travail des prestataires.

» Toutes ces considérations ont fait sentir la nécessité
de faire disparaître les dispositions restrictives de la loi
du 28 juillet 1824, et désormais les conseils municipaux
pourront voter, soit des journées de prestation jusqu'au
maximum de trois, soit des centimes additionnels jusqu'au maximum de cinq, soit enfin ces deux contributions concurremment.

» Je vous recommande avec instance d'user de toute
votre influence pour obtenir des maires et des conseils municipaux qu'il usent dans toute leur étendue,
pendant les premières années surtout, des moyens que
la loi met à leur disposition. Des réclamations générales
s'élèvent sur le mauvais état des chemins vicinaux en
France ; les Chambres elles-mêmes ont été l'écho des
plaintes de l'agriculture et du commerce, qui souffrent
également de l'absence de bonnes communications. Ces
plaintes ont déterminé la législature à permettre aux
communes de s'imposer des sacrifices dont la nécessité
est si bien appréciée. Il est donc à espérer que les conseils
municipaux se montreront animés du même esprit qui
a dicté les dispositions de la loi nouvelle, et je compte, je
le répète, sur votre influence, pour obtenir que partout
les votes de prestations et des centimes marchent de
front, et atteignent leur maximum, au moins jusqu'à ce

que les réparations les plus urgentes soient complétement terminées.

» Dans un grand nombre de départements la prestation en nature a donné aux administrateurs la possibilité de faire exécuter des travaux remarquables, et vous devez engager l'autorité locale à voter cette contribution. Il importe d'en introduire l'emploi dans les localités où elle ne serait pas encore en usage. Vous tiendrez exactement note du vote des communes, afin de pouvoir m'en faire connaître les résultats chaque année.

» Une dernière modification a été faite par la loi nouvelle à la législation; il s'agit de l'adjonction des plus imposés, commandée par l'article 5 de la loi du 28 juillet 1824, et qui ne devra plus avoir lieu, aux termes du dernier paragraphe de l'article 2 de la loi du 21 mai 1836.

» Vous aurez parfaitement compris, monsieur le préfet, les motifs de cette modification.

» La loi de 1824 avait considéré la réparation des chemins vicinaux comme à peu près facultative; ces travaux devaient, à défaut des ressources ordinaires des communes, s'effectuer au moyen de prestations en nature. Les centimes additionnels, auxquels il était permis de recourir en cas d'insuffisance des prestations, étaient donc considérés comme une contribution extraordinaire; dès lors il était conséquent à la législation de l'époque, il était conforme à l'esprit de la loi de finances de 1818, d'appeler à voter ces centimes extraordinaires le conseil municipal composé extraordinairement, c'est-à-dire doublé par l'adjonction des plus imposés.

» La loi du 21 mai 1836, au contraire, a rendu l'entretien et la réparation des chemins vicinaux obligatoire, tellement qu'elle a prévu le moyen de vaincre l'inertie ou le refus des conseils municipaux. La dépense est donc devenue obligatoire aussi; dès lors les cinq centimes qui peuvent y être annuellement affectés ont

réellement perdu le caractère de contribution extraordinaire. Il devenait donc superflu d'appeler les plus
imposés à délibérer sur le vote de ces centimes; il y
aurait même eu contradiction à maintenir la nécessité
de leur concours, alors que l'autorité supérieure était
investie du droit d'imposer d'office la contribution que
le conseil municipal et les plus imposés auraient refusée.

» Tels sont, monsieur le préfet, les véritables motifs
qui ont déterminé la modification apportée à l'article
5 de la loi du 28 juillet 1824, et je vous engage à le
faire bien comprendre aux maires, dans les instructions
que vous leur adresserez. Il importe que les conseils
municipaux sachent que si l'adjonction des plus imposés n'est plus commandée pour le vote des cinq centimes additionnels, c'est parce que la dépense de la
réparation et de l'entretien des chemins vicinaux est
considérée par la législation actuelle comme une dépense ordinaire, annuelle et obligatoire. Il n'importe
pas moins que les plus imposés comprennent bien que
la loi nouvelle ne prononce pas à leur égard une ex-
clusion; qu'elle dispense seulement de recourir à leur
vote pour une dépense qui n'est plus au rang des dépenses extraordinaires. Vous direz aux maires, du
reste, que de même que, sous l'empire de la loi de
1824, l'adjonction des plus imposés n'était pas seulement facultative, mais obligée; que de même que le
vote des centimes additionnels sans le concours des
plus imposés eût été illégal et nul, de même aussi sous
l'empire de la loi du 21 mai 1836, l'adjonction des
plus imposés dans les cas prévus par l'article 2 n'est
pas facultative, qu'elle ne doit plus avoir lieu, et que
les délibérations seraient viciées par leur présence, parce
que leur concours aux délibérations du conseil municipal n'est légal que lorsque la loi l'a formellement
ordonné.

» Je n'ai pas besoin, je pense, de vous dire que les

votes des conseils municipaux, soit pour les journées de prestation jusqu'au maximum de trois, soit pour les centimes additionnels jusqu'au maximum de cinq, sont exécutoires sur votre seule approbation. Cela résulte de l'article 5 de la loi du 28 juillet 1824, dont les dispositions n'ont pas été changées à cet égard.

» Vous comprendrez aussi que l'article 6 de la même loi reste également en vigueur; seulement, comme il s'agirait alors du vote de véritables contributions extraordinaires, le concours des plus imposés serait nécessaire.

« ART. 3. Tout habitant, chef de famille ou d'établisse-
» ment, à titre de propriétaire, de régisseur, de fermier
» ou de colon partiaire, porté au rôle des contributions
» directes, pourra être appelé à fournir chaque année
» une prestation de trois jours;

» 1° Pour sa personne et pour chaque individu mâle
» valide, âgé de dix-huit ans au moins et de soixante ans
» au plus, membre ou serviteur de la famille et résidant
» dans la commune;

» 2° Pour chacune des charrettes ou voitures attelées,
» et en outre pour chacune des bêtes de somme, de trait,
» de selle, au service de la famille ou de l'établissement
» dans la commune. »

» La prestation en nature a été rangée par l'art. 2 de la loi du 21 mai 1836 au nombre des ressources que les communes pouvaient appliquer à l'entretien et à la réparation des chemins vicinaux. L'art. 3 a pour objet de désigner quels sont les citoyens qui doivent être imposés à cette contribution d'une nature toute spéciale.

» A l'exception de l'élévation de deux à trois du maximum du nombre de journées qui peuvent être demandées, cet article, monsieur le préfet, n'apporte que peu de modifications aux dispositions de la loi du 28 juillet 1824. Ces changements, qui portent principalement sur la rédaction, ont pour but de mieux préciser les obligations des contribuables, et de lever quelques incertitudes que pouvait laisser dans l'exécution l'ancienne rédaction. J'aurais donc pu peut-être me dispenser d'entrer dans de longs détails sur l'application de l'art. 3 de la loi nouvelle ; mais j'ai pensé que l'instruction du 30 octobre 1824 pourrait n'être plus aussi facilement saisie, mise en regard d'un texte de loi dont la rédaction est autre que celui qui a servi de base à cette instruction. Il m'a donc paru préférable de donner à l'interprétation de l'art. 8 de la loi du 21 mai 1836 les mêmes développements que s'il s'agissait d'en faire l'application pour la première fois. Vous n'aurez pas ainsi à compulser d'anciennes instructions, et à rechercher ce qu'elles ont encore d'applicable sous l'empire d'une législation nouvelle.

» L'application de l'article dont nous nous occupons est facile, quelque compliquée que puisse paraître sa rédaction, lorsqu'on a bien saisi l'esprit dans lequel il a été conçu, lorsqu'on a bien compris la distinction à faire entre l'obligation imposée à l'habitant, comme habitant et en vue de sa personne seulement, et l'obligation imposée à tout individu en vue de la famille dont il est le chef, ou de l'établissement agricole ou autre dont il est propriétaire ou gérant à quelque titre que ce soit. Dans le premier cas, l'obligation est personnelle et directe, en ce sens qu'elle atteint directement le contribuable pour sa personne seule ; dans le second cas, l'obligation est indirecte, en se sens qu'elle n'est plus imposée au contribuable pour sa personne, mais bien pour les moyens d'exploitation de son établissement, lesquels se composent des membres de sa famille et de ses serviteurs, et encore de ses instruments de travail, tels que charrettes, voitures, bêtes de somme, de trait et de selle.

» Ainsi donc tout habitant peut être imposé à la prestation en nature, directement et pour sa personne, s'il est porté au rôle des contributions, mâle, valide, et âgé de dix-huit ans au moins et de soixante ans au plus. Dans ce cas, l'habitant est considéré comme individu, et la prestation en nature lui est demandée, seulement comme membre de la communauté, intéressé par conséquent à tout ce qui peut contribuer à sa prospérité, notamment au bon état des chemins. Voilà l'obligation personnelle, l'obligation directe, résultant de la seule qualité d'habitant de la commune, et abstraction faite de toute qualité de propriétaire, de chef de famille ou d'établissement.

» Mais s'il a une famille, s'il est propriétaire, s'il gère une exploitation agricole, comme régisseur, fermier ou colon partiaire, s'il administre un établissement industriel, cet habitant a nécessairement un intérêt plus étendu à la prospérité de la communauté et au bon état des communications; d'ailleurs l'exploitation de son établissement, quel qu'il soit, ne peut se faire sans dégrader les chemins de sa commune, et il est juste qu'il contribue à la réparation ordinaire de ces chemins, dans la proportion des moyens d'exploitation qui les dégradent. La loi permet donc de lui demander la prestation en nature pour chaque membre ou serviteur de la famille, mâle, valide, âgé de dix-huit ans au moins et de soixante ans au plus, résidant dans la commune, et encore pour chaque charrette ou voiture attelée, pour chaque bête de somme, de trait et de selle, au service de la famille ou de l'établissement dans la commune. Voilà l'obligation, non plus directe et imposée personnellement, en vue de la seule qualité de membre de la communauté, mais indirecte et imposée en vue de la famille et de l'exploitation agricole et industrielle. A vrai dire, c'est dans ce cas l'exploitation ou l'établissement qui sont imposés en raison de leur importance et de leur intérêt présumé au bon état des chemins et de l'usage qu'ils en font, et c'est le chef de la famille, de l'exploitation agricole ou de l'établissement industriel, qui doit aquitter la contribution assise sur ce qui lui appartient ou sur ce qu'il exploite.

» Il s'ensuit donc évidemment que pour qu'une exploitation agricole ou industrielle puisse être imposée dans tous ses moyens d'action, dans tous ses instruments de travail, il n'est plus nécessaire que le chef de l'exploitation ou de l'établissement soit mâle, valide, âgé de dix-huit à soixante ans, ni même résidant dans la commune. C'est l'exploitation agricole, c'est l'établissement industriel existant dans la commune, qui doit la prestation, abstraction faite du sexe, de l'âge et de l'état de validité du chef de l'exploitation ou de l'établissement; ce chef, sans doute, ne sera pas imposé personnellement s'il ne réunit pas les conditions nécessaires pour que sa cote personnelle lui soit demandée, mais il sera, dans tous les cas, tenu d'aquitter la prestation imposée dans les limites de la loi, pour tout ce qui dépend de l'exploitation agricole ou de l'établissement industriel situé dans la commune.

» En résumé :

» 1° La prestation en nature est due pour sa personne, par tout habitant de la commune, qu'il soit célibataire ou marié, et quelle que soit sa profession, si d'ailleurs il est porté au rôle des contributions directes; mâle, valide, et âgé de dix-huit ans au moins et soixante ans au plus;

» 2° La prestation en nature est due par tout habitant de la commune, qu'il soit célibataire ou marié, s'il est porté au rôle des contributions directes, mâle, valide, âgé de dix-huit ans au moins et de soixante ans au plus, chef de famille ou d'établissement à titre de propriétaire, de régisseur, de fermier ou de colon partiaire. Dans ce cas il doit la prestation pour sa personne d'abord, puisqu'il réunit toutes les conditions nécessaires; il la doit en outre pour chaque individu mâle, valide, âgé

de dix-huit ans au moins et de soixante ans au plus,
membre ou serviteur de la famille, et résidant dans
la commune; il la doit encore pour chaque charrette
ou voiture attelée, et pour chaque bête de somme,
de trait ou de selle, au service de la famille ou de
l'établissement dans la commune;

» 3° La prestation en nature est due par tout individu, même non porté nominativement au rôle des
contributions directes de la commune, même âgé de
de moins de dix-huit ans et de plus de soixante ans,
même invalide, même du sexe féminin, même enfin
n'habitant pas la commune, si cet individu est chef
d'une famille qui habite la commune, ou si, à titre de
propriétaire, de régisseur, de fermier ou de colon partiaire, il est chef d'une exploitation agricole ou d'un
établissement situé dans la commune. Dans ce cas toutefois, il ne devra pas la prestation pour sa personne,
puisqu'il n'est pas dans les conditions voulues par la
loi, mais il la devra pour tout ce qui, personnes ou
choses, dans les limites de la loi, dépend de l'établissement dont il est propriétaire ou qu'il gère à quelque
titre que ce soit.

» Tels sont, monsieur le préfet, les principes qui
doivent servir de base à l'assiette de cette nature de
contribution. Tous les cas possibles rentrent dans l'un des
trois ci-dessus posés, et il ne me paraît pas qu'il puisse
rester la moindre incertitude sur les obligations qui résultent de l'article 3 de la loi. Je n'ai plus qu'à appeler
votre attention sur quelques-uns des termes de cet article.

» Le mot *habitant* a été d'abord l'objet de quelque
hésitation. On a demandé à quel caractère positif on
peut reconnaître qu'un individu est habitant d'une commune, et l'on a cité le cas d'un propriétaire qui partage
son année entre plusieurs communes où il a des propriétés.

» Pour résoudre cette difficulté, il faut d'abord remarquer que le législateur a évité d'employer le mot

de *domicile*, parce qu'il aurait pu être la cause de difficultés, en raison de la différence qui peut exister entre le domicile de fait ou réel et le domicile légal ou de droit. On s'est servi à dessein du mot *habitation*, parce que l'habitation est la principale cause qui rend imposable à la prestation en nature; c'est là ce qui constitue en premier ordre l'intérêt au bon état des chemins et l'obligation de contribuer à leur entretien. Lors donc qu'un propriétaire a plusieurs résidences qu'il habite alternativement, et qu'il s'agit de reconnaître dans laquelle il doit être imposé à la prestation en nature pour sa personne, il faut rechercher quelle est celle des résidences où il a son principal établissement, et qu'il habite le plus longtemps; c'est là qu'il devrait être imposé. Si, du reste; il y a à cet égard, entre un propriétaire et une commune, une contestation qui ne puisse être résolue à l'amiable, elle devra être jugée dans les mêmes formes et d'après les mêmes règles qui serviraient, s'il y avait double emploi dans l'imposition personnelle : la prestation en nature rentre ici, en effet, dans la catégorie de la contribution personnelle, puisque c'est à la personne qu'elle est demandée.

» Cette interprétation nous conduit à expliquer ces mots qui terminent l'article 3 : *au service de la famille ou de l'établissement dans la commune*. En effet, si ce propriétaire a dans chacune de ses résidences un établissement permanent en domestiques, voitures ou bêtes de somme, de trait et de selle, il devra être imposé dans chaque commune, et dans les limites de la loi, pour ce qui lui appartient dans cette commune; si au contraire ses domestiques, ses chevaux et ses voitures passent avec lui temporairement d'une résidence à une autre, il ne devra être imposé pour ses moyens d'exploitation que dans le lieu de son principal établissement; ainsi qu'il a été dit plus haut. Cette règle s'appliquerait au cas où un citoyen exploiterait plusieurs établissements agricoles ou industriels, soit comme propriétaire, soit comme régisseur, fermier ou colon partiaire. Si chacun de ses établissements est garni, d'une manière permanente, de tout ce qui est nécessaire à son exploitation, la prestation est due, dans les limites de la loi, pour tout ce qui sert à l'exploitation dans chaque commune; si au contraire, ainsi que cela a lieu dans un petit nombre de localités, le propriétaire, fermier ou exploitant, quel qu'il soit, transfère successivement ses moyens d'exploitation d'un établissement dans un autre, il est évident qu'il ne peut être imposé, pour ce fait, dans chacune des communes où il travaille ou fait travailler temporairement : il y aurait double emploi, puisque la loi ne lui impose que trois journées au plus pour chacun de ses moyens d'exploitation, et qu'il se trouverait imposé pour six ou neuf journées, s'il était atteint simultanément dans chacun de ses deux ou trois établissements. Dans ce cas, ce sera donc au lieu de son principal établissement, au lieu de sa résidence habituelle, qu'il sera imposé pour sa personne, s'il y a lieu, et pour ce qui lui appartient.

» Vous avez remarqué, monsieur le préfet, que le second paragraphe de l'article qui nous occupe a modifié les limites d'âge posées par la loi du 28 juillet 1824. A dix-huit ans un jeune homme se livre déjà aux travaux de la campagne; il pouvait donc, sans inconvénient, être appelé à prendre part aux travaux faits dans l'intérêt de la commune : d'un autre côté, on a cru devoir limiter cette obligation à l'âge de soixante ans, parce que, bien qu'à cet âge l'homme ne soit pas généralement dans un état d'invalidité habituelle, il est cependant devenu moins propre à des travaux fatigants.

» Les questions d'âge sont toujours faciles à résoudre, puisqu'en cas de doute il suffit de recourir à l'acte de naissance. Les décisions à prendre sur les cas d'invalidité seront souvent plus délicates, parce que l'état d'invalidité

n'est pas toujours évident ; mais dans les communes rurales , les seules généralement où l'on impose les prestations en nature , presque tous les habitants sont connus
de l'autorité, ou se connaissent entre eux. On sait donc
d'une manière assez exacte quels sont les individus que
leur état habituel de santé doit faire exempter de la prestation en nature.

» L'âge et l'état d'invalidité sont les seuls motifs d'exemption pour cette nature de contribution. Il en est une autre
cependant qui a été constamment appliquée et qui doit
continuer à l'être : c'est celle qui résulte de l'état d'indi-
gence. Elle est au surplus , comprise ici implicitement,
car, aux termes de l'article 12 de la loi du 21 avril 1832 ,
les indigents sont exempts de toute cotisation. Dès lors,
n'étant pas portés au rôle des contributions directes, ils
ne peuvent être imposés à la prestation en nature.

» Pour l'appréciation de ces divers motifs d'exemption ,
on ne peut, au surplus , que s'en rapporter avec confiance aux maires et aux conseils municipaux ; tout en
veillant, dans l'intérêt de la commune, à ce que chaque
habitant remplisse les obligations qui peuvent lui être
légalement imposées, ces fonctionnaires sauront aussi
empreindre leurs décisions de ces ménagements , de ce
caractère d'équité, qui conviennent si bien aux fonctions
paternelles qu'exerce l'autorité municipale.

» Au second paragraphe de l'article 3 , on a également
remplacé par les mots *membres de la famille*, ceux de
ses fils vivant avec lui, qui se trouvaient dans la loi de
1824. Souvent un chef de famille a avec lui des neveux
ou autres parents qui ne pouvaient être atteints ; ils le
seront aujourd'hui par l'appellation plus étendue dans laquelle ils sont évidemment compris. Il faut pourtant qu'ils
résident avec le chef de l'établissement, car s'ils avaient
une autre résidence , ils ne pourraient pas être atteints dans
la résidence du chef de famille. Le mot *domestique* avait
aussi donné lieu à quelques difficultés dans son applica-

tion : il a été remplacé par celui de *serviteur*, qui a une signification moins restreinte et s'étend à tout les individus qui reçoivent du chef de famille un salaire annuel et permanent. Il faut pourtant, pour être imposable, que, de même que pour les membres de la famille, les serviteurs résident dans la commune; s'ils étaient attachés d'une manière permanente à un établissement appartenant au même maître, mais situé dans une autre commune, ce serait dans la commune de la situation de cet établissement qu'ils seraient imposés. Les ouvriers, laboureurs ou artisans, qui travaillent à la journée ou à la tâche, ne sont évidemment pas compris dans la catégorie des *serviteurs;* il n'y a donc pas lieu de les imposer, au moins comme attachés à l'établissement de celui pour le compte duquel ils travaillent. Il restera à examiner si ces ouvriers doivent la prestation comme chefs de famille; mais ce serait alors pour leur propre compte et en qualité d'habitants.

» Quant aux charrettes et voitures, la loi ne permet de les imposer que si elles sont *attelées*, et par cette expression on doit entendre celles qui sont réellement et effectivement employées au service de la famille ou de l'établissement. Celles qui ne seraient jamais ou presque jamais employées, qui ne seraient enfin qu'un meuble mis en réserve, ne peuvent pas être imposées.

» Une distinction analogue doit être faite pour les bêtes de somme, de trait ou de selle. Pour être imposables, il faut qu'elles servent au possesseur, ou pour son usage personnel, ou pour celui de sa famille; ou pour l'exploitation de son établissement, soit agricole, soit industriel. Si, au contraire, ces animaux ne sont pas destinés à cet usage, s'ils sont un objet de commerce, ou s'ils sont destinés seulement à la consommation ou à la reproduction, ils ne peuvent donner ouverture à la prestation en nature; car ils ne sont réellement pas, comme le veulent les termes de la loi, employés pour le service de la famille ou

de l'établissement. Il en serait de même si ces animaux,
même destinés aux travaux de l'exploitation, était cependant trop jeunes pour y être encore employés.

« Art. 4. La prestation en nature sera appréciée en
» argent, conformément à la valeur qui aura été attri-
» buée annuellement pour la commune, à chaque es-
» pèce de journée, par le conseil général, sur les pro-
» positions des conseils d'arrondissement.

» La prestation pourra être acquittée en nature ou en
» argent, au gré des contribuables. Toutes les fois que le
» contribuable n'aura pas opté dans les délais prescrits,
» la prestation sera de droit exigible en argent.

» La prestation non rachetée en argent pourra être
» convertie en tâches, d'après les bases et évaluations de
» travaux préalablement fixées par le conseil muni-
» cipal. »

» En imposant aux citoyens l'obligation de consacrer,
chaque année, jusqu'à trois journées de travail à la réparation des chemins vicinaux, la loi n'a eu pour but
que de créer pour les communes une ressource applicable à cet objet d'utilité générale ; mais si une compen-
sation, si un équivalent du sacrifice imposé pouvait être
offert à la commune, il était juste que la loi permît
aux citoyens de se libérer d'une autre manière que par
un travail manuel. C'est ce que fait l'article 4 de la loi
du 21 mai 1836, en déclarant que la prestation pourra
être acquittée en nature ou en argent, au gré du
contribuable.

» Pour rendre possible cette option, il était nécessaire
que le contribuable connût à l'avance le taux du rachat
de chacune des espèces de prestations qui lui sont demandées. La loi du 28 juillet 1824 avait chargé les conseils
municipaux de fixer le taux de la conversion des prestations en nature ; mais il en résultait de trop grandes
différences dans les tarifs adoptés pour des localités souvent très-rapprochées. Quelquefois le tarif était tellement

élevé qu'il y avait un véritable préjudice pour le contribuable à se libérer en argent, et dès lors très-peu de conversions avaient lieu ; d'autres fois, au contraire, le tarif
était tellement faible que les rôles de prestation ne pro-
duisaient que des ressources insuffisantes.

» Il importait de faire cesser ces inconvénients, surtout
alors que les communes allaient avoir à remplir des obligations nouvelles et plus étendues. La loi 21 mai dispose
donc que le tarif de conversion des journées de prestation
sera arrêté chaque année pour la commune, par le conseil général, sur les propositions des conseils d'arrondissement. Au point élevé où se trouvent placés, dans l'ordre administratif, les conseils généraux de département,
ils sont nécessairement au-dessus des influences locales
auxquelles cédaient souvent les conseils municipaux
lorsqu'ils s'agissait de régler le tarif du taux de conversion. Le changement introduit par l'article 4 de la loi du
21 mai 1836 aura donc pour effet d'établir partout des
tarifs de conversion équitablement réglés et moins dis-
parates que les anciens. La loi ne prescrit pas cependant
qu'il n'y ait qu'un seul tarif pour tout le département,
pas plus qu'elle n'entend qu'il y ait un tarif spécial pour
chaque commune. Le conseil général appréciera dans sa
sagesse les propositions que feront à cet égard les conseils
d'arrondissement, et il décidera si les tarifs doivent être
arrêtés, soit pour une certaine étendue de territoire, soit
pour certaines catégories de communes, d'après l'importance de leur population, ou le plus ou moins d'aisance
de cette population. Vous aurez à cet égard, monsieur le
préfet, d'utiles indications à donner au conseil général,
et vos observations vous permettront de signaler chaque
année au conseil général les modifications qu'il convien-
drait d'apporter aux tarifs.

» Les décisions que les conseils généraux vont avoir
à prendre pour l'application de l'article 4 de la loi nouvelle exerceront, je n'hésite pas à le dire, la plus grande

influence sur l'exécution de la loi tout entière, et spécialement de la section 2, relative aux chemins de grande communication. Tout en reconnaissant, en effet, que la prestation en nature est une des ressources les plus importantes qui puissent, dans certaines localités, être affectées à la réparation des chemins vicinaux, il faut bien reconnaître aussi que ce moyen d'exécution laisse à désirer; partout on obtiendrait certainement bien plus de travail effectif avec une somme inférieure à la valeur d'une journée de travail, qu'on n'en obtient de la présence d'un prestataire pendant un jour sur les ateliers.

» Il est donc à désirer, il est du plus haut intérêt que, sans que les tarifs de conversion soient trop inférieurs au taux des journées de travail, ils présentent cependant à cet égard assez d'avantages pour déterminer autant que possible les contribuables à s'acquitter en argent. Les communes y gagneront par la possibilité d'employer des ouvriers salariés, et elles en obtiendront à la fois une plus grande masse de travaux, et des travaux mieux exécutés; les prestataires y gagneront aussi, puisqu'ils pourront, au moyen d'un rachat inférieur au prix réel de leur journée, se dispenser d'aller perdre sur les chemins un temps que réclament des travaux plus directement productifs.

» S'il était juste que la loi permît aux contribuables de s'acquitter par des travaux en nature ou par un rachat en argent, à leur choix, il était aussi indispensable que l'autorité locale sût, quelque temps avant l'ouverture des travaux, si elle aura à disposer de journées de prestation ou de ressources en argent. A cet effet, tout contribuable est tenu de déclarer, dans un délai fixé, s'il entend acquitter sa contribution en nature ou en argent. Le délai expiré sans déclaration de sa part, il est censé avoir renoncé à s'acquitter par des travaux en nature, et la loi veut que sa prestation soit alors acquittée en argent. Nous parlerons de la fixation des délais d'option, lorsque nous nous occuperons des formes à suivre pour la rédaction et le recouvrement des rôles.

» Le troisième paragraphe de l'article 4 autorise l'emploi d'un mode de réalisation des prestations en nature, qui doit évidemment rendre l'emploi de la prestation plus efficace qu'il ne l'était généralement. Ce moyen sera nouveau dans un grand nombre de départements, mais dans les localités où il a été mis en usage, il a produit d'heureux résultats, et les prestataires y ont trouvé de l'avantage, de même que la commune ; il s'agit de la conversion en tâches des journées de différentes espèces que les contribuables auront déclaré vouloir acquitter en nature.

» C'est aux conseils municipaux que la loi donne de droit de décider d'abord que les prestations non rachetées seront converties en tâches ; c'est encore aux conseils municipaux qu'est laissé le soin d'arrêter le tarif de la conversion en tâches des journées de prestation.

» Au premier coup d'œil, la rédaction de ce tarif peut paraître difficile ; mais les explications que vous donnerez aux maires feront bientôt disparaître toute difficulté dans l'emploi de ce moyen nouveau. On sait généralement, en effet, ce que valent, lorsqu'ils sont payés en argent, les travaux de différente espèce qui se font sur les chemins vicinaux ; combien on paye, par exemple, pour faire ramasser, casser ou étendre un mètre cube de pierres, ou pour faire creuser un mètre courant de fossés de telles dimensions ; on sait aussi combien coûte le transport de ces matériaux à une distance donnée. Le conseil municipal n'a donc qu'à arrêter la valeur représentative de ces différentes espèces de travaux dans un tarif qu'il déclarera devoir servir pour la conversion en tâches des prestations non rachetées en argent. Le taux de conversion des prestations ayant été préalablement fixé par le conseil général, chaque contribuable saura ce qui peut lui être demandé soit en argent, soit en tâches. L'habitant imposé à 3 francs, par exemple, pour trois journées de travail manuel, saura que, s'il veut acquitter sa prestation en nature, la commune pourra exiger de lui qu'il fasse telle quantité de telle espèce de travaux ; le cultivateur imposé à 9 francs pour trois journées de charrette saura que, s'il acquitte sa prestation en nature, il pourra être astreint à transporter telle quantité de matériaux de tel endroit à tel endroit. Je n'ai pas besoin de vous dire que les délibérations des conseils municipaux sur la conversion des journées en tâches ne sont exécutoires qu'après votre approbation ; c'est l'application de la règle générale en semblable matière.

» L'emploi de ce mode de travail présentera sans doute, comme je vous le disais plus haut, quelques difficultés d'exécution dans le premier essai qu'on en fera ; mais l'expérience fera bientôt disparaître ces difficultés, et l'on en appréciera tous les avantages. Les autorités locales se trouveront ainsi dispensées, en grande partie, de l'obligation fastidieuse et souvent pénible de surveiller le travail des prestataires, et elles n'auront plus, en général, qu'à constater que les tâches ont été exécutées ; la communauté y gagnera par une réparation plus efficace des chemins ; enfin les prestataires y trouveront aussi un avantage, car, sachant qu'ils seront libérés par l'exécution de la tâche imposée, ils pourront, par un travail actif, se libérer dans la moitié du temps, peut-être, qu'ils étaient dans l'autre système, astreints à passer sur les chemins.

» Je vous engage donc, monsieur le préfet, à conseiller l'adoption de ce mode de travaux, en en développant les avantages dans vos instructions ; chargez MM. les sous-préfets d'aplanir par des applications verbales les premières difficultés que rencontreront les maires ; invitez les agents-voyers à guider les premiers efforts de l'autorité locale dans cette voie nouvelle ; et si le système autorisé par l'article 4 de la loi du 21 mai 1836 prend quelque extension, je ne doute pas qu'il n'ait les plus heureux résultats sur l'amélioration de l'ensemble de nos communications vicinales.

» Mais il est un mode d'emploi des journées de prestation qui a été tenté à différentes époques dans un bien petit nombre de départements, et qui ne doit être admis nulle part : c'est la mise en adjudication des travaux à faire sur un chemin vicinal, en imposant à l'adjudicataire la condition d'employer les travaux de prestation, qui lui sont alors précomptés pour une valeur déterminée.

» Ce mode d'emploi, monsieur le préfet, me paraît contraire à l'esprit de la loi du 21 mai 1836, contraire même aux institutions libérales qui nous régissent.

» Que dans l'intérêt de la famille communale, chaque citoyen qui fait partie de cette famille puisse être appelé à concourir personnellement à un travail d'utilité générale, tel que la réparation d'un chemin, cela se conçoit parfaitement ; que pour l'accomplissement de sa tâche, il soit placé sous la surveillance du maire ou de son délégué, cela doit être : nul ne peut se plaindre d'obéir au chef de la famille communale ou au fonctionnaire qui le remplace momentanément, et les reproches que le maire adresserait au prestataire négligent n'auraient jamais rien de blessant ; le refus de lui donner son certificat de libération ne pourrait exciter le soupçon d'une sévérité intéressée, puisqu'enfin le maire n'agit que dans l'intérêt de la communauté. Mais placer les prestataires à la disposition d'un adjudicataire qui a un intérêt matériel et pécuniaire à ce qu'ils remplissent leur tâche ; les mettre sous la surveillance d'un homme qui a acheté leurs travaux, et qui doit avoir par conséquent le droit de réprimander les négligents, de leur refuser même leur certificat de libération, lorsqu'ils ne lui paraissent pas avoir assez travaillé : c'est là, je le répète, une mesure qui me paraît tout à fait contraire à la libéralité des formes de notre gouvernement; c'est changer la condition des prestataires; c'est ramener le travail de la prestation à l'ancienne corvée.

» Je vous invite donc, monsieur le préfet, à ne tolérer ce mode d'emploi sur aucun point de votre département.

» Après avoir parlé, en nous occupant des articles 3 et 4, de tout ce qui a rapport à l'assiette de la prestation en nature et à sa conversion en argent ou en tâches, il est nécessaire, monsieur le préfet, de régler ce qui est relatif à l'établissement des rôles et à leur recouvrement, à la libération des contribuables et enfin aux comptes à rendre par les fonctionnaires et comptables.

» La loi du 21 mai 1836 ne contient aucune disposition nouvelle sur ces différents points, d'où il suit qu'ils continuent à être régis par l'article 5 de la loi du 28 juillet 1824, qui porte que « le recouvrement » (des rôles) sera poursuivi comme pour les contri- » butions directes, les dégrèvements prononcés sans » frais, les comptes rendus comme pour les autres dé- » penses communales. » Ainsi donc, les prestations en nature continueront à être portées en recette et en dépense, pour leur évaluation, au budget des communes où il en sera établi.

» Toute comptabilité doit être établie d'une manière assez nette pour ne prêter à aucune critique fondée, et cela dans l'intérêt du comptable autant que dans l'intérêt du contribuable. La prestation en nature, contribution d'une nature toute spéciale et qui pourrait plus que toute autre donner lieu à des reproches de faveur ou d'arbitraire, cette contribution, dis-je, a besoin d'être réglée, dans tous ses détails, par des dispositions précises dont MM. les maires apprécieront bien la nécessité, dans l'intérêt de leur responsabilité. Ils comprendront que lorsqu'ils sont appelés à répartir sur leurs administrés une portion des charges publiques, leur action doit toujours être appuyée sur des bases dont tous puissent apprécier la régularité, et que lorsqu'ils ont à rendre compte de l'emploi des moyens mis à leur disposition, ils doivent entourer ce compte de toutes les garanties, de toutes les formes propres à faire passer dans l'esprit des administrés la conviction de son exactitude.

» La première chose à faire pour parvenir à une exacte répartition des prestations en nature, c'est de rechercher quelles sont les personnes qui doivent y être soumises. Il est donc indispensable que dans chaque commune où la prestation devra être votée, il soit rédigé un état-matrice de tous les contribuables qui peuvent être tenus à ces prestations, en vertu de l'article 3 de la loi du 21 mai 1836. Cet état-matrice devra présenter dans chaque article : 1° le nom de l'individu sur lequel la cote est assise, ainsi que je vous l'ai expliqué plus haut, page 20 ; 2° le nom des membres de la famille et des serviteurs qui doivent également donner lieu à imposition ; 3° le nombre des charrettes ou voitures attelées, et des bêtes de somme, de trait et de selle, qui sont au service de la famille ou de l'établissement dans la commune. Cet état-matrice devra être rédigé par une commission composée du maire et des répartiteurs, assistés du percepteur-receveur municipal ; ce comptable pourra, en raison de son habitude de travaux analogues, être fort utile pour celui dont il s'agit. Si les répartiteurs désiraient être dispensés d'y concourir, il pourraient être suppléés par des commissaires *ad hoc*, que le sous-préfet nommerait sur l'indication du maire. Comme la formation de l'état-matrice est un travail assez considérable, il importe de ne pas être obligé de le recommencer tous les ans. Vous disposerez donc votre cadre de manière à ce qu'il puisse servir pour trois années.

» Lorsque l'état-matrice sera rédigé, il devra être déposé à la mairie, et le maire fera prévenir ses administrés, par un avis publié en la forme accoutumée, qu'ils peuvent, pendant un mois, venir en prendre connaissance, afin de présenter, s'il y a lieu, leurs réclamations contre ce travail. Ces réclamations ne sont pas encore des demandes en dégrèvement, puisqu'il ne s'agit que des bases de l'imposition; elles ne doivent donc pas être adressées au conseil de préfecture. Elles seront, à l'expiration du mois, soumises à l'examen du conseil municipal qui les appréciera et rectifiera l'état-matrice, s'il y a lieu. Après cette formalité, l'état-matrice vous sera transmis pour être revêtu de votre approbation; il devra être révisé tous les ans dans le mois d'août, mais il ne me paraît pas nécessaire que ces révisions périodiques soient soumises à votre visa approbatif, attendu qu'elles ne sont que partielles. Vous vous bornerez donc à faire soumettre les états-matrices à votre approbation, chaque fois qu'ils seront entièrement refondus.

» L'état-matrice ainsi établi sera la base légale du rôle de prestation en nature qui devra être rédigé en vertu de la délibération du conseil municipal qui aura voté l'emploi de cette ressource. Il devra présenter, pour chaque article : 1° le nombre de journées d'hommes dues pour la personne du chef de la famille ou de l'établissement, s'il y a lieu; 2° le nombre de journées d'hommes dues pour chacun des membres de sa famille et de ses serviteurs; 3° le nombre de journées dues pour les charrettes et voitures; 4° le nombre de journées dues pour les bêtes de somme, de trait et de selle. L'article de rôle devra également présenter, pour chaque espèce de journée, la valeur en argent d'après le taux de conversion précédemment arrêté par le conseil général; enfin, il sera ménagé une colonne pour inscrire les déclarations d'option. On devra également indiquer en tête du rôle la date de la délibération du conseil municipal en vertu de laquelle il est établi.

» Quoique la fourniture de rôles imprimés doive en rendre l'établissement plus facile, il ne faut pas se dissimuler que rarement MM. les maires ou leurs secrétaires auront assez de temps ou assez d'habitude de ce genre de travail pour pouvoir le faire avec toute la régularité nécessaire. Vous devez donc, monsieur le préfet, en charger les percepteurs-receveurs municipaux. Ces comptables, habitués aux calculs et à des travaux analogues, seront tous en état de rédiger des rôles sur l'exactitude desquels vous pourrez compter, et vous ne risquerez pas d'être obligé d'en renvoyer un grand nombre lorsqu'ils vous seront adressés pour être rendus exécutoires. Il y aura d'ailleurs un autre avantage à suivre cette marche, celui de l'économie pour les communes. La rédaction du rôle de prestation est un travail trop considérable pour qu'on pût astreindre le secrétaire de la mairie ou tout autre individu à le faire gratuitement; d'un autre côté, le percepteur-receveur municipal, qui sera dans tous les cas chargé des recouvrements du rôle, aurait droit à une remise pour ce recouvrement. En chargeant ce comptable de la rédaction comme du recouvrement, il lui sera alloué une remise unique, qui pourrra être moins élevée que celle qu'on diviserait entre le rédacteur du rôle et le comptable.

» Je vous invite donc, monsieur le préfet, à adopter cette marche pour votre département, si déjà ce n'était pas celle suivie. En fixant la remise des percepteurs-receveurs municipaux à cinq centimes par franc du montant des rôles évalués en argent, ces comptables me paraissent devoir être suffisamment indemnisés de leur travail, et les communes ne sauraient trouver ce taux trop élevé. La remise accordée aux percepteurs pour le recouvrement des contributions directes est assez généralement fixé à trois centimes, et outre que ce recouvrement est moins difficile que celui des rôles de prestation, ils n'ont pas à rédiger les rôles des contributions directes. Le taux de cinq centimes me paraît donc équitablement réglé. Je dois seulement vous répéter que c'est sur le montant total du rôle que devra être calculée cette remise. Il est quelques localités où l'on a prétendu ne la laisser prélever que sur le montant des cotes recouvrées en argent ; c'est une erreur évidemment, car le comptable a autant de travail pour la rédaction et le recouvrement que les cotes soient aquittées en nature ou en argent : il est donc juste que sa rétribution soit la même. Je m'occupe, au surplus, d'arrêter de nouvelles bases pour le traitement des receveurs municipaux, et ces dispositions lèveront toute difficulté sur ce point.

» Lorsque les percepteurs-receveurs municipaux auront rédigé les rôles des prestations en nature, ils les remettront aux maires qui les viseront et en certifieront l'exatitude. Ces rôles vous seront aussitôt adressés par l'intermédiaire de MM. les sous-préfets pour être revêtus de votre exécutoire. Vous prendrez les mesures nécessaires pour que tous les rôles vous soient soumis dans le courant d'octobre au plus tard, afin qu'ils puissent toujours être renvoyés par vous dans les communes avant le 1er janvier.

» Les rôles de prestations en nature parvenus dans les communes, la publication devra en être faite en même temps et dans la même forme que pour le rôle des contributions directes, et la remise en sera faite au percepteur-receveur municipal. Ce comptable rédigera aussitôt, pour chaque contribuable, un avertissement que vous ferez imprimer en nombre suffisant. Cet avertissement devra indiquer, comme le rôle, la date de la délibération, contenir les détails portés à l'article du rôle, et se terminer par l'invitation au contribuable de déclarer, dans le mois de la publication du rôle, s'il entend se libérer en argent ou en nature. Mention y sera aussi faite qu'aux termes de l'article 4 de la loi du 21 mai 1836, la cote serait de droit exigible en argent si le contribuable n'avait pas déclaré devant le maire son option, dans le délai d'un mois précédemment fixé. Ces avertissements seront remis par les percepteurs-receveurs municipaux aux maires, qui les feront remettre aux contribuables, sans frais, par l'entremise des gardes champêtres.

» Le maire, ou son adjoint, s'il l'a délégué pour recevoir les déclarations d'option, tiendra une note exacte de ces déclarations ; il la clôturera à l'expiration du mois et la transmettra immédiatement au percepteur-receveur municipal qui en fera mention sur le rôle, en regard du nom du contribuable, dans la colonne à ce destinée.

» Comme il importe que le maire connaisse promptement et d'une manière précise le montant des ressources dont il aura à disposer, tant en journées de prestation en nature qu'en argent, le percepteur-receveur municipal devra former un relevé de son rôle en deux parties. La première partie comprendra, pour chaque contribuable nominativement, les journées de prestation d'hommes, de charrois et d'animaux que ce contribuable aura déclaré vouloir acquitter en nature; la seconde sera seulement le total des cotes qui seront exigibles en argent, soit que le contribuable ait préféré ce mode de libération, soit qu'à défaut de déclaration d'option dans le délai voulu, la cote soit devenue exigible en argent. Cet état sera adressé au maire dans la quinzaine qui suivra le délai d'option.

» Vous voyez que par la marche que je viens de vous tracer, monsieur le préfet, presque toutes les écritures seront faites par les percepteurs-receveurs municipaux, et les maires des communes rurales apprécieront cet avantage. D'un autre côté, les maires connaîtront les ressources dont ils peuvent disposer longtemps avant l'ouverture des travaux, puisque les relevés que leur fourniront les comptables devront être entre leurs mains avant la fin de février de chaque année.

» Le rôle, quelque exact qu'il soit, peut, pour diverses causes, donner lieu à des demandes en dégrèvement. Ces demandes doivent être présentées, instruites et jugées comme celles relatives aux contributions directes, c'est-à-dire qu'elles doivent être présentées dans les trois mois de la publication des rôles, et soumises au conseil de préfecture. Elles pourront être formées sur papier libre, ainsi que l'indiquent les mots *sans frais*.

» Occupons-nous maintenant, monsieur le préfet, du recouvrement des rôles, c'est-à-dire de la perception des cotes acquittables en argent, et de l'emploi en travaux des cotes exigibles en nature.

» Pour les cotes exigibles en argent, je n'ai que bien peu de mots à vous dire, puisque le recouvrement doit s'en faire comme pour les contributions directes, et que les percepteurs savent tout ce qu'ils ont à faire à cet égard. Ce sera donc par douzième que se fera le recouvrement; les poursuites seront les mêmes qu'en matière de contributions directes, et s'il y avait lieu, ce qui n'arrivera jamais, j'espère, d'arriver jusqu'à la contrainte, ce serait le receveur des finances qui devrait en autoriser l'emploi; bien qu'il s'agisse ici d'une contribution rangée en quelque sorte parmi les revenus municipaux, la loi veut que tous les degrés de poursuite aient lieu comme pour les contributions directes. Le percepteur ne devra jamais pousser les poursuites jusqu'à la contrainte, sans qu'il vous en soit préalablement référé; il vaudrait mieux, en effet, laisser tomber une cote en non-valeur, si elle devait atteindre un contribuable malaisé, que de faire des frais en pure perte. Il n'y aurait lieu de conduire les poursuites jusqu'à leur dernier degré que si elles devaient être dirigées contre un contribuable aisé, mais d'une évidente mauvaise volonté.

» Quant aux cotes que les contribuables auront déclaré vouloir acquitter en nature, leur recouvrement, ou, pour parler plus exactement, leur emploi n'est plus dans les attributions du percepteur-receveur municipal ; il rentre dans les attributions de l'autorité municipale, puisqu'il s'agit de faire effectuer des travaux.

» Dans le règlement général que vous aurez fait en exécution de l'article 21 de la loi, vous aurez, monsieur le préfet, déterminé les époques auxquelles doivent se faire les travaux de prestation en nature. Quelque temps avant cette époque, les maires devront visiter ou faire visiter les chemins vicinaux de leur commune, afin de reconnaître ceux qui ont le plus besoin de réparation ; ils en dresseront un devis sommaire qui leur permettra de reconnaître le nombre de journées qu'ils devront faire faire sur chaque chemin, en se basant sur les besoins des chemins, et sur le nombre total de journées qu'ils ont à employer, d'après le relevé que leur auront fourni les percepteurs-receveurs municipaux.

» Quinze jours avant l'époque fixée pour l'ouverture des travaux, le maire devra faire publier, le dimanche, à l'issue de la messe paroissiale, et afficher à la porte de la maison commune, l'avis que les travaux de prestation en nature vont commencer dans la commune. La publication sera répétée un second dimanche, et en même temps le maire fera remettre à chaque contribuable tenu à la prestation un avis signé portant réquisition de se trouver tel jour, telle heure, sur tel chemin, pour y faire les travaux qui lui seront indiqués, en acquittement de sa cote ; si la conversion

ire,
ire,
les,
ais

lé-
nt,
est
tu-
tu-
:.
en
n-
)i-
ue,
er
e,
de
[ui
es
ia-
re
'e-
rs

re
n-
la
de
n-
e,
ie
nt
el
li-
n

des journées en tâches devait avoir lieu dans la commune, l'avis devrait en faire mention, et indiquer la nature des tâches que le contribuable est requis d'effectuer. Ces avis, et que vous ferez imprimer en nombre suffisant, porteront aussi la mention que si le contribuable négligeait d'obéir à la réquisition qui lui est faite, sa cote deviendrait de droit exigible en argent. Les avis devront être remis sans frais par l'entremise du garde champêtre. Dans les communes fort étendues, les maires devront avoir l'attention de faire travailler leurs administrés le moins loin possible de leur domicile.

» L'exécution des travaux de prestation devra avoir lieu sous la surveillance du maire, de son adjoint ou d'un membre du conseil municipal que le maire aurait spécialement délégué à cet effet. Le fonctionnaire chargé de surveiller les travaux veillera à ce que les heures qui doivent être employées au travail le soient effectivement, et de la manière la plus utile à la réparation des chemins. Le garde champêtre devra être présent sur les travaux pour exécuter les ordres du fonctionnaire chargé de la surveillance. Dans les communes où la chose sera possible, le maire fera bien, sur l'avis du conseil municipal, de choisir un piqueur qui sera chargé de la direction matérielle des travaux; le salaire de cet agent ferait partie des dépenses des chemins vicinaux.

» Pour que la décharge des prestataires puisse être régulièrement opérée, le fonctionnaire chargé de la surveillance des travaux devra être muni du relevé du rôle dont il a été parlé plus haut. A la fin de chaque journée, il émargera sur ce relevé, en regard du nom de chaque prestataire, le nombre de journées que ce prestataire aura acquittées ou fait acquitter pour son compte. Il déchargera en même temps l'avis ou la réquisition qui avait été envoyée au contribuable. Enfin, lorsque les travaux seront achevés, le relevé du rôle devra être remis au percepteur-receveur municipal, afin que ce comptable puisse émarger sur le rôle les cotes acquittées en nature ; il totalisera ces cotes, et en inscrira le montant en un seul article sur son journal à souche ; il ne détachera pas le bulletin, attendu qu'il n'y a lieu de le remettre à aucune partie versante, mais il aura soin de le biffer en le laissant tenir à la souche. Au moyen de ces différentes formalités, la libération des prestataires se trouvera dûment constatée, et le compte pourra être régulièrement rendu.

» Je n'ai pas besoin de vous dire que les frais d'impression des rôles et de toutes les autres pièces qui se rattachent au service des chemins vicinaux doivent être payés, soit sur les fonds effectés dans chaque commune à ce service, soit sur les fonds des cotisations municipales.

» Toutes les fois qu'un contribuable ne se rendra pas au jour fixé sur l'atelier qui lui aura été assigné, pour y acquitter ses prestations, ou qu'il n'aura fourni qu'une partie des journées par lui dues, soit en manquant aux heures ou autrement, sa cote ou le restant de sa cote deviendra, ainsi qu'il en a été prévenu, exigible en argent. Dans ce cas, le maire adressera au percepteur-receveur municipal le nom du prestataire récalcitrant ou retardataire, et invitera ce comptable à recouvrer la cote en argent. En cas de maladie ou d'autre empêchement légitime et grave, le maire pourra sans doute accorder au prestataire un ajournement pour l'acquittement de sa cote en nature, mais ces ajournements ne devront pas être très-prolongés, afin de ne pas nuire aux travaux ; ils ne devront, dans aucun cas, se prolonger au delà des limites fixées par l'ordonnance royale du 1er mars 1835, pour la clôture de l'exercice. Toute cote qui n'aurait pas été acquittée en nature dans ces limites serait définitivement exigible en argent, et le percepteur-receveur municipal serait tenu d'en effectuer le recouvrement par toutes les voies de droit.

» Je dois ici , monsieur le préfet , appeler votre atten-tion sur un usage qui s'est introduit dans quelques loca-lités, et qui constitue un véritable abus ; aussi n'ai-je pas manqué de le réprimer toutes les fois qu'il est parvenu à ma connaissance.

» Quelquefois les maires , au lieu de faire effectuer les travaux de prestation aux époques prescrites et dans l'année pour laquelle ils ont été votés, les laissent ar-riérer, et ensuite, au bout de deux ou trois années, il requièrent les contribuables d'effectuer des journées qu'ils avaient cru pouvoir laisser en réserve. Il y a ici violation évidente de la lettre comme de l'esprit de la loi.

» En effet , la loi permet de demander à chaque con-tribuable jusqu'à trois journées de son temps , pendant le cours de l'année , pour travailler à la réparation des che-mins vicinaux. En fixant ce maximum , la loi a eu pour intention évidente qu'il ne pût être exigé du contribuable de faire, dans une année, le sacrifice de plus de trois journées de son temps. Comment , sous le prétexte d'ar-rérages que le maire aurait irrégulièrement laissé accu-muler, pourrait-il être permis de demander ensuite à ce contribuable de venir employer dans la même année six ou neuf journées, tant pour l'arriéré que pour le cou-rant ? En matière de contributions directes, le recouvre-ment par douzième est prescrit plus encore dans l'intérêt du contribuable que dans celui du trésor, et un percep-teur serait hautement répréhensible s'il laissait volontai-rement arriérer son recouvrement, et qu'il prétendît le faire ensuite tout d'un coup. En matière de prestations en nature ; il doit être procédé d'après les mêmes principes. Les cotes exigibles en argent doivent être recouvrées dans les mêmes délais que les contribu-tions directes; les cotes acquittables en nature doivent être consommées, sinon dans l'année même pour la-quelle elles ont été votées , au moins dans les délais fixés pour la clôture de l'exercice auquel ces prestations se rattachent.

» Je ne vous ai rien dit jusqu'à présent, monsieur le préfet, des travaux qui pourront se faire à prix d'argent, sur le montant des cotes qui seront exigibles en argent. Ce sont alors des travaux communaux de la même nature que ceux que les communes ont à faire exécuter; ils doivent, selon les cas et selon leur importance, être précédés de devis, d'adjudications, de toutes les formes enfin applicables aux travaux communaux, et dont les règles vous sont trop familières pour que je doive entrer dans aucun détail à cet égard.

» Je ne terminerai cependant pas ce qui a rapport aux travaux, sans vous rappeler encore, et sans vous inviter à bien faire connaître aux maires, qu'aucune partie des fonds communaux ou des prestations en nature ne doit être employée sur des chemins qui n'auraient pas le caractère voulu par l'article 1er de la loi du 21 mai 1836, c'est-à-dire qui n'auraient pas été légalement reconnus par un arrêté du préfet. Tout emploi, soit de fonds, soit de prestations, sur un chemin non légalement reconnu, pourrait donner lieu, contre le fonctionnaire qui l'aurait ordonné, à une accusation en détournement des fonds communaux, ou au moins à une action en réintégration des fonds illégalement employés. Il en serait de même de l'emploi à d'autres travaux des fonds destinés à la réparation des chemins vicinaux.

» Il ne me reste plus, pour terminer cet article, que quelques mots à vous dire sur les comptes à rendre de l'emploi du produit des rôles de prestation.

» Ces rôles, ainsi que cela a été dit plus haut, doivent figurer en recette et en dépense au budget des communes; le compte d'emploi doit donc en être rendu comme pour les autres recettes communales. Le percepteur-receveur municipal devra établir d'une manière précise le montant des recouvrements qu'il a dû faire en argent et le montant de ce qui a dû être exécuté en travaux ; cette justification se fera par la représentation du relevé même de son rôle émargé. Les dépenses faites sur le produit des cotes recouvrées en argent seront justifiées par pièces comptables, comme pour les autres travaux communaux. Quant aux cotes qui ont dû être acquittées en nature, le comptable en sera libéré par la représentation du relevé qu'aura émargé le fonctionnaire chargé de la surveillance des travaux, relevé dont nous avons parlé plus haut.

» Je suis entré dans d'assez longs détails sur tout ce qui se rattache à la comptabilité des prestations, parce qu'elle est d'une nature toute spéciale et qu'elle a besoin d'être régie par des règles spéciales aussi. Je terminerai en vous faisant remarquer que rien de ce qui a rapport à cette comptabilité n'est de nature à exiger que les formes en soient modifiées. Les époques des travaux et leur mode d'exécution peuvent sans doute varier dans les diverses régions du royaume, et c'est pour cela que la loi charge chaque préfet de faire un règlement spécial pour son département ; mais la rédaction des états-matrices, la confection des rôles, les formes de la libération des contribuables, enfin la reddition des comptes, ce sont là des détails qui peuvent et doivent être réglés uniformément ; vous voudrez donc bien, monsieur le préfet, prendre pour base des arrêtés et règlements que vous aurez à faire les règles que je viens de vous tracer sur ces divers points.

« Art. 5. Si le conseil municipal, mis en demeure, » n'a pas voté dans la session désignée à cet effet les » prestations et centimes nécessaires, ou si la com- » mune n'en a pas fait emploi dans les délais prescrits, » le préfet pourra, d'office, soit imposer la commune » dans les limites du maximum, soit faire exécuter les » travaux.

» Chaque année, le préfet communiquera au conseil

» général l'état des impositions établies d'office en vertu
» du présent article. »

» L'une des principales causes du peu d'efficacité de
la loi du 28 juillet 1824 était, sans contredit, l'absence
de toute sanction au principe qui met la réparation des
chemins à la charge des communes. Trop souvent une
inexplicable incurie et l'entier oubli des véritables intérêts de la commune, quelquefois aussi de ces rivalités
locales dont on connaît la persistance, portaient un
conseil municipal à négliger entièrement la réparation
des communications les plus utiles, et l'administration
supérieure ne pouvait qu'exhorter, sans que la loi lui
donnât le pouvoir de vaincre une force d'inertie qui pro-
duisait de si déplorables résultats.

» Trop de plaintes s'élevaient contre cet état de choses;
trop de voix demandaient que l'administration supérieure fût enfin armée du droit de donner force et
action au principe de la loi; la législature a compris le
vœu du pays, et désormais vous pourrez, monsieur
le préfet, suppléer, s'il en est encore besoin, à ce que
l'administration locale devrait faire. Le pouvoir nouveau
que vous confie l'article 5 de la loi du 21 mai 1386
vous est donné dans l'intérêt du pays; vous n'en ferez
usage qu'avec sagesse, vous ne l'emploierez que dans le
cas où la nécessité est évidente pour tous, et vous
serez ainsi toujours préparé à présenter cette partie de
vos actes au contrôle auquel la loi les soumet.

» La base de toute application de la disposition nouvelle est d'abord le mauvais état des chemins ou d'un
chemin, et ensuite cette circonstance que la commune
n'aurait pas fait usage déjà des moyens que la loi met
à sa disposition. En effet, si vous ne receviez de plaintes
sur l'état des chemins ni des habitants de la commune,
ni d'aucune des communes voisines, il serait bien à
présumer que l'état de ces communications ne serait pas tel qu'il dût justifier l'intervention de l'admi-

nistration supérieure. Si d'un autre côté, et quel que fût l'état des chemins, la commune avait déjà fait emploi, dans l'année, de la totalité des ressources dont elle peut disposer en prestations et centimes, vous ne pourriez exiger d'elle de plus grands sacrifices, et votre mission se bornerait alors à inviter le conseil municipal à examiner s'il n'y aurait pas lieu de faire usage du moyen autorisé par l'article 6 de la loi du 28 juillet 1824.

» Mais si des plaintes vous arrivent et que vous reconnaissiez que la commune n'a pas fait usage des ressources dont elle peut disposer, ce sera le cas d'examiner s'il y a lieu d'user du pouvoir que la loi vous confère.

» A cet effet, vous devrez d'abord faire constater l'état de dégradation des chemins ou du chemin dont il s'agit, car il faut que vous puissiez justifier que vous n'avez agi que dans le cas où votre intervention aura été commandée par la nécessité. Cette visite des lieux devra être faite par un commissaire que vous désignerez, et sans doute vous trouverez MM. les membres du conseil général ou des conseils d'arrondissement disposés à se charger d'une mission qui aura pour objet l'intérêt de la localité; au besoin, vous en chargeriez un agent-voyer dont le rapport aura un caractère d'authenticité inattaquable.

» Lorsque le procès-verbal de visite des chemins vous aura fait reconnaître l'exactitude des plaintes que vous aurez reçues, vous devrez, aux termes de la loi, mettre le conseil municipal en demeure de pourvoir aux réparations qu'ils exigent. Vous concevez, monsieur préfet, que cette mise en demeure ne peut pas résulter de l'invitation générale que vous adresserez chaque année aux conseils municipaux de s'occuper, dans leur session de mai, des mesures à prendre pour l'entretien des chemins vicinaux. Une mise en demeure, acte grave, puisqu'il peut être suivi de contrainte, ne peut avoir lieu que par une invitation directe et spéciale.

Vous devrez donc, par un arrêté motivé, inviter le maire à convoquer son conseil municipal dans un délai que vous fixerez, à l'effet de délibérer sur la réparation des chemins dont le mauvais état a été constaté par vos ordres. Le droit de fixer le délai pour la réunion du conseil municipal vous appartient, non-seulement en vertu des lois générales, mais encore en vertu de l'article 5 de la loi du 21 mai 1836; car le mot de *session* dont se sert cet article s'entend aussi bien des réunions extraordinaires que des réunions ordinaires.

» Si le conseil municipal refusait de voter les prestations et centimes, s'il ne les votait pas en quotité nécessaire, comme le porte l'article dont nous nous occupons, ou si enfin il laissait expirer le délai que vous auriez fixé sans avoir répondu à l'injonction portée dans votre arrêté, vous seriez alors investi du droit d'imposer la commune d'office jusqu'à la quotité nécessaire pour effectuer la réparation des chemins.

» La reconnaissance de l'état de ces chemins vous aura mis en état d'apprécier aussi approximativement que possible la dépense à faire pour les réparer, et vous connaîtrez, d'un autre côté, le produit des trois journées de prestation évaluées en argent, et des cinq centimes, maximum fixé par la loi. Vous pourrez donc reconnaître aussitôt s'il est nécessaire d'imposer la totalité des trois journées et des cinq centimes, ou s'il suffit d'imposer une portion de chacune de ces ressources.

» Je dis ici, monsieur le préfet, *une portion de chacune de ces deux ressources*, et ce n'est pas sans une intention que vous allez apprécier. Il serait plus facile de n'imposer que des centimes, dans le cas où leur produit suffirait aux travaux à faire ; un arrêté que vous adresseriez au directeur des contributions terminerait cette affaire Mais si vous n'imposiez que des centimes, il se pourrait que, par la disposition des propriétés dans la commune, ses habitants fussent presque entièrement exonérés de la charge que la loi veut faire peser en partie sur eux, sous forme de prestation en nature. En définitive donc, la résistance qu'aurait apportée le conseil municipal à l'accomplissement d'une obligation légale triompherait dans cette hypothèse, en ce sens que les membres du conseil, comme les autres habitants, auraient évité la charge résultant des prestations en nature, et que la charge résultant des centimes pourrait se trouver peser sur d'autres que les habitants de la commune. L'article 5 de la loi du 21 mai 1836 se trouverait donc éludé dans son texte et encore plus dans son esprit. Au contraire, en imposant la commune en prestations et en centimes jusqu'à due concurrence, les charges se trouveront équitablement réparties entre l'habitant et la propriété, comme le veut la loi, et le refus du conseil municipal n'aura pas eu l'effet qu'il en attendait.

» Pour imposer des centimes, il suffira, comme je vous l'ai dit plus haut, d'un arrêté qui chargera le directeur des contributions directes d'établir sur la commune un rôle de tant de centimes par franc. Ce rôle sera rendu exécutoire par vous, et perçu dans la forme accoutumée.

» D'autres formes devront être employées pour faire établir un rôle de prestations en nature et lui donner exécution, mais les obstacles que vous y rencontreriez ne sont pas insurmontables, et vous apprécierez trop bien la nécessité de les vaincre pour ne pas vous en occuper avec suite et fermeté. Voici la marche qui me paraîtrait devoir être suivie.

» Après avoir pris l'arrêté qui frapperait la commune d'une imposition d'office de tant de journées de prestations en nature, et avoir notifié cet arrêté au maire, vous chargeriez le percepteur-receveur municipal de rédiger le rôle, comme s'il s'agissait de prestations votées; il y aurait seulement quelques légers changements à faire, soit dans l'intitulé du rôle, soit dans les formules qui le terminent. Vous rendriez aussitôt ce rôle exécutoire ; et, par un second arrêté que vous feriez publier dans la commune, vous préviendriez les habitants qu'il leur est accordé un délai de tant de jours pour déclarer au receveur municipal leur option de s'acquitter en nature ou en argent. Ce délai expiré, toutes les cotes pour lesquelles il n'aurait pas été fait d'option seraient, de droit, exigibles en argent. Vous fixerez en même temps les époques auxquelles devront être employées les cotes que les contribuables auraient déclaré vouloir acquitter en nature, et si ce délai était encore dépassé, les cotes seraient également exigibles en argent, et le recouvrement en serait poursuivi par les voies de droit. De cette manière, la résistance la plus opiniâtre, qu'il faut prévoir, mais qui n'aura jamais lieu, je l'espère, cette résistance, dis-je, sera sans effet contre l'application de la loi, puisqu'en définitive les prestations se convertiraient en un recouvrement en argent, comme pour les centimes. Vous en appliqueriez alors le produit à solder le prix des travaux que vous feriez faire d'office.

» L'article dont nous nous occupons, monsieur le préfet, prévoit encore le cas où le conseil municipal aurait voté les prestations et centimes nécessaires, mais où il n'en aurait pas été fait emploi dans les délais prescrits par le règlement que vous aurez à faire.

» Dans ce cas, vous agiriez d'une manière analogue à ce qui vous a été dit plus haut. Vous mettriez, par un arrêté, la commune en demeure de faire faire, dans un certain délai, les travaux pour lesquels il a été voté soit des centimes, soit des prestations. Le délai par vous fixé étant expiré, vous déclareriez les prestations exigibles en argent ; vous feriez faire les travaux à prix d'argent, et vous les solderiez avec le montant soit des centimes votés, soit des prestations recouvrées en argent.

» Je pense, monsieur le préfet, que les détails dans lesquels je viens d'entrer suffiront, sinon pour lever toutes les difficultés que présente l'art. 5 de la loi, au moins pour rendre cette exécution possible; mais, je ne saurais trop vous le répéter, ne recourez à l'application du pouvoir nouveau qui vous est confié que lorsque vous vous serez convaincu que son application est indispensable; rappelez-vous qu'il ne vous est donné que pour vaincre de blâmables résistances, et non pour contraindre des communes que leur position mettrait hors d'état de supporter les sacrifices qui leur sont demandés. Entourez surtout vos actes des formes légales qui peuvent seules les rendre inattaquables, et je ne doute pas qu'alors tout ce que vous ferez en vertu de cet article de la loi n'ait l'approbation du conseil général qui aura à en prendre connaissance, et du pays, qui verra toujours avec plaisir force rester à une loi dont l'importance est si bien comprise.

« ART. 6. Lorsqu'un chemin vicinal intéressera plu-
» sieurs communes, le préfet, sur l'avis des conseils
» municipaux, désignera les communes qui devront
» concourir à sa construction ou à son entretien, et
» fixera la proportion dans laquelle chacune d'elles y
» contribuera. »

» L'article 5 de la loi du 21 mai 1836 vous a donné, monsieur le préfet, le droit de contraindre une commune à la réparation des chemins qui l'intéressent d'une manière particulière et exclusive; l'article 6 a pour objet de vous donner le droit de déterminer la proportion dans laquelle plusieurs communes devront concourir à la construction et à la réparation d'un chemin qui est pour elles d'un intérêt collectif. Il arrive assez fréquemment, en effet, qu'une commune sur le territoire de laquelle un chemin est situé se sert beaucoup moins de ce chemin que deux autres communes entre lesquelles il établit une communication. Il est juste, sans doute, que la commune de la situation du chemin concoure à son entretien, mais il est juste aussi d'y faire concourir, dans une équitable proportion, les communes intéressées au bon état de ce chemin.

» Ce principe était écrit déjà dans l'article 9 de la loi du 28 juillet 1824 ; mais, soit que la rédaction de cet article fût un peu vague, soit que l'interprétation qui en fut faite laissât elle-même à désirer, toujours est-il que son application resta, sinon impossible, au moins d'une extrême difficulté. Il n'en sera pas de même de l'article 6 de la loi nouvelle, qui devra, au besoin, être combiné avec l'article 5.

» Ici encore, monsieur le préfet, votre intervention, pour s'exercer, a besoin d'être provoquée. Mais si une commune prétend qu'elle ne doit pas supporter seule la charge de la réparation d'un chemin situé sur son territoire, elle devra vous le faire connaître et vous désigner les communes qu'elle regarde comme devant concourir avec elle à ces travaux. Vous ferez alors délibérer les conseils municipaux de ces communes ; vous pèserez mûrement les objections qu'ils pourront opposer à la demande ; vous recueillerez tous les renseignements propres à bien éclairer votre décision, et, d'après le résultat de toutes ces recherches, vous statuerez par un arrêté motivé sur le degré d'intérêt de chacune des communes à l'entretien du chemin litigieux. Ce degré d'intérêt devra être exprimé, non par un chiffre absolu en francs, mais par un chiffre proportionnel, comme 1/10e, 1/5e, etc., afin que la même base puisse être appliquée tous les ans tant qu'il ne sera pas nécessaire d'y apporter de changements.

» L'article 9 de la loi de 1824 voulait que les plus imposés fussent appelés aux délibérations des conseils municipaux relatives à l'exécution de cet article, et la loi avait été conséquente parce qu'il devait en résulter des charges sur lesquelles ces mêmes plus imposés devaient ensuite voter. La loi nouvelle dispense les conseils municipaux de cette adjonction par des motifs analogues à ceux que je vous ai développés à l'occasion de l'article 2. Vous devez aussi prononcer seul, au lieu de statuer en conseil de préfecture, et ce changement à la législation sera pour vous un motif de mettre plus de soin que jamais à bien éclairer votre décision.

» Si, lorsque vous aurez prononcé sur la quote-part de chaque commune, l'une d'elles refusait de se soumettre à votre décision, ce serait le cas, monsieur le préfet, de recourir aux mesures autorisées par l'article 5 de la loi. Il y a en effet ici parfaite analogie, et c'est ce que vous aurez déjà reconnu.

» Vous remarquerez aussi que la loi de 1824 ne paraissait donner le droit de faire concourir plusieurs communes qu'à l'entretien de chemins déjà existants, et la jurisprudence de l'administration avait positivement consacré cette interprétation. L'article 6 de la loi nouvelle lève une restriction souvent nuisible, et désormais vous pourrez appeler également les communes intéressées à concourir à la construction d'un chemin nouveau qui leur serait nécessaire.

» Toutefois, pour la réparation comme pour la construction des chemins, je vous engage, monsieur le préfet, à ne faire que dans de justes limites l'application de l'article 6 de la loi du 21 mai 1836, car il y aurait de graves inconvénients à se laisser entraîner trop avant dans le système d'entretien collectif. Il est en effet bien peu de chemins qui ne servent qu'à la seule commune sur le territoire de laquelle ils sont situés ; presque tous servent, plus ou moins, aussi aux communes avoisinantes : si donc on devait toujours les appeler à concourir à la réparation de ces chemins parce qu'elles s'en servent quelquefois, tous les chemins de chaque commune devraient bientôt être entretenus au moyen du concours de deux ou trois communes voisines et réciproquement ;

l'administration se trouverait entraînée dans un nombre immense d'enquêtes, de dires, de contredires, et bientôt nous verrions l'article 6 de la loi nouvelle devenir d'une application aussi difficile que l'a été l'article 9 de la loi de 1824.

» Pour appliquer la disposition nouvelle, il ne suffit pas qu'une commune se serve quelquefois d'un chemin situé sur le territoire d'une autre commune : il faut que ce chemin soit pour elle un moyen habituel et indispensable de communication, et qu'elle le dégrade assez pour qu'il soit juste de l'appeler à contribuer à son entretien ; tel est évidemment l'esprit de l'article dont nous nous occupons, et, en l'appliquant ainsi, vos décisions seront toujours acceptées par les parties intéressées, parce que ces décisions seront fondées sur la plus stricte équité, autant que sur un article de loi.

» Section II. *Chemins vicinaux de grande communication.*

« Art. 7. Les chemins vicinaux peuvent, selon leur im-
» portance, être déclarés chemins vicinaux de grande
» communication par le conseil général, sur l'avis des
» conseils municipaux, des conseils d'arrondissement,
» et sur la proposition du préfet.

» Sur les mêmes avis et propositions, le conseil général
» détermine la direction de chaque chemin vicinal de
» grande communication et désigne les communes qui
» doivent contribuer à sa construction ou à son entre-
» tien.

» Le préfet fixe la largeur et les limites du chemin, et
» détermine annuellement la proportion dans laquelle
» chaque commune doit concourir à l'entretien de la li-
» gne vicinale dont elle dépend ; il statue sur les offres
» faites par les particuliers, associations de particuliers
» ou de communes. »

» La section dont nous avons maintenant à nous occuper, monsieur le préfet, formerait seule, par son im-

portance, une loi tout entière ; les dispositions ensont toutes nouvelles, et les détails dans lesquels nous aurons à entrer seraient immenses, si déjà ces dispositions n'étaient mises en pratique. Le besoin et l'intérêt des localités avaient forcément conduit l'administration à déroger à la législation alors existante, et il ne s'agit aujourd'hui que de soumettre à des règles précises ce que l'expérience avait suggéré d'innovations utiles.

» Dans la première section de loi du 21 mai 1836, nous avons vu l'entretien des chemins vicinaux considéré comme une charge exclusivement communale : c'est le maintien des anciens principes ; mais il arrive souvent qu'un chemin vicinal, par son importance, par les dépenses qu'il nécessite, dépasse les limites de l'intérêt communal ; ce ne sont plus même deux ou trois communes qu'il intéresse ; l'application de l'article 6 de la loi devenait donc insuffisante, et il fallait pourvoir aux besoins d'un intérêt plus général. Il était juste qu'alors les communes pussent être aidées sur les fonds destinés aux dépenses d'intérêt départemental. C'est ce que permet la seconde section de la loi.

» Les chemins auxquels cette faveur est accordée prennent le nom de *chemins vicinaux de grande communication*, et je vous invite, monsieur le préfet, à vous attacher scrupuleusement à cette dénomination légale, dans votre correspondance comme dans tous vos actes relatifs aux voies de communication désignées dans cette section. Toutefois, ne perdez pas de vue que l'addition des mots *de grande communication* n'ôte pas aux chemins dont il s'agit le caractère de *chemins vicinaux* qu'ils avaient préalablement reçu de vos arrêtés de reconnaissance. Ils restent *chemins vicinaux* ; ils en conservent tous les priviléges ; ils sont imprescriptibles ; la répression des usurpations reste dévolue à la juridiction des conseils de préfecture ; le sol de ces chemins continue d'appartenir aux communes ; les communes demeurent chargées de pourvoir à leur entretien, au moins en partie ; les fonds départementaux qu'il est permis d'y affecter viennent à la décharge des communes, non pas comme dépenses départementales directes, mais seulement comme secours, comme subvention ; les travaux qui se font sur ces chemins sont donc des travaux communaux, et non point des travaux départementaux ; seulement il a paru nécessaire de placer ces travaux sous l'autorité immédiate et directe du préfet, parce qu'ils sont faits en vue d'un intérêt plus étendu que le simple intérêt d'une seule commune, et qu'il était indispensable de confier à une autorité centrale l'exécution de mesures qui embrassent plusieurs communes. Le caractère des chemins vicinaux de grande communication ainsi établi, nous verrons que toutes les dispositions de la seconde section de la loi sont en concordance parfaite avec les dispositions de la première section.

» C'est au conseil général que la loi donne le droit de déclarer les chemins vicinaux les plus importants, *chemins de grande communication*, et il était juste de lui confier cette mission : il ne s'agit pas, en effet, d'un acte d'administration, de créer, par exemple, une classe de chemins ; il s'agit seulement de désigner ceux qui par leur importance peuvent intéresser le département ou au moins des portions du département ; il s'agit de reconnaître une cause de dépenses nouvelles pour le département ; c'est donc bien le conseil général qui devait ici prononcer le classement. Vous aurez soin, monsieur le préfet, d'affecter à chacun des chemins vicinaux de grande communication de votre département un numéro d'ordre sous lequel vous le désignerez dans votre correspondance et dans vos pièces de comptabilité.

» C'est encore le conseil général qui détermine la direction de chaque chemin vicinal de grande communication, et cela devait être ; car ce n'est que le complément de la déclaration de classement. Un chemin n'a d'existence positive que lorsque l'acte qui le classe détermine qu'il va de tel endroit à tel endroit, en passant par tel autre. Il est bien évident, du reste, que la désignation des points extrêmes de chaque chemin et des principaux points de son parcours est tout ce que la loi exige de la part du conseil général. Il serait impossible, en effet, que ce conseil examinât en détail le parcours de chaque chemin, et prononçât sur toutes les inflexions de ses courbes les rectifications de son tracé; ce sont là des détails d'exécution qui rentrent dans les devoirs de l'administration.

» Avant de terminer ce qui a rapport au classement et à la direction des chemins vicinaux de grande communication, je dois appeler votre attention, monsieur le préfet, sur un point d'une haute importance pour l'établissement d'un bon système de vicinalité.

» Lorsque vous projetterez le classement d'un chemin de grande communication qui devra aboutir à la limite d'un des départements qui entourent le vôtre, il pourra souvent être extrêmement avantageux aux deux départements que cette voie soit prolongée, et établisse ainsi des moyens de communication d'une utilité plus étendue. Dans ce cas, vous devrez vous concerter, dès l'origine, avec vos collègues, et rechercher avec eux les moyens d'atteindre le but que nous avons ici en vue. Je ne doute pas que ce concert n'ait toujours un entier succès. S'il en était autrement, et que les intérêts de votre département ainsi que ceux du système de vicinalité dussent en souffrir, vous devriez m'en référer, et j'aviserais à ce qu'il convient de faire. La loi confie à MM. les préfets le soin de former le projet des lignes vicinales qu'ils regardent comme utiles, mais, sans que la loi ait eu besoin de l'exprimer, ce droit est soumis au même contrôle que tous les autres actes administratifs des préfets, le droit de réformation par le ministre de l'intérieur.

» Enfin c'est le conseil général qui désigne les communes qui doivent contribuer à la construction ou à l'entretien de chaque chemin de grande communication. Il s'agit ici d'imposer aux communes une charge nouvelle ; il était conséquent avec notre système administratif et gouvernemental que cette charge fût imposée par le conseil électif qui représente les intérêts du département.

» Les attributions du conseil général ont donc été sagement réglées par la loi, mais ces attributions, le conseil général ne les exerce que sur votre proposition préalable. Le législateur a formellement réservé le droit d'initiative au préfet, parce que l'administration peut seule recueillir tous les documents nécessaires pour éclairer les délibérations du conseil général. Constamment occupé d'étudier les intérêts du pays sous toutes leurs faces, placé de manière à ce que l'expression de tous les besoins arrive vers lui, et pouvant apprécier avec impartialité les demandes de toutes les localités, le préfet peut seul réunir et coordonner les éléments qui doivent servir de base aux décisions nombreuses que doit prendre le conseil général pendant sa session annuelle.

» C'est donc sur votre proposition seule, monsieur le préfet, que le conseil peut classer les chemins vicinaux de grande communication, et je ne saurais assez appeler votre attention sur l'importance de l'initiative que vous allez exercer. Du bon choix des lignes vicinales dépendra, en grande partie, la prospérité du département dont l'administration vous est confiée, et ce choix sera fait par vous, j'en ai la certitude, avec toute la maturité nécessaire pour concilier tous les besoins et tous les intérêts. Ce qui sera le plus difficile pour vous, je le comprends, ce sera de résister aux demandes de classement qui vous seront faites de tous les points. Chaque localité croira avoir le

droit d'être appelée à participer aux avantages que lui
promet l'exécution de la législation nouvelle ; mais
si cette participation devait être immédiate pour tous,
les ressources qui seront mises à votre disposition se
consommeraient en entreprises qui resteraient toutes
inachevées. Tout ce que promet la loi du 21 mai 1836
se fera, mais ce n'est que successivement et par degrés que le bien peut se faire. Dans les propositions
de classement de lignes vicinales que vous aurez à soumettre au conseil général, ne perdez donc jamais de
vue que disséminer les efforts sur un trop grand nombre de points, c'est rendre ces efforts inefficaces, c'est
sacrifier à quelques impatiences locales toutes les espérances de l'avenir.

» J'ai revu tout récemment, et à l'occasion même de
cet article de la loi, tous les rapports que m'ont adressés MM. le préfets en réponse à la circulaire de mon
prédécesseur, du 5 décembre 1835. J'ai reconnu que,
dans un très-grand nombre de départements, on avait,
depuis plusieurs années, fait le choix des lignes de
communication dont le bon état pouvait être pour le
pays d'un intérêt plus général. Ces lignes y ont reçu
diverses dénominations qui aujourd'hui doivent toutes
faire place au nom légal de *chemins vicinaux de grande
communication*. Dans les départements où le classement
a été ainsi préparé, MM. les préfets n'auront qu'à revoir
ce qui a été fait, pour fixer d'une manière définitive
les propositions qu'ils auront à soumettre aux conseils
généraux. Je leur recommande de procéder à cette révision avec la même maturité, avec la même réserve
que s'il s'agissait d'un classement nouveau, car, pour
parler plus exactement, c'est un classement nouveau
qu'il s'agit de faire, puisqu'il faut donner un caractère
légal à ce qui n'avait qu'un caractère provisoire. A
d'autres époques, et sous l'influence d'autres idées, on a
pu se laisser entraîner à classer simultanément un trop

grand nombre de lignes; j'en pourrais citer plus d'un exemple, et les conseils généraux, les préfets, qui ont trop facilement cédé aux exigences locales, en ont promptement compris les fâcheux résultats. Si donc dans votre département, monsieur le préfet, les fonds de subvention avaient été jusqu'à présent disséminés sur un trop grand nombre de lignes, vous n'hésiteriez pas à faire rentrer l'application des fonds départementaux dans les limites du véritable intérêt du pays, et vous auriez, j'en suis certain, l'approbation du conseil général. Vous proposeriez au conseil le classement des lignes les plus importantes seulement, en limitant le nombre d'après les ressources qui peuvent être appliquées à cette branche de service. Les lignes dont vous ne proposeriez pas le classement actuel auront des droits, sans doute, à être classées ultérieurement, mais seulement à mesure que l'achèvement des premières ou que des ressources plus étendues permettront de nouveaux classements.

» Remarquez en effet, monsieur le préfet, que rien dans la loi n'indique la nécessité ou même l'utilité d'un classement simultané de tous les chemins vicinaux de grande communication. Il ne s'agit pas ici de reconnaître en principe que telle ou telle ligne est importante; il s'agit de déterminer celles de ces lignes qu'il est le plus urgent d'améliorer, et sur lesquelles il sera permis de verser, à titre de concours, quelques portions de fonds départementaux. La limite des fonds à employer doit donc être la base du classement, et s'il s'ensuit qu'il ne doit être que successif, c'est ainsi qu'il est procédé, au surplus, pour le classement des routes départementales. Aucun conseil général ne demanderait, certainement, le classement, en principe, de dix routes départementales qu'il se proposerait de n'ouvrir que dans plusieurs années. Il en est de même du classement des chemins vicinaux de grande communication : il ne doit se faire qu'autant que les ressources affectées à leur entretien le permettent.

» Dans les départements, en très-petit nombre, où il n'a été procédé antérieurement à aucun classement provisoire de lignes vicinales, MM. les préfets, en préparant leurs propositions, devront se pénétrer de l'esprit des observations qui précèdent. Leurs idées sont certainement arrêtées sur le choix des chemins vicinaux de grande communication ; la loi qui nous occupe est en discussion depuis plusieurs mois, et déjà celle qui avait été présentée à la dernière session des chambres contenait les mêmes dispositions. L'attention de tous les administrateurs a donc été suffisamment appelée sur le classement qu'ils avaient à préparer, et je ne doute pas qu'il n'ait été de leur part l'objet de mûres études.

» Il est indispensable au surplus, monsieur le préfet, que dans tous les départements les conseils généraux soient mis à portée de prononcer, dans leur prochaine session, le classement de quelques chemins vicinaux de grande communication. En effet, les fonds qu'ils voteront au budget de 1837, comme fonds de concours pour l'amélioration des communications vicinales, ne pourront être légalement employés que sur les chemins qui auront reçu des conseils généraux, et dans les formes voulues par la loi, le caractère de *chemins vicinaux de grande communication.*

» Les propositions que vous aurez à soumettre au conseil général, soit pour le classement d'un chemin de grande communication vicinale et la fixation de sa direction, soit pour la désignation des communes qu'il convient d'appeler à contribuer à sa construction et à son entretien, ces propositions, dis-je, doivent toujours être précédées des avis des conseils municipaux et des conseils d'arrondissement. Vous devrez donc provoquer sur ces différents points, *classement*, *direction* et *concours des communes*, les délibérations des conseils municipaux intéressés. Je vous engagerai même à provoquer les délibérations d'un plus grand nombre de communes que peut-être vous ne proposerez, en définitive, d'en appeler à un concours effectif; les délibérations qui vous parviendront pourraient vous apporter des adhésions sur lesquelles vous comptiez peu, mais, dans tous les cas, elles contiendront, sur l'importance de telle ou telle ligne, des renseignements dont vous pourrez profiter.

» Les avis des conseils municipaux, sans être obligatoires pour vous, monsieur le préfet, devront toujours être pris en mûre considération. S'ils étaient, d'ailleurs, trop fortement empreints de l'esprit de localité, si les vues de ces conseils étaient resserrées dans les limites trop étroites de l'intérêt communal, le conseil d'arrondissement qui aura à discuter les avis des conseils municipaux saura bien indiquer ce qui doit ou ne doit pas être écouté. Embrassant dans leurs vues une fraction importante du département, les conseils d'arrondissement sauront toujours s'élever jusqu'à la hauteur des véritables intérêts du pays, et vous trouverez dans leurs avis, j'aime à l'espérer, la base des propositions que vous aurez à soumettre au conseil général. Toutes les délibérations que vous aurez provoquées devront être déposées avec votre proposition, pour éclairer le conseil général; leur étude sera l'une des bases de la décision que ce conseil aura à prendre. Il pourra arriver, rarement je le pense, que le conseil général n'adopte pas le classement de telle ligne que vous auriez crue utile; c'est son droit : mais si le conseil général croyait trouver dans les délibérations qui lui seront soumises l'indication de la nécessité de telle autre ligne à l'égard de laquelle vous ne lui auriez rien proposé, le conseil ne pourrait qu'appeler votre attention sur ce point, et de là à la session prochaine, vous étudieriez ce qu'il convient de faire.

» La loi du 21 mai 1836 a réglé d'une manière claire et précise les formes à suivre pour le classement des chemins vicinaux de grande communication ; elle est restée muette sur le déclassement de ces chemins, et pourtant ce déclassement peut quelquefois être nécessaire. Telle communication, importante lors de son classement, peut, dans un temps donné et en raison de circonstances imprévues, avoir perdu de son importance ; telle autre n'aura été classée que sur les offres du concours actif et permanent, soit des communes, soit des particuliers, et cependant après le classement ces offres ne se réaliseront pas. Il est évident que le département ne peut alors être tenu, par le maintien de la déclaration de classement, de continuer à faire des dépenses devenues peu utiles, ou pour lesquelles il ne trouverait plus le concours qui avait motivé le classement.

» Si le législateur n'a pas posé dans la loi les règles à suivre en pareil cas, c'est qu'elles découlent tout naturellement de celles prescrites pour le classement. Si donc il y avait lieu, vous proposeriez le déclassement dans les mêmes formes que vous auriez proposé le classement, et le conseil général prononcerait sur votre proposition. S'il la sanctionne, le chemin sera légalement dépouillé de la qualité de chemin *de grande communication*, et il redeviendra un simple chemin vicinal auquel seront applicables les seules dispositions de la section première de la loi.

» Il y aurait sans doute un autre moyen indirect d'arriver au même but : ce serait, tout en laissant subsister la déclaration de classement, de n'affecter aucune subvention départementale au chemin dont il s'agit ; mais je ne crois pas que ce fût une manière convenable de procéder. Je ne crois pas qu'il fût bien qu'il y eût dans un département des chemins qui *en droit* pourraient prétendre à des subventions, et qui seraient privés *en fait* d'une manière permanente. Je crois qu'il convient surtout que les communes et les particuliers qui feront des offres de concours pour obtenir le classement d'un chemin sachent que ces offres doivent toujours être sérieuses, et que s'ils ne remplissent pas leurs promesses, le déclassement sera immanquablement prononcé. Vous comprendrez, monsieur le préfet, tout l'avantage que l'administration peut trouver dans cette marche, et je ne doute pas que le conseil général n'entre pleinement dans un système dont vous lui ferez apprécier l'utilité et la justice.

» C'est vous, monsieur le préfet, qui devez proposer au conseil général la désignation des communes qui doivent contribuer à la construction ou à l'entretien de chaque chemin vicinal *de grande communication.* Il serait difficile de vous tracer des règles précises sur l'étendue de ces désignations. Rarement sans doute elles seront restreintes aux seules communes dont le territoire sera traversé par les chemins. Si vous les borniez là, ce serait un indice que la communication ne serait pas d'une utilité bien étendue. En effet, un chemin de grande communication, d'une utilité réelle et marquée, doit servir de débouché non-seulement aux communes qu'il traverse, mais encore à des communes situées à droite et à gauche, quelquefois même à une assez grande distance, mais qui peuvent pousser des embranchements sur cette ligne principale. C'est ainsi que doit être entendu le système des chemins de grande communication : y donner d'autres bases serait le dénaturer ; ce serait appliquer à des chemins placés dans la catégorie prévue par l'article 6 de la loi les ressources créées pour ceux qu'a en vue l'article 7.

» Le chemin de grande communication classé par le conseil général, les communes qui doivent concourir à sa construction et à son entretien désignées, toutes les mesures d'exécution vous sont dévolues par la loi, monsieur le préfet, et la première que vous attribue l'article 7, c'est la fixation de la largeur et des limites du chemin. En ne bornant pas votre action sur ce point, la loi a évidemment levé implicitement les dispositions restrictives de l'article 6 de la loi du 9 ventôse an XIII. Vous vous rappelez que cet article portait que, lorsqu'il était nécessaire d'élargir un chemin vicinal au-delà de ses anciennes limites, on ne pouvait porter l'augmentation de largeur au-delà de six mètres. Cette largeur est en général suffisante pour les simples chemins vicinaux, tels que les avait en vue la loi de l'an XIII, mais elle sera souvent au-dessous des besoins de la circulation sur les chemins vicinaux de grande communication. J'ai vu que presque tous ceux qui ont été ouverts l'ont été sur une largeur de huit mètres, non compris les fossés, et cela me paraît une assez juste limite; s'il ne faut pas perdre de vue que quelques-unes des voies de communication dont il s'agit peuvent être destinées à devenir un jour des routes départementales, il ne faut pas non plus qu'elles soient établies avec luxe, et qu'elles absorbent sans nécessité des ressources qu'on pourrait plus utilement employer.

» C'est le cas de vous dire, monsieur le préfet, que toute votre influence, que toute l'influence des autorités locales doit être employée pour obtenir des propriétaires riverains la cession gratuite de faibles portions des terrains nécessaires à l'élargissement des chemins de grande communication. Ces propriétaires sentiront combien l'amélioration des communications importe à leurs intérêts, et cela est si bien compris, qu'il est des départements où les élargissements ont eu lieu sur des lignes d'une grande étendue, sans qu'une seule indemnité ait été exigée. Le bon esprit des propriétaires s'est signalé dans ces départements autant que l'influence éclairée des administrateurs, et je n'en attends pas moins de votre zèle et de vos efforts. Si, au surplus, quelques indemnités étaient à payer, ce serait aux communes à y pourvoir; jamais les fonds départementaux ne doivent être appliqués à l'achat des terrains qui restent la propriété des communes. En appliquant cette règle de la manière la plus stricte, les propriétaires riverains n'en seront que plus disposés à abandonner toute prétention à l'indemnité, parce qu'ils sauront que le faible sacrifice auquel ils consentent est fait dans l'intérêt de la famille communale dont ils font partie. Nous parlerons, en nous occupant des articles 15 et 16 de la loi, des formes à suivre lorsque les terrains nécessaires à l'élargissement ou à l'établissement des chemins ne pourront être obtenus à l'amiable.

» Le conseil général, comme nous l'avons vu plus haut, désigne les communes qui doivent contribuer à la construction ou à l'entretien de chaque chemin vicinal de grande communication. Cette désignation pouvait être faite par le conseil, car il ne s'agit ici que d'un fait permanent facile à reconnaître, savoir, que telles communes profitent de tel chemin ; mais le degré d'intérêt de chacune de ces communes et la quotité du concours qui peut leur être demandé, en raison de leurs ressources, ce sont là des circonstances qui ne pouvaient être appréciées que par l'administration ; aussi la loi vous charge-t-elle, monsieur le préfet, du soin de déterminer annuellement la proportion dans laquelle chaque commune doit concourir à l'entretien de la ligne vicinale dont elle dépend. Vous devrez donc entendre annuellement les conseils municipaux de ces communes, et peser les offres de concours qu'elles feront. Vous statuerez ensuite, d'après votre connaissance de l'intérêt dont est le chemin pour la commune. Vous ne perdrez pas de vue, d'ailleurs, les limites qui vous sont tracées par le dernier paragraphe de l'article 8.

» Vous êtes enfin chargé de statuer sur les offres faites par les particuliers, associations de particuliers et de communes, et ici quelques explications sont nécessaires.

» Il arrivera souvent que des communes ou des associations de particuliers demanderont que tel chemin vi-

cinal reçoive des subventions départementales, ou bien
que telle direction soit suivie plutôt que telle autre, et
ils appuieront leurs demandes d'offres de concours qu'ils
croiront suffisantes pour déterminer l'administration à
accueillir leurs vœux. Si leurs demandes s'appliquent à
un chemin vicinal que le conseil général n'a pas encore
déclaré de grande communication, ou bien s'il s'agit de
changer une direction déjà arrêtée par le conseil général, il est bien évident que vous ne seriez pas compétent pour accepter définitivement les offres. Vous
ne pourriez qu'étudier les projets qui vous sont présen-
tés, et en faire la base d'une proposition au conseil
général dans sa plus prochaine session. Mais si, par
exemple, le conseil général avait déclaré tel chemin *de
grande communication*, sous la réserve que la déclaration n'aurait d'effet que dans le cas où des communes
ou des associations de particuliers feraient des offres
suffisantes, ou bien encore, si le conseil général, tout
en fixant la direction de tel chemin, vous avait laissé
la faculté de faire varier cette direction, sur certains
points, d'après le vœu des localités; alors vous pourriez,
sans contredit, accepter définitivement les offres qui vous
seraient faites, si vous les jugiez suffisantes, et y donner
suite. Je vous engage toutefois à exiger toutes les garanties nécessaires pour vous assurer que les offres faites seront réalisées. Si elles sont faites par des communes, veil-
lez à ce que les délibérations des conseils municipaux
soient légalement prises, et donnez-leur alors la sanction de votre approbation, pour qu'elles ne puissent pas
être légèrement rapportées; s'il s'agit d'offres de fonds
faites par des associations de particuliers, faites verser
les fonds dans une caisse publique pour être tenus à votre
disposition, ou au moins faites souscrire des engagements
valables, et dont vous puissiez au besoin poursuivre
l'exécution. Vous concevez, en effet, combien il serait
fâcheux que, sur une offre de concours trop facilement ac-

ceptée, vous eussiez fait entreprendre des travaux que vous ne pourriez solder, ou du moins qu'il faudrait suspendre.

» Il est quelques départements, et vous avez pu le voir dans les documents que je vous ai envoyés le 29 février 1836, où aucun chemin vicinal n'est déclaré de grande communication, avant que des associations de communes ou de particuliers aient fait et réalisé des offres suffisantes pour couvrir la moitié ou même les deux tiers des dépenses d'ouverture et d'entretien. C'est un excellent système, qu'il est à désirer de voir se propager et que je vous engage à étudier. La meilleure preuve de l'utilité d'un chemin, c'est l'étendue des sacrifices que font volontairement les localités pour obtenir sa création, et, à quelques exceptions près, il ne convient pas que les fonds départementaux soient un moyen d'initiative; ils doivent arriver comme concours, comme moyen d'encouragement, comme récompense des efforts des localités.

» Si vous parvenez, monsieur le préfet, à faire naître dans votre département et à exciter l'esprit d'association entre les communes et entre les particuliers, vous y trouverez des ressources inespérées; vous parviendrez à conduire à leur terme, en peu de temps, des entreprises que vous n'auriez pas osé tenter; mais ce sont là des choses qu'on ne peut réglementer. Le zèle de l'administrateur, son activité, son influence personnelle, l'ardeur avec laquelle il embrasse un système, sont les vrais éléments du succès. Des travaux très-importants ont été faits dans certains départements avec de faibles ressources et sous l'empire d'une législation évidemment insuffisante; que ne devons-nous pas espérer aujourd'hui que nous aurons à mettre en œuvre une législation nouvelle et plus complète?

« Art. 8. Les chemins vicinaux de grande communi-
» cation, et dans des cas extraordinaires, les autres che-
» mins vicinaux, pourront recevoir des subventions sur
» les fonds départementaux.

» Il sera pourvu à ces subventions au moyen des cen-
» times facultatifs ordinaires du département, et de cen-
» times spéciaux votés annuellement par le conseil gé-
» néral.

» La distribution des subventions sera faite en ayant
» égard aux ressources, aux sacrifices et aux besoins
» des communes, par le préfet qui en rendra compte
» chaque année au conseil général.

» Les communes acquitteront la portion des dépenses
» mises à leur charge au moyen de leurs revenus ordi-
» naires, et, en cas d'insuffisance, au moyen de deux
» journées de prestation sur les trois journées autorisées
» par l'article 2, et des deux tiers des centimes votés par
» le conseil municipal en vertu du même article. »

» Les formes du classement des chemins *de grande
communication* ont été réglées par l'article 7 de la loi
du 21 mai 1836. L'article 8 a pour objet de déterminer
comment il sera pourvu à la construction et à l'entretien de ces chemins.

» Le premier paragraphe pose en principe que les
chemins vicinaux de grande communication pourront
recevoir des subventions sur les fonds départementaux.
Vous comprendrez, et le mot *pourront* l'explique assez,
qu'il s'agit ici d'une disposition facultative et non d'une
disposition obligatoire. Les chemins dont il s'agit n'ont
pas un droit absolu; le département n'est pas tenu de
fournir ces subventions; il le peut si l'intérêt du pays
le demande, si les communes y acquièrent des droits par
des efforts suffisants, si enfin les ressources départementales le permettent. Ces circonstances n'existant pas, la
subvention pourrait évidemment être refusée. Remarquez
encore, monsieur le préfet, que les fonds départementaux ne sont accordés qu'à titre de subvention. Comme
je vous l'ai dit plus haut, ce n'est pas à titre de dépense
départementale directe qu'ils peuvent être employés sur
les chemins de grande communication, c'est à titre de

secours ; seulement leur emploi n'est plus nécessairement borné, comme sous l'ancienne législation, aux travaux neufs et travaux d'art ; ils peuvent concourir, avec toutes les ressources que vous aurez à employer, aux travaux de toute espèce qui se feront sur ces chemins.

» Mais, après avoir vu ce que permet ce paragraphe de l'article 8, ne perdons pas de vue ses dispositions restrictives, bien formelles, quoique exprimées d'une manière implicite ; c'est que les chemins vicinaux *de grande communication* sont les seuls auxquels puissent être accordées des subventions sur les fonds départementaux : l'emploi de ces fonds sur d'autres chemins serait donc illégal ; et, si vous l'autorisiez, monsieur le préfet, votre responsabilité serait gravement compromise. A la vérité, la loi a excepté de cette règle absolue *les cas extraordinaires* dans lesquels les autres chemins vicinaux pourront aussi recevoir des subventions ; mais ces cas extraordinaires, comme celui par exemple de la reconstruction d'un pont, seront toujours fort rares, et, afin d'être certain qu'il ne sera pas fait des cas exceptionnels un usage trop étendu, je me réserve formellement d'autoriser l'application des subventions départementales sur les chemins vicinaux qui n'auront pas été déclarés de grande communication. Toutes les fois donc qu'il y aura nécessité de faire usage de l'exception dont il s'agit, vous voudrez bien m'en référer par un rapport spécial, et je statuerai sur votre proposition.

» Le second paragraphe de l'article 8 détermine sur quels fonds seront pris les subventions à accorder aux lignes vicinales de grande communication, et les centimes facultatifs sont indiqués ici en première ligne ; mais vous comprendrez, monsieur le préfet, et le conseil général comprendra parfaitement aussi, que cette destination ne peut être donnée au produit des centimes facultatifs qu'autant qu'il aura été préalablement pourvu à toutes les dépenses départementales auxquelles ces centimes sont

affectés en premier ordre. Lors donc que vous formerez
le projet du budget des centimes facultatifs, vous devrez
d'abord vous assurer que tous les services départementaux auxquels il doit faire face pourront être suffisamment dotés; ce ne sera que lorsque des fonds resteront
libres que vous pourrez en proposer l'affectation pour le
service des chemins vicinaux de grande communication.

» En cas d'insuffisance de ces fonds libres, et ce sera
probablement toujours le cas, vous proposerez au conseil
général le vote d'un certain nombre de centimes spéciaux, dans la limite qui, aux termes de l'article 12,
sera annuellement déterminée par la loi de finances.
Votre proposition au conseil général devra être basée
chaque année sur l'étendue des fonds de subvention que
vous croirez pouvoir être utilement employés sur les
chemins de grande communication. Vous prendrez en
considération la longueur de ces lignes, les travaux
qu'elles exigent, les ressources que les communes y
apporteront, soit par des offres de concours, soit en
vertu des appels que la loi vous donne le droit de leur
faire; enfin vous appuierez vos rapports de tous les
documents propres à éclairer le conseil général dans la
discussion du vote que vous lui proposerez. Je conçois
que la première, et peut-être la seconde année, cette
appréciation des dépenses à faire sur les chemins de
grande communication sera peut-être difficile à faire;
mais bientôt ces dépenses seront classées aussi régulièrement que toutes les autres, et leur budget ne vous
présentera guère plus de difficultés que celui des routes
départementales.

» Afin de rester dans les termes de la loi, jusque
dans la dénomination à donner aux fonds dont elle
permet une application nouvelle, vous voudrez bien,
monsieur le préfet, inscrire ces fonds au budget sous
le titre de *Fonds de subvention pour les chemins vicinaux de grande communication.* Vous emploierez la

même dénomination dans votre correspondance et toutes vos pièces de dépense.

» Le conseil général, comme nous venons de le voir, est chargé, par le second paragraphe de l'article 8, de voter l'ensemble des crédits qu'il juge convenable d'affecter, comme fonds de subvention, aux chemins vicinaux qu'il a préalablement classés. Il exerce ce droit dans toute son étendue, parce qu'il s'agit de créer une dépense, et que cette dépense est purement facultative. L'importance du crédit qu'ouvrira le conseil général dans les limites de la loi dépendra donc absolument de l'opinion qu'il se sera formée de l'utilité des propositions que vous lui ferez.

» La répartition de ce crédit n'est plus qu'une mesure d'exécution, et c'est à ce titre que la loi vous la confie. Vous seul, en effet, pouviez faire cette répartition, puisqu'elle doit être basée non-seulement sur la somme que le conseil général mettra à votre disposition, mais encore, et surtout, sur les offres de concours qui vous seront faites pour telle ligne par des communes ou des particuliers, sur l'étendue des sacrifices que vous croirez pouvoir imposer aux communes, enfin sur les besoins de quelques-unes de ces communes dont la pénurie serait un cas d'exception. Or, tous ces éléments d'une bonne répartition ne pourraient évidemment pas être réunis avant la session du conseil général. Ils le pourraient d'autant moins que quelques-uns de ces éléments peuvent varier, après même que vous aurez formé un premier projet de répartition. Ainsi, par exemple, si les offres de concours qui vous auraient été faites pour telle ligne ne se réalisaient pas, ou que quelque difficulté grave suspendît l'ouverture des travaux sur cette ligne, il en résulterait pour vous la nécessité de modifier votre projet de répartition. Vous voyez donc, monsieur le préfet, que si le conseil général avait été chargé de faire la répartition du crédit, ou bien vous auriez été très-fréquemment dans la fâcheuse nécessité de laisser sans emploi des fonds qui auraient pu être utilement employés sur quelqu'autre ligne, ou bien, pour ne pas laisser ces fonds sans emploi, vous auriez pu être engagé à les employer à des conditions peu avantageuses pour le département. La loi a donc fait une sage distribution des attributions en chargeant le conseil général de voter l'ensemble du crédit qu'il croit pouvoir affecter aux chemins de grande communication qu'il a préalablement classés, et en laissant au préfet le soin de répartir ce crédit entre les différents chemins classés.

» De tout ce qui précède il résulte que les fonds que le conseil général croira devoir affecter chaque année au service des chemins vicinaux de grande communication devront être inscrits au budget en masse, et sans qu'il soit fait mention du projet de répartition que vous auriez pu former. Cette règle est entièrement conforme à l'esprit du troisième paragraphe de l'article 8 ; vous voudrez bien vous y conformer dans la rédaction du budget que vous soumettez chaque année au conseil général.

» Quant aux bases de la répartition que vous avez à faire entre les lignes vicinales, elles se trouvent dans les termes mêmes de la loi, *en ayant égard aux ressources, aux sacrifices et aux besoins des communes.* Je ne pourrais rien ajouter à ces mots pour en faire comprendre l'esprit et la portée. Il s'agit ici non-seulement d'une appréciation tirée de chiffres ; il s'agit encore d'une appréciation morale de la bonne volonté, du zèle et des efforts des communes, toutes circonstances qui ne peuvent être appréciées que par l'autorité locale, mais que vous saurez prendre en considération. L'assentiment du pays, l'approbation que le conseil général donnera au compte que vous devrez lui soumettre chaque année, seront pour moi la preuve de la maturité et de la sagesse que vous aurez apportées dans l'exercice des importantes attributions que la loi vous confie.

» Vous êtes chargé, par le troisième paragraphe de l'article 7, monsieur le préfet, de déterminer annuellement la proportion dans laquelle chaque commune doit concourir à l'entretien de la ligne vicinale dont elle dépend; mais la loi devait fixer les limites dans lesquelles vous pourrez rendre ce concours obligatoire. Les revenus ordinaires des communes sont d'abord affectés à cette dépense, lorsque, bien entendu, il restera des fonds libres après l'acquittement des autres dépenses communales. En cas d'insuffisance de ces revenus, et c'est le cas le plus général, la loi affecte à l'acquittement de l'obligation qui leur est imposée deux des trois journées de prestation autorisées par l'article 2, et les deux tiers des centimes votés, par le conseil municipal en vertu du même article. Si le concours demandé à la commune ne devait pas absorber la totalité de ces deux journées de prestation, et des deux tiers du nombre des centimes votés, il est évident que vous n'éleveriez pas vos demandes jusque-là; mais en cas de nécessité vous pouvez les porter jusqu'à ce maximum.

» L'obligation imposée aux communes est exprimée d'une manière si formelle, les termes de la loi sont tellement précis, qu'aucun conseil municipal, je pense, ne croira pouvoir se refuser à remplir cette obligation. Si cependant une résistance imprévue se présentait, si une commune refusait, soit d'effectuer les travaux de prestation que vous lui demanderiez à la décharge de ses obligations, soit de voter les centimes nécessaires pour parfaire cette obligation, cette résistance ne viendrait pas, comme sous l'ancienne législation, paralyser les plus utiles entreprises. L'article 9 de la loi du 21 mai 1836 vous donne les moyens de surmonter les obstacles que vous rencontreriez de la part d'un conseil municipal qui perdrait de vue à ce point les véritables intérêts de la commune et du pays. Vous feriez usage alors des pouvoirs que vous donne l'article 5 de la loi. Introduites dans la loi pour assurer la construction ou l'entretien d'un chemin qui intéresserait deux communes seulement, les dispositions de cet article ne pouvaient rester sans application lorsqu'il s'agit de travaux plus étendus. Vous n'hésiteriez donc pas, monsieur le préfet, à employer les moyens que vous donnent les articles 4 et 5 de la loi. Je vous ai dit, lorsque nous nous sommes occupés de l'article 5, comment vous pourriez obliger une commune à remplir les obligations que la loi lui impose, et à fournir son contingent en centimes et en prestations. Les règles que je vous ai tracées sont entièrement applicables au cas présent, et je n'ai besoin d'y rien ajouter.

« Art. 9. Les chemins vicinaux de grande communi-
» cation sont placés sous l'autorité du préfet. Les dispo-
» sitions des articles 4 et 5 de la présente loi leur sont
» applicables. »

» La réparation et l'entretien des chemins vicinaux sont placés par les lois sous l'autorité des maires, et cela devait être, puisqu'il s'agit de travaux communaux qui n'embrassent que le territoire de la commune. La loi du 21 mai 1836 n'a pas dérogé à ce principe : elle a seulement par ses articles 5 et 6, donné à l'autorité supérieure le droit d'intervenir en cas de besoin pour assurer l'exécution des obligations des communes.

» Mais en reconnaissant, dans son article 7, que certains chemins vicinaux pourraient avoir une importance plus que communale, en créant en faveur de ces chemins, par son article 8, une dotation nouvelle, en leur affectant à titre de subvention des fonds départementaux dont l'emploi ne peut jamais être fait que sous la surveillance du préfet, la loi devait évidemment soustraire les chemins vicinaux *de grande communication* à l'action exclusive de l'autorité municipale, qui ne peut s'exercer que dans les limites d'une seule commune ; elle devait remettre l'administration de ces chemins à l'autorité qui embrasse le territoire de toutes les communes du département, à l'autorité du préfet ; c'est ce que fait la loi par son article 9.

Les travaux qui s'exécutent sur les chemins vicinaux de *grande communication* restent donc travaux communaux, parce que ces chemins n'ont pas changé de caractère et sont vicinaux ; parce que ce sont les revenus et les autres ressources des communes qui y sont affectés pour la plus grande partie ; parce que les citoyens qui peuvent être requis de fournir un travail personnel sur ces chemins doivent toujours demeurer placés sous l'autorité du chef de la commune ; parce qu'enfin le département ne prend pas une part directe aux travaux, et qu'il n'y fournit que des subventions, des secours. Mais tout en restant communaux, les travaux des chemins vicinaux de grande communication sont placés sous l'autorité, sous l'action immédiate du préfet. C'est ce magistrat qui décide comment ils doivent être faits, à quelles époques ils doivent être effectués, sur quels points ils seront entrepris et successivement portés ; c'est le préfet enfin qui règle tous les détails d'exécution qui, pour les autres chemins vicinaux, sont laissés aux maires, et ces fonctionnaires doivent obtempérer aux réquisitions du préfet.

» Il importe à l'action de la loi que la nature et l'étendue des pouvoirs qu'elle vous confère par son article 9 soient parfaitement comprises par MM. les maires, et qu'en même temps ils n'y voient pas une atteinte portée à l'autorité municipale. Ils sentiront que, lorsqu'il s'agit de régler des travaux qui embrassent à la fois le territoire de plusieurs communes, il fallait nécessairement placer ces travaux sous la surveillance de la direction d'une autorité qui ne fût pas restreinte dans les limites d'une seule commune. Déléguer à un maire une portion d'autorité à exercer sur ses collègues était chose impossible; il était donc indispensable de faire ce qu'a fait l'article 9 de la loi.

» Il n'importe pas moins de combattre à l'avance une opinion erronée qui pourrait se former dans certaines localités, par une fausse interprétation de quelques-uns des termes des articles 7 et 8 de la loi.

» Vous avez vu l'article 7, monsieur le préfet, parler de la désignation des communes qui doivent concourir à la construction et à l'entretien de chaque chemin vicinal de grande communication; le même article parle aussi de la proportion dans laquelle chaque commune intéressée doit y contribuer; l'article 8 règle la distribution des subventions à fournir sur les fonds départementaux, et il indique que cette distribution doit être faite en ayant égard aux ressources, aux sacrifices et aux besoins des communes; enfin je vous ai plusieurs fois rappelé que les chemins de grande communication ne cessent pas d'être des chemins vicinaux, quoique placés sous votre autorité immédiate, et que les travaux qui doivent se faire sur les lignes vicinales sont des travaux communaux de la même nature que ceux qui se font sur les chemins vicinaux ordinaires.

» Ce serait donner à ces termes de la loi et de l'instruction une fausse interprétation que d'en conclure que les ressources créées par les articles 7 et 8 en faveur des chemins vicinaux de grande communication doivent toujours être *localisées*, si je puis m'exprimer ainsi; que, par exemple, la subvention accordée en considération des sacrifices et des besoins de telle commune doit nécessairement et toujours être employée sur le territoire de cette même commune; que de même le contingent demandé à chaque commune, soit en prestations, soit en centimes, doit également être employé sur son territoire.

» Cette interprétation ne serait pas seulement une erreur, elle serait le renversement complet du système créé par la seconde section de la loi.

» En effet, dans sa première section, la loi du 21 mai 1836 a considéré les chemins vicinaux comme intéressant chaque commune prise isolément, sauf les rares exceptions de l'article 9; elle a individualisé les ressources et les efforts des communes et en a limité l'application au territoire communal. Dans sa seconde section, au contraire, la loi s'est occupée de chemins vicinaux dont l'importance et l'utilité doivent sortir des étroites limites du territoire communal; elle a permis de considérer comme un seul chemin une ligne qui pourra avoir plusieurs lieues d'étendue, et qui traverse le territoire de quatre, cinq, dix communes peut-être; elle a permis d'appeler à concourir à la dépense de chaque ligne, non-seulement les communes dont elle traverse le territoire, mais encore celles dont le territoire n'étant pas traversé ont cependant un intérêt réel au bon état de cette voie de communication. La loi devait donc permettre de centraliser les sacrifices et les efforts faits par les communes, ou qui peuvent leur être demandés en faveur de chaque ligne.

» S'il n'en était pas ainsi, si vous admettiez une prétention que j'ai vu s'élever déjà dans quelques localités, sous l'ancienne législation, les plus graves inconvénients en résulteraient : vous vous trouveriez entraîné à ordonner que les travaux de chaque ligne vicinale s'ouvrissent nécessairement sur le territoire de chaque commune en même temps; vous devriez faire faire sur chacune de ces communes quelques centaines de mètres de travaux, qui resteraient sans utilité pour la viabilité, puisque chaque partie achevée se trouverait séparée d'une autre par une lacune, et les travaux faits dépériraient sans profit pour personne, en attendant qu'ils pussent être repris l'année suivante. En résumé, l'emploi des ressources sur le territoire de chaque commune qui les fournit, s'il était admis comme principe et comme règle, ne donnerait pour résultat que la consommation presque en pure perte des ressources que la loi assure aux lignes vicinales.

» Tout est avantage, au contraire, si, comme l'a évidemment entendu la loi, on considère chaque ligne vicinale comme une unité en faveur de laquelle se centralisent et les efforts des communes qu'elle intéresse et les subventions départementales que vous pourrez y affecter; alors vous ordonnerez l'ouverture des travaux sur tel point où ils peuvent être actuellement le plus utiles, en faisant disparaître un obstacle à la viabilité de la ligne; vous ajournerez d'autres travaux moins urgents, pour les effectuer plus tard; vous pourrez user enfin, pour le plus grand avantage de chaque ligne vicinale et par conséquent du pays, de toute la plénitude du pouvoir que vous confie l'art. 9 de la loi.

» Je ne prétends certes pas dire que lorsqu'une ligne vicinale aura quelqu'étendue, plusieurs lieues, par exemple, il faille toujours et nécessairement l'entreprendre par une extrémité, et pousser les travaux progressivement le long de la ligne, jusqu'à ce qu'ils soient entièrement achevés. Je conçois qu'il arrivera fréquemment qu'il y aura utilité, nécessité peut-être, à ouvrir à la fois plusieurs ateliers sur différents points assez éloignés l'un de l'autre, et situés dans différentes communes. J'ai voulu vous dire seulement, j'ai voulu que vous pussiez démontrer à l'autorité locale que c'est à vous qu'il appartient de régler tout ce qui a rapport au service des chemins vicinaux de grande communication, et que si vous ordonnez l'ouverture des travaux sur telle commune, c'est parce que l'intérêt de la ligne l'exige, et non point pour complaire à des exigences de localité.

» Vous devrez donc, par application de ces principes, centraliser dans la caisse du receveur général du dépar-

tement, au crédit de chaque ligne vicinale, toutes les ressources en argent applicables à cette ligne, qu'elles proviennent des ressources communales, des souscriptions de particuliers, des ressources éventuelles prévues par les articles 13 et 14 de la loi, ou enfin des subventions départementales. Ces fonds seront déposés sous le titre de *Cotisations municipales applicables au chemin vicinal de grande communication*, n° tel......
Ils seront ainsi à votre disposition pour être employés au fur et à mesure de l'avancement des travaux; mais vous entendez parfaitement qu'ils auront une affectation spéciale et nécessaire pour la ligne à laquelle ils appartiennent. Ils sont réellement la propriété des communes ou des particuliers qui ont concouru à leur versement : les employer à d'autres lignes vicinales que celle à laquelle ils appartiennent, serait s'exposer au reproche de détournement de deniers. J'en excepte pourtant les subventions départementales, qu'en cas de non emploi vous pourriez reporter sur une autre ligne, si du reste la quotité de ces subventions n'était pas le résultat d'un engagement pris par vous envers des communes ou des souscripteurs, afin d'exciter leur zèle. Dans ce cas, ils auraient une espèce d'hypothèque morale sur la subvention.

» Quant aux prestations en nature, au moyen desquelles les communes peuvent acquitter une portion, au moins, des dépenses mises à leur charge, il est bien évident qu'elles ne peuvent se centraliser comme les fonds. Vous n'êtes cependant pas tenu, car aucun des termes de la loi ne vous y oblige, à faire consommer ces prestations sur le territoire même de la commune qui les doit. Vous avez évidemment le droit de requérir le maire de faire effectuer les prestations sur tel ou tel point de la ligne vicinale où elles seront le plus utiles, et, s'il y avait refus, vous pourriez avoir recours à l'application de l'article 5, tel que je l'ai développé. Toutefois, vous comprendrez qu'il y aura presque toujours désavantage à entraîner les prestataires sur des ateliers situés à une très-grande distance de la commune de leur résidence ; non-seulement le temps passé pour l'aller et le retour serait consommé en pure perte, mais encore vous pourriez trouver chez eux une répugnance qui, sans dégénérer en résistance, nuirait cependant au succès des travaux. Je ne vous trace donc aucune règle à cet égard ; votre connaissance des localités, le plus ou moins de zèle et d'ardeur qu'on montrera pour l'ouverture ou la réparation d'un chemin, ce sont là les considérations qui devront vous déterminer à ordonner l'emploi des prestations dans la commune ou hors de la commune. Il sera souvent nécessaire, dans ce cas, je le répète, d'ouvrir à la fois plusieurs ateliers sur la même ligne ; je ne puis à cet égard que m'en rapporter à votre prudence.

» Je terminerai ce qui concerne cet article, monsieur le préfet, en vous parlant du compte qu'aux termes du troisième paragraphe de l'article 8 vous devrez rendre au conseil général pour justifier la distribution des subventions prises sur le fonds départemental mis à votre disposition.

Ce serait certainement entendre ce compte d'une manière trop restreinte que de penser que vous auriez satisfait à la loi, en déposant sur le bureau du conseil général un état de distribution du fonds départemental en subventions versées à la caisse du receveur général au crédit de chaque ligne vicinale. Cet état, avec vos mandats, suffira sans doute à l'apurement de la comptabilité départementale ; mais ce n'est pas là le compte que vous voudrez rendre au conseil général pour prouver le bon et sage emploi que vous aurez fait des fonds qu'il aura mis à votre disposition. La loi vous délègue l'emploi, dans un intérêt presque départemental, des fonds provenant de diverses sources ; vous voudrez justifier cet emploi à toutes les parties intéressées, parce

qu'il s'agit ici de dépenses faites en famille, encore plus
que de dépenses publiques.

» Vous devrez donc, monsieur le préfet, former, pour
chaque ligne vicinale, un compte séparé qui comprendra
toutes les ressources affectées à cette ligne, quelle que
soit leur origine, et sans en excepter les prestations;
vous justifierez de cet emploi par les adjudications, états
d'avancement de travaux et autres pièces produites en
pareil cas; et à l'appui de ce compte, pour ainsi dire
matériel, vous direz quels sont les résultats obtenus au
moyen des ressources employées, soit prestation, soit
argent. De cette manière, le conseil général pourra toujours apprécier l'usage que vous aurez fait des ressources
dont vous avez disposé, et j'aime à penser qu'il trouvera
toujours dans cette partie de votre administration de
nouveaux motifs de confiance. Lorsque ce compte aura
été examiné par le conseil général, vous ferez bien,
monsieur le préfet, de le faire imprimer pour chaque
ligne vicinale séparément, et de l'adresser aux maires et
aux associations de souscripteurs. C'est en pareille matière surtout que la publicité est utile : elle est à la fois
un hommage au pays, un encouragement à de nouveaux efforts, et la justification d'une bonne, utile et
loyale administration.

» DISPOSITIONS GÉNÉRALES.

» ART. 10. Les chemins vicinaux reconnus et main-
» tenus comme tels sont imprescriptibles. »

» Les dispositions de cet article, monsieur le préfet,
seront à l'avenir d'une haute importance pour la conservation du sol des chemins vicinaux, puisque désormais il ne sera plus permis aux riverains qui auraient
usurpé sur ce sol de couvrir leur anticipation de l'exception tirée de la prescription. Bien qu'aux termes de
l'article 2227 du Code civil, « l'État, les établissements
» publics et les communes soient soumis aux mêmes
» prescriptions que les particuliers, » cependant on ne

pouvait, par application de l'article 2226, prescrire contre l'État et contre les communes que pour les propriétés qu'ils possèdent en quelque sorte à titre privé, et la prescription ne pouvait être invoquée contre certaines propriétés du domaine public qui ne sont pas dans le commerce, par exemple, les rivières navigables et les grandes routes. Les opinions étaient divisées sur la question de savoir si les chemins des communes jouissaient du même privilége ; l'article 10 de la loi du 21 mai 1836 fait cesser toute incertitude. Je dois seulement appeler votre attention sur ce point important, que *les chemins vicinaux reconnus et maintenus comme tels* jouissent seuls de l'avantage de l'imprescriptibilité. C'est un motif de plus de compléter, comme je l'ai dit à l'occasion de l'article 1er, la déclaration de vicinalité de tous les chemins qui sont véritablement utiles aux communes.

» De ce que l'article dont nous nous occupons n'attribue le privilége de l'imprescriptibilité qu'aux chemins qui sont légalement déclarés *vicinaux*, il ne s'ensuit cependant pas que tous les autres chemins, que les nombreux sentiers qui appartiennent aux communes puissent être usurpés, sans qu'il y ait répression pour ce délit ; les communes peuvent et doivent s'opposer à ces usurpations, mais elles doivent les poursuivre par une voie autre que les usurpations sur les chemins vicinaux. Ceci me conduit, monsieur le préfet, à vous rappeler les différentes juridictions devant lesquelles les communes doivent porter leurs actions pour obtenir la répression des contraventions de différentes espèces qui se commettent sur les chemins et sur les objets qui en dépendent.

» L'article 8 de la loi du 9 ventôse an XIII attribue aux conseils de préfecture la répression des usurpations commises sur les chemins *vicinaux*. Vous devez donc inviter les maires, fonctionnaires et agents qui ont qualité pour constater ces usurpations, à vous adresser leurs procès-verbaux pour être déférés au conseil de préfecture, dont vous êtes président né ; mais comme il importe que ce tribunal administratif se renferme rigoureusement dans les limites de sa juridiction, toutes les fois qu'un procès-verbal constatant une usurpation sur un chemin sera déféré au conseil, vous veillerez à ce qu'il examine avant tout la question préjudicielle de savoir si le chemin dont il s'agit a été déclaré *vicinal*, par un arrêté émané de vous ou de l'un de vos prédécesseurs. Dans le cas de la négative, le conseil de préfecture devrait se déclarer incompétent, et renvoyer à qui de droit la connaissance de la contravention. Le fait d'usurpation est d'ailleurs le seul sur lequel le conseil de préfecture soit appelé à prononcer ; ainsi la déclaration de vicinalité ou l'interprétation de cette déclaration, la fixation de la largeur d'un chemin ou la recherche de ses limites, sont des actes qui vous appartiennent exclusivement, et si les conseils de préfecture prononçaient sur ces matières, leurs décisions seraient entachées d'incompétence.

» C'est devant les tribunaux ordinaires que doivent être poursuivies les usurpations commises sur les chemins *qui n'ont pas été déclarés vicinaux* (1). On a pu s'abstenir de les déclarer vicinaux, parce que, tout utiles qu'ils soient à une partie de la commune, pour l'exploitation des terres par exemple, cette utilité n'était pas assez générale pour que leur entretien fût mis à la charge de la commune, ce qui serait une conséquence nécessaire de la déclaration de vicinalité. La commune a cependant un intérêt réel à conserver intact le sol de ces chemins, et à le défendre contre toute anticipation de la part des riverains. Les maires devront donc constater ou faire constater ces usurpations, et les poursuivre devant les tribunaux ordinaires.

(1) Voir nos observations ci-dessus, page 12.

» Quant à la dégradation des chemins vicinaux ou autres, à l'enlèvement des gazons, terres, pierres, etc., la répression en appartient aux tribunaux de simple police.

» Je n'ai pas besoin de vous rappeler, je pense, que les conseils de préfecture sont toujours incompétents pour prononcer sur les questions de propriété, et que ces questions sont exclusivement du domaine des tribunaux ordinaires, soit que la partie prétende établir son droit par titres, ou le fonder sur une prescription acquise avant la promulgation de la loi du 21 mai 1836. C'est donc devant ces tribunaux que l'action doit être suivie, dès que la question de propriété est soulevée. Il est bon toutefois que vous fassiez connaître aux maires un arrêt fort important sur cette matière, rendu par la cour de cassation le 25 septembre 1835, et duquel il résulte que, lorsqu'un particulier se prétend propriétaire d'un terrain qu'il est prévenu d'avoir usurpé sur un chemin, c'est à ce particulier et non à la commune que demeure l'obligation d'établir le droit de propriété. Vous concevez tout l'avantage qu'il y a pour les communes à rester défenderesses au lieu de se rendre demanderesses. Au surplus, la question de propriété, même résolue en faveur des riverains, n'a plus depuis longtemps d'importance que sous le rapport pécuniaire, et elle est sans effet quant à la vicinalité. Il était passé en jurisprudence, depuis plusieurs années, que le droit de propriété du sol d'un chemin déclaré vicinal, se résolvait en une indemnité. Cette jurisprudence est aujourd'hui formellement consacrée par l'article 15 de la loi du 21 mai 1836.

« Art. 11. Le préfet pourra nommer des agents-voyers.

» Leur traitement sera fixé par le conseil général.

» Ce traitement sera prélevé sur les fonds effectés aux
» travaux.

» Les agents-voyers prêteront serment ; ils auront le
» droit de constater les contraventions et délits, et d'en
» dresser des procès-verbaux. »

» Dans un bien petit nombre de départements, MM. les ingénieurs des ponts et chaussées ont trouvé, dans un zèle infatigable, la possibilité de joindre au service spécial dont ils sont chargés la direction et la surveillance des travaux qui se font sur les chemins vicinaux. Partout où ils pourront continuer à y consacrer leurs soins, partout où ils consentiront à plier les règles précises qu'ils ont l'habitude de suivre à toutes les exigences d'un service qui doit employer des ressources si diverses, dans ces départements, dis-je, le concours des ingénieurs des ponts et chaussées sera éminemment utile, et MM. les préfets feront une chose très-avantageuse au pays en recourant aux lumières de ces fonctionnaires.

» Mais ce ne sont là, il faut bien le reconnaître, que de rares exceptions, et presque généralement le service des routes royales et départementales absorbe tellement tous les soins des ingénieurs des ponts et chaussées, qu'il leur est impossible de prêter leur concours à l'administration locale pour la direction et la surveillance des travaux sur les chemins vicinaux. L'administration a donc été contrainte d'y suppléer, et dans tous les départements où le système des lignes vicinales de grande communication a pris quelque développement, les préfets ont institué, sous différentes dénominations, des agents chargés de remplir pour les chemins vicinaux des fonctions analogues à celles des ingénieurs et conducteurs des ponts et chaussées; mais ces agents avaient besoin d'être légalement reconnus, et surtout de recevoir le droit de constater les contraventions commises sur les chemins vicinaux.

» L'article 11 de la loi du 21 mai 1836 pourvoit à cette nécessité; vous userez de la faculté qu'il vous donne, si la création d'agents-voyers vous paraît utile et nécessaire. Vous ne devez cependant pas faire de nominations avant d'être certain que le conseil général consentira à assurer le traitement de ces agents.

Dans les propositions que vous ferez au conseil pour la fixation de ce traitement, vous ne perdrez pas de vue qu'il ne s'agit pas d'organiser avec luxe un service dispendieux. Le conseil général comprendra de son côté, j'en suis certain, que les traitements doivent être suffisants pour attacher ces agents à leurs fonctions, soutenir leur zèle, et les dispenser de rechercher dans d'autres travaux des moyens d'existence que ne leur offrirait pas un traitement insuffisant. Il convient d'ailleurs que leur traitement se compose d'une somme annuelle fixe, et jamais de remises sur le montant des travaux : ce dernier mode a de nombreux inconvénients.

» La dépense de ce service doit, aux termes de la loi, être prélevée sur les fonds affectés aux travaux, et vous comprendrez qu'il s'agit ici du crédit qui sera ouvert par le conseil général pour fonds de subvention. Il serait impossible, en effet, de prélever cette dépense sur les fonds provenant du concours des communes. Beaucoup d'entre elles acquitteront une portion de la quote-part mise à leur charge dans les lignes vicinales au moyen de prestations en nature ; vous seriez donc fréquemment embarrassé pour réaliser les fonds nécessaires aux traitements des agents-voyers. Sur le crédit ouvert par le conseil général pour fonds de subventions, vous mettrez donc d'abord en réserve la somme nécessaire pour les traitements des agents-voyers, tels qu'ils seront fixés par le conseil, et ce sera sur le restant libre que vous combinerez la distribution des subventions pour l'exécution de l'article 8.

» Dans quelques départements on a cru utile d'attribuer à l'agent-voyer qui réside au chef-lieu la surveillance et la direction des travaux des agents placés dans les arrondissements. Ce mode peut présenter de l'avantage, mais, si vous y avez recours, vous ne perdrez pas de vue que l'agent à qui vous donnerez cette attribution doit comme les autres porter le titre d'*agent-voyer*; c'est sous cette qualification seulement qu'ils peuvent être admis à prêter serment et que leurs procès-verbaux peuvent être légalement rédigés. L'homme de talent qui voudra consacrer ses services à l'administration dans les fonctions que la loi vient d'instituer ne se laissera pas rebuter par la modestie du titre qui lui est attribué. Vous réglerez donc les attributions et les fonctions des agents-voyers selon ce que l'expérience vous aura indiqué, si déjà ces agents existent dans votre département, ou selon ce qui vous paraîtra utile si l'institution en est nouvelle. Vous comprendrez que, quoiqu'ils doivent être plus spécialement chargés de la direction des travaux à faire sur les lignes vicinales de grande communication, il est cependant à désirer qu'ils puissent aussi donner des conseils aux maires pour les travaux à faire sur les chemins vicinaux. Il importe de chercher à introduire partout les bonnes méthodes, car il est constant que l'exécution défectueuse des travaux que font les communes contribue, bien plus que l'insuffisance des ressources, au mauvais état de nos communications vicinales.

» Ne perdez pas de vue surtout, monsieur le préfet, que le bon choix des agents-voyers doit exercer la plus grande influence sur le succès que nous espérons de l'exécution de la législation nouvelle. Je réglerai ultérieurement les conditions d'aptitude qu'il conviendra d'imposer à ces agents; mais, d'ici là, n'en nommez aucun qui n'ait les connaissances et la capacité nécessaires pour rendre à l'administration les services qu'elle a droit d'en attendre. Mieux vaudrait laisser un emploi vacant que de le donner à un sujet qui ne pourrait convenablement le remplir, et dont l'incapacité compromettrait à la fois les travaux dont il serait chargé et l'institution que la loi vient de créer.

» La loi n'a parlé ni des conducteurs, ni des piqueurs qu'il pourrait être utile d'attacher au service des chemins vicinaux de grande communication, pour y faire exécuter les ordres donnés par les agents-voyers. Ce sont là des détails d'exécution que vous réglerez lorsque vous connaîtrez les fonds que le conseil général aura l'intention de consacrer aux travaux d'amélioration à faire sur ces chemins. Il est indispensable qu'avant de rien arrêter à cet égard, vous soyez fixé non-seulement sur ce point, mais encore sur l'ensemble des vues d'après lesquelles le conseil général pensera que le nouveau service devra être dirigé. Vous comprendrez qu'il serait très-fâcheux d'avoir organisé un personnel qu'il faudrait licencier au bout d'un an, si le conseil ne continuait pas à allouer les fonds nécessaires.

» Il en est de même du système des cantonniers appliqué à l'entretien des lignes vicinales. Il est des départements où les ressources en argent qui seront affectées à ces lignes seront assez considérables pour que des cantonniers puissent être entretenus au moins une grande partie de l'année; il est d'autres départements, au contraire, où la majeure partie des ressources applicables aux chemins vicinaux de grande communication se composeront de prestations en nature, et où il serait, par conséquent, difficile d'avoir des cantonniers à l'année. Là il sera utile de rechercher s'il ne serait pas possible d'entretenir quelques-uns de ces agents pour les envoyer, sur différents points de la ligne, réparer autant que possible les dégradations qui se feront entre les époques auxquelles seront fournies les journées de prestation. Il serait bon, à cet effet, de garder en réserve, sur les chemins, une certaine proportion de matériaux cassés que l'on répandrait en temps opportun, comme cela se fait sur les routes royales et départementales. Ce sont là, je le répète, des détails d'exécution dans lesquels l'expérience vous dirigera successivement, et dont vous trouverez l'exemple, au surplus , dans quelques départements où ce système est suivi avec de grands avantages.

» Le règlement spécial que vous ferez sur l'organisation du service des agents-voyers devra être soumis à mon approbation.

« Art. 12. Le maximum des centimes spéciaux qui » pourront être votés par les conseils généraux , en vertu » de la présente loi , sera déterminé annuellement par la » loi de finances. »

» Cet article , monsieur le préfet, n'exige aucune explication. Je me borne à vous recommander de vous reporter, chaque année, à la loi de finances, pour y reconnaître la limite dans laquelle vous pourrez proposer au conseil général de voter des centimes spéciaux pour le service des chemins vicinaux de grande communication.

» Vous savez, du reste, quel est le motif qui a fait préférer la fixation annuelle du maximum des centimes spéciaux que les conseils généraux pourront voter pour ce service à la fixation d'un maximum permanent, comme pour les centimes facultatifs, le cadastre et l'instruction primaire. Sans craindre que les conseils généraux se laissassent entraîner par le désir du bien à faire trop de sacrifices pour améliorer nos communications vicinales , il a paru utile que les chambres conservassent un contrôle sur l'ensemble des dépenses du pays , et qu'elles pussent modérer celles qui se font dans des intérêts de localité, si un jour les intérêts généraux le réclamaient.

« Art. 13. Les propriétés de l'état productives de reve- » nus contribueront aux dépenses des chemins vicinaux » dans les mêmes proportions que les propriétés privées.

» Les propriétés de la couronne contribueront aux » mêmes dépenses, conformément à l'article 13 de la loi » du 2 mars 1832. »

» Le principe de cet article, monsieur le préfet, avait été posé dans l'article 8 de la loi du 28 juillet 1824, mais la rédaction en était restée évidemment incomplète. Le droit de régler la proportion dans laquelle les propriétés de l'État et de la couronne devaient contribuer aux dépenses des chemins vicinaux avait été donné aux préfets, sans qu'on leur eût indiqué des bases positives pour la fixation de cette proportion. Le préfet ne pouvait donc avoir recours qu'à une appréciation plus ou moins exacte, dont, la plupart du temps, les communes croyaient avoir à se plaindre, autant que l'administration chargée de la régie des domaines de l'État. Aussi l'instruction du 30 octobre 1824 et celle plus spéciale du 10 avril 1827 (1) n'avaient-elles pu empêcher de nombreuses contestations.

» La rédaction de l'article 13 de la loi 21 mai 1836, au contraire, est tellement nette, elle est tellement dégagée de tout ce qui pourrait prêter à l'arbitraire, les bases posées à l'action du préfet sont si précises, qu'il y a lieu de croire que désormais toute difficulté sera impossible; les communes y trouveront la limite de leurs droits, comme les agents des administrations financières l'étendue des obligations imposées à l'État et à la couronne comme propriétaires.

» Vous remarquerez d'abord, monsieur le préfet, que ce qui est relatif aux propriétés de la couronne a été réglé par un paragraphe spécial, attendu que déjà ces propriétés concourent aux charges communales et départementales. Portées nécessairement sur les rôles, il ne s'agissait donc plus que d'étendre l'obligation qui leur est imposée à l'entretien des chemins vicinaux.

» Les forêts de l'État, au contraire, ne figurent sur aucun rôle, et il devenait nécessaire de déterminer comment elles seraient imposées; ce sera au moyen d'un rôle spécial dressé par le préfet.

» Les propriétés de l'État *productives de revenus*, telles

(1) Nous n'avons pas cru nécessaire de reproduire ces instructions qui sont remplacées d'une manière très-complète par celle-ci.

que les forêts et les biens affermés, sont les seules que
la loi appelle à contribuer aux dépenses des chemins vicinaux ; les propriétés de l'État qui ne produisent aucun
revenu, telles que les domaines affectés à des services
publics, les casernes, etc., ne doivent pas être imposées. Cette distinction, que vous ne perdrez pas de vue,
est parfaitement équitable ; car il n'y a que les propriétés
d'État productives de revenus qui fassent, pour leur exploitation, usage des chemins vicinaux.

» Ces propriétés doivent, aux termes de l'article 13
de la loi, contribuer *dans les mêmes proportions que
les propriétés privées*. Il résulte évidemment de ces
termes que lorsque les communes pourvoient à l'entretien des chemins sur leurs ressources ordinaires, ou
lorsqu'elles votent pour le service des chemins vicinaux
des prestations en nature seulement, elles n'ont pas de
quote-part à demander à l'État. En effet, la prestation en
nature n'est pas une contribution assise sur la propriété ;
c'est une obligation personnelle imposée à l'habitant pour
sa personne, pour les personnes qui composent sa famille, et pour les moyens d'exploitation de ses propriétés.

» Le droit des communes à appeler le concours de l'État
ne peut donc avoir d'effet que lorsque ces communes
votent des centimes spéciaux pour la réparation ou
l'entretien des chemins vicinaux, en exécution de l'article 2 de la loi. Alors naît pour l'État obligation qui lui
est imposée par l'article 13. La quotité de sa contribution
serait facile à régler si les forêts de l'État étaient, comme
les biens affermés, portées sur les matrices de rôles de
la contribution foncière ; il ne s'agirait alors pour le
directeur des contributions directes que de faire au revenu imposable pour lequel ces forêts y sont portées,
l'application du nombre de centimes votés par le conseil
municipal, dans les limites de l'article 2 : en l'absence
de cette base vous ne pourrez qu'y suppléer par celles
qui en approchent le plus. Vous devez donc rechercher

quelle est, dans la commune, ou au besoin dans les communes voisines, la proportion dans laquelle contribuent à la contribution foncière les forêts ou bois des particuliers de même valeur que les forêts ou bois appartenant à l'État et qu'il s'agit d'imposer ; vous appliquerez alors la proportion à ces propriétés. Le directeur des contributions directes vous donnera d'utiles indications à cet égard, et vous devrez toujours vous concerter avec lui ; vous devrez également entendre les officiers supérieurs de l'administration forestière dans la localité.

» Vous rédigerez d'après ces bases et ces renseignements le rôle spécial que l'article 13 de la loi vous charge d'établir ; vous le rendrez exécutoire, et le remettrez au percepteur ; vous donnerez en même temps connaissance du montant de ce rôle, tant au directeur des domaines qu'au conservateur des forêts, afin que ces fonctionnaires puissent prendre les mesures nécessaires pour que la contribution demandée à l'État soit acquittée.

» Si la commune que la rédaction de ce rôle intéresse croit que les propriétés de l'État sont trop faiblement imposées comparativement aux propriétés privées ; si, au contraire, l'administration forestière croit qu'elle est lésée par le rôle que vous avez rédigé, le recours contre votre arrêté devra être porté devant moi, comme tous les recours contre les arrêtés de préfet, autres que ceux motivés sur l'incompétence. Je statuerai alors ce que de droit, d'après les renseignements que je recueillerai.

» Dans l'exécution des dispositions de l'article qui nous occupe, monsieur le préfet, ne perdez pas de vue qu'il ne s'agit plus, comme sous l'empire de l'article 8 de la loi du 28 juillet 1824, d'imposer à l'État une quote-part proportionnée aux travaux que font les communes sur les chemins vicinaux, mode de concours qui était la principale cause des nombreuses contestations auxquelles cet article de la loi de 1824 a donné lieu. Il s'agit aujourd'hui uniquement d'imposer les propriétés de l'État dans les mêmes proportions que les propriétés privées, et sans aucune relation avec les travaux à effectuer. Ainsi donc, dans les conférences que vous aurez avec les agents supérieurs des administrations financières pour l'exécution de l'article 13 de la loi du 21 mai 1836, il est évident que ces fonctionnaires n'auront pas à s'enquérir de la quantité ni de l'espèce des travaux à faire sur les chemins, ni du mode d'exécution des travaux. Leur mission près de vous se borne à reconnaître la légalité du vote d'un certain nombre de centimes par le conseil municipal, en vertu de l'article 2 de la loi, et à vous fournir les bases d'après lesquelles les propriétés de l'État doivent être frappées d'une contribution équivalente à celle assise sur les propriétés privées.

» Il est incontestable toutefois que l'État, imposé comme intéressé au bon état des chemins, a bien le droit de demander que les contributions qu'il paye soient réellement appliquées à la réparation des chemins; son droit, à cet égard, est le même que celui de tout particulier. Il est évident, en effet, que si, en exécution de l'article 2 de la loi, un conseil municipal votait une contribution spéciale de cinq centimes pour la réparation des chemins, et qu'ensuite l'autorité locale employât le produit de cette contribution à d'autres dépenses communales, il est évident, dis-je, que chacun des propriétaires qui aurait contribué aurait le droit de se plaindre de ce qui serait un véritable détournement de deniers. Le droit de l'État est ici le même, et il n'est pas autre ni dans son étendue ni dans ses moyens d'action. Il est de votre devoir, monsieur le préfet, de veiller à ce que les centimes communaux votés pour les chemins vicinaux, de même que la contribution demandée à l'État, reçoivent réellement et effectivement la destination qu'ils doivent avoir; mais c'est à vous seul qu'appartient le droit d'exercer ce contrôle. Nul particulier ne pourrait, sous prétexte qu'il a payé une portion des centimes votés, venir demander à la commune ou à vous la justification de leur emploi; les agents supérieurs des administrations financières sentiront également qu'ils ne peuvent ici que s'en rapporter à la surveillance active et éclairée de l'administrateur du département.

» J'ai peu de choses à vous dire relativement à la contribution à demander aux propriétés de la couronne. Déjà, aux termes de l'article 13 de la loi du 2 mars 1832, « ces propriétés doivent être portées sur » les rôles pour le revenu estimatif de la même manière » que les propriétés privées. » Pour régler le contingent à leur demander en vertu de l'article 13 de la loi du 21 mai 1836, le directeur des contributions directes n'aura donc qu'à faire au revenu estimatif des propriétés de la couronne l'application du vote du conseil municipal émis en vertu de l'article 2.

» Je dois, en terminant, appeler votre attention, monsieur le préfet, sur un point qui se rattache à l'article 8 de la loi du 21 mai 1836.

» Aux termes du paragraphe 4 de cet article, les communes appelées à concourir à la dépense d'une ligne vicinale peuvent acquitter leur quote-part au moyen d'une portion des centimes qu'elles auront votés en vertu de l'article 2. La contribution proportionnelle demandée aux propriétés de l'État et de la couronne en vertu de l'article 13 fait évidemment partie des centimes communaux. Pour la contribution des propriétés de la couronne, cette analogie est incontestable, puisque cette contribution se perçoit sur les mêmes bases, et s'il a fallu recourir à un mode d'assiette différent pour les propriétés de l'État, c'est uniquement parce que ces propriétés ne sont pas comprises sur les matrices de la contribution foncière.

» Toutes les fois donc qu'en exécution de l'article 8 vous aurez fixé la quotité de centimes que devra verser une commune pour la dépense de la ligne vicinale dont elle dépend, si des propriétés de l'État ou de la couronne sont imposées dans cette commune, en vertu de l'article 13, vous aurez soin qu'il soit versé, au profit de la ligne vicinale, une quotité de cette contribution, proportionnelle au nombre de centimes que doit verser la commune elle-même. Cette disposition est une équitable interprétation des articles 8 et 13 combinés. En effet, l'État et la couronne, considérés comme propriétaires, ont un aussi grand intérêt au bon état des chemins vicinaux de grande communication qu'au bon état des chemins vicinaux laissés à la charge des communes. Il serait donc tout à fait injuste, et l'État et la couronne auraient droit de s'en plaindre, que les contributions qui leur sont demandées en vertu de l'article 13 fussent appliquées à la réparation des chemins vicinaux seulement, au préjudice des chemins vicinaux de grande communication.

» Il ne vous échappera pas non plus, monsieur le préfet, que les contributions à fournir par les propriétés de l'État et de la couronne ne doivent pas être assises seulement en vue des centimes spéciaux votés par les conseils municipaux en vertu de l'article 2. Lorsqu'un conseil général votera des centimes spéciaux en vertu du second paragraphe de l'article 8, ces centimes devront, comme les centimes communaux, atteindre les propriétés de l'État et de la couronne : c'est ce qui résulte évidemment de l'obligation imposée à ces propriétés de contribuer aux travaux des chemins vicinaux dans les mêmes proportions que les propriétés privées.

« Art. 14. Toutes les fois qu'un chemin entretenu à
» l'état de viabilité par une commune sera habituelle-
» ment ou temporairement dégradé par des exploitations
» de mines, de carrières, de forêts ou de toute entre-
» prise industrielle appartenant à des particuliers, à des
» établissements publics, à la couronne ou à l'État, il

» pourra y avoir lieu à imposer aux entrepreneurs ou
» propriétaires, suivant que l'exploitation ou les trans-
» ports auront lieu pour les uns ou pour les autres, des
» subventions spéciales, dont la quotité sera proportion-
» née à la dégradation extraordinaire qui devra être attri-
» buée aux exploitations.

» Ces subventions pourront, au choix des subvention-
» naires, être acquittées en argent ou en prestations en
» nature, et seront exclusivement affectées à ceux des
» chemins qui y auront donné lieu.

» Elles seront réglées annuellement sur la demande
» des communes, par les conseils de préfecture, après des
» expertises contradictoires, et recouvrées comme en
» matière de contributions directes.

» Les experts seront nommés suivant le mode déter-
» miné par l'article 17 ci-après.

» Ces subventions pourront aussi être déterminées par
» abonnement; elles seront réglées dans ce cas par le
» préfet en conseil de préfecture. »

» L'application des dispositions de cet article, monsieur le préfet, est en grande partie en dehors de vos attributions comme administrateur, et elle rentre dans la
compétence du conseil de préfecture; c'est donc en votre
qualité de président de ce tribunal administratif que je
vais vous adresser les explications que l'article me paraît exiger; vous les reporterez au conseil de préfecture,
le cas échéant.

» Déjà la loi du 28 juillet 1824 contenait, article 17,
des dispositions analogues à celles dont nous avons à
nous occuper, mais leur rédaction trop peu précise, sans
doute, avait fait naître des contestations tellement nombreuses, qu'il a été reconnu nécessaire de réviser cette
rédaction. Les modifications qu'elle a reçues ont pour
but d'assurer aux communes les indemnités auxquelles
elles peuvent avoir légitimement droit, mais en même
temps d'empêcher que les propriétaires ou exploitants

d'usines, de carrières, de forêts, ne soient exposés à des demandes exagérées de la part des communes. C'est cette double considération que vous devez toujours avoir en vue, et comme du reste le principe de l'article 7 de la loi du 28 juillet 1824 a été conservé dans l'article 14 de la loi du 21 mai 1836, vous trouverez, dans de nombreuses ordonnances royales rendues en matière contentieuse, des règles précises pour les cas qui ont été le plus controversés.

» Le premier paragraphe de cet article contient l'énumération de toutes les conditions qui peuvent créer des droits aux communes, et des obligations aux propriétaires ou exploitants. Bien que ces conditions soient pressées en un petit nombre de lignes, vous les saisirez toutes de la manière la plus nette, si vous suivez la rédaction de l'article pas à pas, en pesant le véritable sens de chacun des mots employés par le législateur.

» La première condition exigée par la loi, pour qu'une commune ait droit de prétendre à une indemnité pour raison de la dégradation extraordinaire d'un chemin vicinal, c'est que ce chemin soit entretenu par la commune à l'état de viabilité. Cette condition, omise dans l'article 7 de la loi du 28 juillet 1824, est basée sur la plus rigoureuse équité; il serait en effet souverainement injuste qu'une commune qui a depuis longtemps négligé de réparer un chemin, et l'a laissé tomber dans un état complet de dégradation, il serait injuste, dis-je, que cette commune vînt exiger que ce chemin fût réparé par un propriétaire ou exploitant d'usine, par ce seul motif qu'il est dans la nécessité de se servir de ce chemin.

» Pour que la commune ait droit à indemnité, il faut donc que le chemin soit entretenu à l'état de viabilité, et dès lors il y a nécessité pour la commune de faire avant tout reconnaître et constater l'état de viabilité du chemin. Cette reconnaissance doit être faite contradictoirement entre les parties intéressées, elle doit être faite avant le commencement de l'exploitation, s'il s'agit d'une exploitation temporaire ; elle doit être faite au commencement de chaque année s'il s'agit d'une exploitation permanente. A cet effet, le maire de la commune devra inviter par écrit le propriétaire ou l'exploitant, selon le cas, à se rendre tel jour sur tel chemin, pour, contradictoirement avec lui, maire, reconnaître l'état de viabilité de ce chemin. L'invitation du maire devra être portée par le garde champêtre, qui en tirera reçu ou dressera procès-verbal de la remise. S'il s'agit de l'exploitaiton d'une forêt appartenant à l'État ou à la couronne, l'invitation du maire devra être adressée à l'agent forestier local, qui en référera à son chef immédiat, s'il y a lieu.

» Le maire et l'autre partie intéressée étant rendus sur les lieux, l'état du chemin sera reconnu, et si les parties sont d'accord, il en sera dressé un procès-verbal en double, lequel sera dûment signé. Cet acte sera la base des droits de la commune pour le règlement ultérieur des indemnités qu'elle pourra réclamer.

» Si, dans cette visite des lieux ainsi faite à l'amiable, on ne peut tomber d'accord sur l'état de viabilité du chemin, ou bien si la partie intéressée, dûment convoquée par le maire, ainsi qu'il a été dit plus haut, ne se rend pas à son invitation, il y aura alors nécessité de faire constater l'état du chemin au moyen d'une expertise faite dans toutes les formes légales. A cet effet, le maire rendra compte au sous-préfet du non succès de ses premières démarches ; le sous-préfet nommera un expert, aux termes de l'article 17 ; il invitera le propriétaire ou l'exploitant ou l'officier forestier local, selon le cas, à nommer son expert, et il sera procédé par les deux experts à la reconnaissance contradictoire de l'état des lieux. En cas de discord entre les experts, il vous en serait référé, et vous provoqueriez, près du conseil de préfecture, la nomination d'un tiers expert. Il faut aussi prévoir le cas où la partie intéressée refuserait ou négligerait d'obtempérer à l'invitation du sous-préfet de nommer son expert. Comme alors l'opération se trouverait arrêtée, ce que la loi ne peut vouloir, il y aurait lieu, par le sous-préfet, de nommer le second expert, après que le refus ou la négligence aurait été constaté.

» Dans tous les cas, le rapport des experts établirait légalement l'état du chemin, et servirait de titre à la commune pour le règlement de l'indemnité qu'elle réclamera.

» Il est inutile, sans doute, de dire qu'un chemin qui n'aurait pas été légalement déclaré vicinal, ne donnerait pas ouverture à une demande en indemnité.

» Après avoir tracé la marche à suivre pour faire constater l'état de viabilité du chemin, nous avons à expliquer la distinction faite par la loi entre les dégradations habituelles et les dégradations temporaires.

» Il y a dégradation habituelle, lorsqu'il s'agit d'une exploitation de mines, de carrières, de forêts, ou de toute entreprise industrielle qui continue pendant toute l'année ou pendant la plus grande partie de l'année, par le même chemin.

» Il y a dégradation temporaire, lorsque l'exploitation de mines, de carrières, de forêts ou d'entreprise industrielle, ne continue pas toute l'année, ou la plus grande partie de l'année, mais se fait seulement temporairement.

» Si, se continuant toute l'année, l'exploitation empruntait successivement plusieurs chemins, il y aurait lieu de la considérer comme temporaire à l'égard de chacun des chemins dont elle se sert.

» Nous avons ensuite à considérer quelles sont les exploitations qui peuvent être tenues à indemnités. Ce sont les exploitations de mines, de carrières, de forêts ou de toute entreprise industrielle, que les unes ou les autres appartiennent à des particuliers, à des établissements publics, à la couronne ou à l'État. Les exploitations agricoles ne sont pas comprises dans cette catégorie ; ainsi un domaine, une ferme, quelque vastes que soient ses moyens de culture, ne peut être assujettie à une indemnité extraordinaire pour dégradation de chemins ; le législateur a considéré que l'exploitation agricole avait acquitté sa dette par la prestation en nature, qui n'atteint pas la plupart des autres exploitations.

» Mais les exploitations énumérées plus haut peuvent être régies par leurs propriétaires eux-mêmes ; elles peuvent être régies par des entrepreneurs ou fermiers. Il y a lieu dès lors de distinguer contre qui la commune doit diriger sa demande.

» Dans l'article 7 de la loi du 28 juillet 1824 se trouvaient également les mots les *entrepreneurs ou propriétaires*, mais sans que rien vînt préciser l'application à en faire ; il s'ensuivait que d'un côté les communes croyaient pouvoir, à leur choix, actionner les propriétaires ou les entrepreneurs ; d'un autre côté, les entrepreneurs et les propriétaires se rejetaient fréquemment l'un à l'autre l'obligation de réparer le chemin, et les droits de la commune en souffraient. Toute incertitude doit cesser par la rédaction précise de l'article 4 de la loi.

» Si l'exploitation ou les transports se font pour le compte du propriétaire, c'est au propriétaire que la commune doit s'adresser ; c'est le propriétaire qui doit être nominativement appelé à indemniser la commune s'il y a lieu.

» Si l'exploitation ou les transports ne se font pas pour le compte du propriétaire, si la mine ou l'entreprise industrielle est louée à un fermier, si la carrière est exploitée par un entrepreneur permanent, si la forêt est louée par bail, alors ce n'est plus au propriétaire que la commune doit s'adresser, c'est à celui qui exerce les droits du propriétaire d'une manière permanente. Dans ces différents cas donc, c'est aux fermiers ou entrepreneurs pour le compte desquels se font l'exploitation ou les transports que la commune doit adresser sa demande; ce seront ceux-là qui devront être nominativement appelés à indemniser la commune s'il y a lieu.

» Vous comprendrez cependant, monsieur le préfet, que toutes les fois qu'une mine ou une carrière, sans être exploitée directement par son propriétaire, est livrée à l'exploitation d'un grand nombre d'individus qui viennent y prendre successivement un certain nombre de voitures de minerai ou de mètres cubes de pierre, vous comprendrez, dis-je, que ce ne sont pas là des entrepreneurs auxquels la commune puisse être tenue de s'adresser. Dans ce cas, il n'y a évidemment pas exploitation régulière comme l'entend la loi, il y a vente par le propriétaire d'une denrée qu'il permet d'enlever, mais c'est pour lui, à son profit et pour son compte, que se font les transports. Je ne doute pas que ce ne soit ainsi que l'entendra le conseil de préfecture, le cas échéant.

» De même, lorsqu'une forêt, quel qu'en soit le propriétaire, est exploitée par voie d'adjudication, les adjudicataires des lots ne peuvent être assimilés à des entrepreneurs. Ils ne portent nulle part le nom d'entrepreneurs, mais bien celui d'adjudicataires. Vouloir que la commune s'adresse à eux au lieu de s'adresser au propriétaire de la forêt, ce serait exposer souvent la commune à perdre l'indemnité à laquelle elle a droit; ce serait au moins l'obliger à des démarches longues et difficiles, car les adjudications peuvent se faire par lots très-nombreux, et les adjudicataires peuvent souvent résider dans des communes très-éloignées.

» Cette interprétation n'est au surplus que l'application de ce principe de droit commun qui ne permet pas qu'on contraigne un créancier à souffrir, contre son gré, la substitution de son débiteur, et ici le débiteur naturel de la commune, c'est le propriétaire de la forêt et non les adjudicataires des lots. C'est ainsi que l'ont décidé des ordonnances royales rendues récemment en matière contentieuse ; la dernière est du 8 janvier 1836. « En ce » qui touche (disent ces ordonnances), la question de » savoir si c'est à l'administration des forêts ou aux adju- » dicataires des coupes de bois que la commune de...... » doit demander l'exécution de l'arrêté du conseil de » préfecture ; considérant que le droit ouvert aux com- » munes par l'article 7 de la loi du 28 juillet 1824 doit » être exercé par elles contre les propriétaires de forêts » dont l'exploitation dégrade les chemins vicinaux, sauf, » s'il y a lieu, le recours de ces propriétaires contre les » adjudicataires de ces coupes de bois, et qu'ainsi c'est » avec raison que la commune de...... s'est adressée à » l'administration des forêts pour demander l'exécution » de l'arrêté du conseil de préfecture. »

» Le point litigieux est ici clairement résolu, la diffi- culté roulait sur la question de savoir si les *adjudica- taires des coupes* de bois sont des *entrepreneurs*, dans la signification que donnait à ce mot l'article 7 de la loi du 24 juillet 1824. Or, ce même mot d'*entrepreneur* a été conservé dans l'article 14 de la loi du 21 mai 1836, et on n'y a pas ajouté celui d'*adjudicataires ;* il n'est donc pas douteux que si de semblables contestations s'éle- vaient de l'application de la loi nouvelle, les conseils de préfecture, et, en cas de pourvoi, le conseil d'état, prononceraient dans le même sens que les ordonnances royales que je viens de citer.

» Après avoir clairement établi à qui, du propriétaire ou de l'exploitant, la commune doit s'adresser dans les différents cas, voyons ce qu'elle a droit d'obtenir.

» Il pourra, dit la loi, y avoir lieu d'imposer des *sub- ventions spéciales, dont la quotité sera proportionnée à la dégradation extraordinaire qui devra être attribuée aux exploitations.*

» Fixons bien d'abord le sens des mots de *dégradation extraordinaire* dont se sert ici la loi, et pour cela n'oublions pas qu'il est en corrélation nécessaire avec ceux de *dégradation habituelle ou temporaire* employés au commencement de l'article. Un propriétaire ou exploitant d'usine, par exemple, ne pourrait donc pas prétendre qu'il n'y a pas de son fait *dégradation extraordinaire*, parce que son exploitation n'aurait pas dégradé le chemin en 1836 plus qu'elle ne l'avait dégradé en 1835, et qu'ainsi les dégradations qu'il y cause chaque année sont des dégradations ordinaires et non pas extraordinaires. Cette prétention serait facile à repousser, par ce seul fait que l'article 14 de la loi commence par reconnaître des *dégradations habituelles*, c'est-à-dire de celles qui se font chaque année et dans le cours de l'année. La dégradation est donc toujours extraordinaire, comme l'entend la loi, lorsqu'elle est occasionnée par des exploitations de mines, de carrières, de forêts ou d'entreprises industrielles; elle est extraordinaire en ce sens que les transports auxquels donne lieu l'exploitation dégradent le chemin dans une proportion beaucoup plus forte que l'usage qu'en font les habitants de la commune.

» Ce fait de dégradation extraordinaire ainsi établi, nous voyons que la loi permet d'imposer, comme indemnité, des subventions spéciales et proportionnées au dommage. Il importe, monsieur le préfet, que cette proportion soit équitablement établie. Il est juste que la commune trouve dans la subvention à imposer dans ce cas une indemnité des dépenses extraordinaires qu'elle peut avoir à faire pour la réparation du chemin emprunté pour l'exploitation; mais il est juste aussi de ne mettre à la charge de l'exploitation que cette partie de la dégradation qui doit lui être attribuée, qui est de son fait propre, et non pas cette dégradation générale à laquelle contribue aussi l'usage que le reste de la commune fait de ce même chemin. Je comprends que cette appréciation sera quelquefois difficile à faire d'une manière rigoureuse; mais il s'agit d'une opération d'équité, et la forme des expertises était la seule qui pût y être appliquée. Le bon choix des experts contribuera éminemment à prévenir toute contestation.

» Avant d'aller plus loin, je dois, monsieur le préfet, appeler votre attention sur un point qui a été fort controversé, récemment encore, et qui se rattache aux obligations que la loi impose aux propriétaires ou exploitants. Il s'agit de savoir si une exploitation ne peut être tenue à subvention qu'envers la commune sur laquelle elle est située, ou si elle peut y être tenue envers toutes les communes dont elle emprunte, et par conséquent dont elle dégrade les chemins. On a dit pour les exploitants qu'ils seraient grevés de charges intolérables s'ils pouvaient être astreints à des subventions à l'égard de six, huit, dix communes dont ils empruntent successivement les chemins. On a dit pour les communes qu'elles ne peuvent être privées du droit de demander la réparation d'un dommage, par ce seul fait que celui qui le cause est établi dans une autre commune.

» Ces contestations ne seraient pas élevées, je crois, si de part et d'autre on n'avait poussé les prétentions à l'extrême, et si surtout on s'était attaché à l'esprit et à la lettre de la loi.

» Dès que la loi a reconnu en principe qu'une indemnité était due pour les dégradations causées aux chemins vicinaux par telle et telle nature d'exploitation, la loi a dû entendre que cette indemnité était due, en quelque lieu que fût le siège de l'exploitation. On sait, en effet, qu'il est telle exploitation qui, placée sur un point extrême du territoire d'une commune, dégrade fort peu les chemins de cette commune; et dégrade beaucoup, au contraire, les chemins d'une ou deux communes voisines qu'elle est obligée d'emprunter, pour arriver, soit à une route royale, soit à une rivière navigable ou flottable. Qu'importe à une de ces communes que l'exploitation qui dégrade son chemin soit située ici ou là? Le fait de la dégradation existe-t-il? Est-il occasionné par une des exploitations désignées dans la loi? Dans ce cas il y a évidemment ouverture à une indemnité, bien que l'exploitation ne soit pas située sur le territoire de la commune qui réclame. Si telle n'avait pas été l'intention du législateur, il aurait formellement restreint le droit à la commune sur le territoire de laquelle l'exploitation est située.

» Cette interprétation, monsieur le préfet, a été formellement consacrée par plusieurs ordonnances royales rendues en matière contentieuse, notamment celles des 8 janvier et 23 avril 1836. La première est relative à l'exploitation d'une forêt royale, la seconde à l'exploitation d'un four à chaux. Dans les deux cas, des communes autres que celles de la situation des forêts ou de l'usine réclamaient indemnité, et la demande avait été admise par le conseil de préfecture. Il y a eu pourvoi au conseil d'état, et la décision fut maintenue, par le motif, disent les ordonnances, que l'article 7 de la loi du 28 juillet 1824 n'a pas restreint l'obligation aux propriétaires de forêts ou d'entreprises situées dans le territoire des communes où se trouvent ces chemins.

» Il résulte donc évidemment de ces dispositions, monsieur le préfet, que le droit des communes à une indemnité pour dégradation extraordinaire n'est pas restreint aux exploitations situées sur leur territoire; mais il est certain aussi qu'il y aurait extension excessive du principe de la loi, qu'il y aurait abus à prétendre suivre les exploitations dans toute l'étendue de la ligne que parcourent leurs transports. A mesure que ces transports s'éloignent du siège de l'exploitation, ils occasionnent des dégradations dont la proportion est toujours décroissante, comparée aux autres causes de dégradation, et bientôt elles seraient impossibles à apprécier. C'est ce que les conseils de préfecture ne perdront sans doute pas de vue, toutes les fois qu'ils auront à prononcer sur des demandes d'indemnité formées par des communes, contre des exploitations dont le siège est dans une commune éloignée. Je le répète, c'est ici une question d'équité, plus encore que de droit rigoureux.

» Voyons maintenant par quelle autorité et comment sont fixées les subventions à imposer aux exploitations pour les dégradations qu'elles causent aux chemins dont elles se servent.

» Ces subventions, dit l'article dont nous nous occupons, seront réglées par les conseils de préfecture ; elles seront réglées après des expertises contradictoires, les experts seront nommés dans la forme prescrite par l'article 17, c'est-à-dire l'un par le sous-préfet, l'autre par le propriétaire ou l'exploitant, selon les cas, et le tiers expert par le conseil de préfecture, s'il y a nécessité.

» Je vous ai dit plus haut que l'état de viabilité du chemin devait, pour donner ouverture à la demande d'indemnité, être constaté par une reconnaissance faite à l'amiable, ou, en cas de difficultés, par une expertise contradictoire. Le procès-verbal de cette première opération sera la base qui devra servir aux experts qui auront à établir l'appréciation de la dégradation qu'il est juste d'attribuer à l'exploitation. L'expertise dont il s'agit ici doit se faire à la fin de l'exploitation, si cette exploitation est temporaire ; elle doit se faire à la fin de l'année, si cette exploitation est habituelle. Comme en toute autre matière, d'ailleurs, les rapports des experts ne lient pas les conseils de préfecture ; ils y trouveront d'utiles indications, mais ils ne seront pas tenus de les suivre.

» Ne perdez pas de vue que les subventions dont il s'agit doivent être réglées *annuellement*. Dans le silence que gardait sur ce point l'article 7 de la loi du 28 juillet 1824, quelques conseils de préfecture avaient cru pouvoir décider que telle exploitation contribuerait *chaque année* dans telle proportion à la réparation d'un chemin. C'était une erreur. Il s'agit ici, en effet, de dégradations dont l'importance peut varier selon le plus ou le moins d'activité de l'exploitation ; ces décisions ont été réformées par le conseil d'état. Toute incertitude cesse au surplus devant la prescription formelle de l'article 14 de la loi nouvelle.

» C'est sur la demande des communes que doit être commencée l'instruction nécessaire à la fixation des subventions. Elles sont en effet la partie la plus diligente, et leur silence serait la preuve qu'elles ne croiraient pas avoir de droits à exercer. Toutefois, lorsqu'il s'agira de dégradations commises sur un chemin vicinal de grande communication, c'est vous, monsieur le préfet, qui devrez former la demande en indemnité. Ces chemins sont placés par l'article 9 de la loi sous votre autorité immédiate. Les maires n'auraient donc plus ni le même intérêt, ni peut-être qualité pour agir à l'égard de ces chemins. Vous devrez donc agir directement et provoquer les expertises nécessaires ; seulement, comme vous serez alors demandeur, et en apparence au moins partie intéressée, vous ferez bien de vous abstenir de prendre part aux délibérations du conseil de préfecture.

» Le recouvrement des subventions doit, aux termes de la loi, avoir lieu comme en matière de contributions directes. Cette forme vous est trop familière pour que j'aie rien à vous dire à cet égard. Une copie de la décision du conseil de préfecture devra donc être remise au percepteur, pour servir de titre à ses poursuites. Si la subvention concerne une forêt royale, vous adresserez également une copie de la décision au conservateur des forêts, pour qu'il avise aux mesures à prendre ; vous agiriez d'une manière analogue s'il s'agissait d'une forêt dépendant du domaine de la couronne ou appartenant à des établissements publics.

» La subvention étant réglée par l'arrêté du conseil de préfecture, les subventionnaires ont le droit, aux termes du second paragraphe de l'article 14, de l'acquitter en argent ou en prestations en nature, à leur choix. Cette option doit nécessairement être faite dans un délai qui permette à la commune de connaître promptement la nature des ressources dont elle aura à disposer pour la réparation de ses chemins. Ce délai me paraît pouvoir être convenablement fixé à quinze jours : en conséquence, la notification de la décision du conseil de préfecture, qui sera faite à la diligence du maire ou à la vôtre, selon le cas, devra contenir invitation au subventionnaire de déclarer son option dans ce délai ; s'il s'écoule sans que l'option soit déclarée, la subvention sera de droit exigible en argent, par application du principe posé dans le second paragraphe de l'article 4 de la loi.

» Si le subventionnaire déclare vouloir s'acquitter en argent, la subvention sera versée dans la caisse communale si elle s'applique à un chemin vicinal ; elle sera versée dans la caisse du receveur général s'il s'agit d'un chemin vicinal de grande communication, et elle augmentera le crédit spécial de cette ligne.

» Si le subventionnaire déclare vouloir s'acquitter en prestations en nature, il se trouvera, de droit, soumis au règlement adopté dans la commune pour les travaux de prestations en nature. La subvention, qui ne peut être fixée qu'en argent par le conseil de préfecture, sera convertie en journées de différentes espèces, d'après le tarif de conversion arrêté pour la commune, par le conseil général, en exécution de l'article 4 de la loi. Le subventionnaire devra faire effectuer ses travaux par

des hommes valides qui devront travailler sous l'inspec-
tion de l'autorité locale, comme les prestataires de la
commune, et aux époques qui seront indiquées par
cette autorité. Des quittances régulières seront données
au fur et à mesure de l'emploi des journées, afin d'opérer
la libération régulière du subventionnaire. Si le système
des tâches était appliqué dans les communes, le subventionnaire qui aurait déclaré vouloir s'acquitter en prestations se trouverait naturellement obligé de remplir
des tâches. A cet effet, le montant de la subvention serait
traduit en tâches d'après le tarif adopté pour la commune.
Enfin le subventionnaire deviendrait un prestataire, et
il serait agi en tout à son égard comme à l'égard de
ceux-ci.

» La disposition qui termine le second paragraphe de
l'article 14 est d'une haute importance ; elle avait été
omise dans la rédaction de l'article 7 de la loi du 28 juillet 1824, et il en était né de fréquentes contestations.
Cette disposition veut que les subventions réglées comme
il est dit ci-dessus *soient exclusivement affectées à ceux
des chemins qui y auront donné lieu.* Vous comprenez,
monsieur le préfet, combien cette condition est conforme
à la plus rigoureuse équité. Il serait souverainement injuste, en effet, qu'une commune obtînt une subvention
en vue des dégradations faites sur un chemin, et qu'ensuite elle employât cette subvention à réparer des chemins autres que ceux que fréquente l'exploitation. L'o-
bligation imposée à cet égard par la loi est tellement
formelle, qu'il y aurait véritablement détournement de
deniers si on s'en écartait. Toutes les fois donc qu'une
subvention sera réglée par le conseil de préfecture,
votre surveillance toute particulière devra se porter sur
l'entière exécution de cette disposition de l'article 14.

» Je viens de vous tracer toutes les formalités à suivre
pour arriver au règlement des subventions spéciales qui
peuvent être imposées en vertu de l'article 14 ; elles sont

faciles à accomplir, mais elles sont multipliées et entraîneront des longueurs et quelques frais.

» Le dernier paragraphe de l'article 14 offre un moyen d'éviter toutes ces formalités : c'est la voie d'un abonnement à faire entre les communes et les propriétaires ou exploitants. Ces abonnements seront réglés, non plus par le conseil de préfecture, mais par le préfet en conseil de préfecture. Cette différence de juridiction est parfaitement rationnelle, car ici il n'y a plus matière contentieuse ; il n'y a plus qu'un acte d'administration, la sanction d'une convention entre parties intéressées.

» La loi ne règle pas avec détail d'après quelles formalités vous aurez à statuer, mais vous comprendrez facilement que ce ne sera qu'après avoir entendu les parties intéressées, c'est-à-dire le conseil municipal de la commune d'une part, et de l'autre le propriétaire ou l'exploitant, selon le cas. Il est bien clair que si l'une des deux parties, et à plus forte raison toutes les deux, se refusaient à consentir à un abonnement, vous ne pourriez les y contraindre. En effet, le mot *abonnement* emporte nécessairement l'idée d'une convention amiable entre les parties, convention que vous êtes seulement appelé à homologuer pour lui donner force exécutoire, comme en matière de contributions directes. A défaut de cet accord, il y aurait lieu à faire régler la subvention par le conseil de préfecture, comme il a été dit plus haut.

» Vous comprendrez facilement, monsieur le préfet, tout ce qu'il y aurait d'avantageux à tous égards, pour les communes ainsi que pour les subventionnaires, à ce que le système des abonnements s'adoptât généralement. Je vous engage donc à user à cet égard de toute votre influence. Il est entendu, du reste, que le montant de l'abonnement, comme de la subvention qu'il remplace, doit toujours être employé sur le chemin qui y a donné lieu.

« ART. 15. Les arrêtés du préfet, portant reconnais-
» sance et fixation de la largeur d'un chemin vicinal
» attribuent définitivement au chemin le sol compris
» dans les limites qu'ils déterminent.

» Le droit des propriétaires riverains se résout en
» une indemité qui sera réglée à l'amiable ; ou par le
» juge de paix du canton, sur le rapport d'experts
» nommés conformément à l'article 17. »

» Les articles de la loi du 21 mai 1836 que nous
avons exminés jusqu'à présent, monsieur le préfet,
avaient principalement pour objet de régler tout ce
qui a rapport aux moyens de réparation et d'entretien
des chemins vicinaux considérés comme existants. Dans
cette partie de la loi, les droits et les devoirs de l'administration publique et les obligations des administra-
trés ont été fixés de la manière la plus précise.

» Les articles de la loi dont nous allons avoir à nous
occuper ont pour objet de régler les droits de l'administration et les obligations des administrés dans tout
ce qui a rapport à l'existence légale des chemins, c'est-
à-dire l'effet des déclarations de vicinalité sur les propriétés que ces déclarations affectent, et les formes à
suivre pour assurer au chemin le sol qui lui est nécessaire.

» L'article 15 est spécialement applicable aux chemins existants, dont vous avez à déclarer la vicinalité
et à fixer la largeur.

» Vous vous rappelez, monsieur le préfet, les dispositions de la loi du 9 ventôse an XIII. Dès cette
époque, le législateur avait senti la nécessité de faire
rechercher les anciennes limites des chemins vicinaux,
c'est-à-dire d'autoriser l'administration à reprendre le
sol qui appartenait aux chemins. Le législateur avait
encore reconnu qu'il pouvait souvent être nécessaire
d'augmenter la largeur des chemins existants. L'administration reçut donc le droit d'augmenter au besoin

la largeur des chemins jusqu'au maximum de six mètres. De cette faculté il résultait, implicitement sans doute, mais il en résultait bien évidemment que, dès que l'autorité compétente avait déclaré la nécessité de porter un chemin au-delà des ces limites, le sol qui se trouvait compris dans les limites nouvellement tracées était, de droit, incorporé au chemin, sauf une indemnité, si elle était exigée par le propriétaire.

» Cette jurisprudence, quoique fondée sur une interprétation toute rationnelle, fut pourtant lente à s'établir. Il resta longtemps des doutes, surtout pour un cas que la loi du 9 ventôse XIII semblait n'avoir pas eu en vue ; c'était celui où il s'agissait de prendre, sur les propriétés riveraines, non plus seulement le terrain nécessaire à des élargissements, mais bien le sol même du chemin dans son intégrité, sol qui, par quelque circonstance, se trouvait être une propriété privée. Depuis surtout que le principe de la nécessité d'une indemnité *préalable* avait été posé dans notre loi fondamentale, on regardait comme difficile de s'en écarter, même dans un intérêt grave, celui de la liberté des communications. Pendant quelque temps on poussa même le respect pour ce principe jusqu'à surseoir aux déclarations de vicinalité, dans les cas où les droits de propriété étaient seulement contestés. Mais ce système était trop nuisible à l'intérêt public pour qu'il ne fût pas modifié, et, depuis quelques années, il a été admis comme jusirprudence, par l'autorité administrative et par l'autorité judiciaire, que la déclaration de vicinalité mettait le public en jouissance légale du chemin, sauf règlement ultérieur de l'indemnité, s'il y avait lieu.

» Ce principe est aujourd'hui formellement consacré par l'article dont nous nous occupons. En le rédigeant, le législateur a compris qu'il était impossible d'appliquer à ces dépossessions d'un intérêt souvent minime les longues formalité de la loi du 7 juillet 1833 : **voyons** donc quels droits sont aujourd'hui conférés à l'administration publique.

» Un chemin existe, en nature de chemin ; il est fréquenté par le public, soit en vertu d'un droit positif si le sol appartient à la commune, soit en vertu d'un long usage si le sol est la propriété d'un particulier ; le chemin n'avait pas été déclaré vicinal, mais vous jugez cette déclaration nécessaire, et je vous ai dit, à propos de l'article 1ᵉʳ, quels étaient les motifs et les considérations qui devaient vous guider à cet égard. Vous prenez alors, après les formalités préalables voulues, un arrêté portant que tel chemin, allant de..........
à......... et ayant une largeur de........ mètres, fait partie des chemins vicinaux de la commune de.......
Dès cet instant, le public est en jouissance légale du chemin. Il reste sans doute à régler la question de l'indemnité, s'il y a lieu d'en accorder, mais cette circonstance ne saurait suspendre la jouissance du public, et dès que votre arrêté est rendu et notifié, nul ne peut s'opposer à la libre circulation sur le chemin déclaré vicinal. Tout obstacle apporté à la circulation, toute barrière placée, tout fossé pratiqué à l'effet de l'empêcher, seraient une usurpation sur un chemin vicinal ; cette usurpation devrait être aussitôt constatée par procès-verbal, et poursuivie devant le conseil de préfecture.

» Ce que je viens de dire s'applique, et à bien plus forte raison, au cas où il s'agit seulement d'augmenter la largeur d'un chemin existant, soit que cette augmentation de largeur ait été stipulée dans l'arrêté même par lequel vous déclarez la vicinalité, soit que vous l'ordonniez par un arrêté subséquent. Dans ces deux cas, votre arrêté a pour effet d'attribuer définitivement au chemin le sol compris dans les nouvelles limites que vous avez fixées, sauf règlement ultérieur de l'indemnité. Dès la notification de votre arrêté, le maire est légalement autorisé à considérer comme faisant partie intégrante du chemin vicinal le sol qui y est incorporé par cet arrêté, et tout obstacle à la jouissance du terrain serait un cas d'usurpation qui devrait être poursuivi devant le conseil de préfecture.

» Alors donc que, sur l'avis du maire et du conseil municipal, vous aurez reconnu nécessaire d'élargir un chemin vicinal, vous prendrez un arrêté portant que tel chemin sera porté à..... mètres de largeur, et que le sol nécessaire à l'élargissement sera pris en tel endroit sur la rive droite, en tel endroit sur la rive gauche, en tel endroit sur les deux rives, suivant l'exigence des localités, et le plus ou moins d'avantages qui en résultera pour la bonne assiette du chemin.

» Remarquez, monsieur le préfet, que l'article 15 de la loi du 21 mai 1836 ne contient pas, relativement aux élargissements, la restriction portée dans l'article 6 de la loi du 9 ventôse an XIII. Vous n'êtes donc plus tenu de restreindre vos déclarations de largeur dans la limite de 6 mètres fixée par cette loi. L'intérêt d'une bonne viabilité sera désormais votre seule règle; mais en général, et à moins d'une nécessité bien constatée, vous ferez bien de n'attribuer aux simples chemins vicinaux qu'une largeur de 6 mètres, non compris les fossés lorsqu'il y aura lieu d'en établir. Cette largeur est presque toujours suffisante pour la circulation à laquelle ils sont habituellement soumis, et il importe de ne pas imposer à la propriété privée, riveraine des chemins vicinaux, des sacrifices qui n'auraient pas pour motif une évidente nécessité.

» Quant aux chemins vicinaux de grande communication, la largeur de 6 mètres serait souvent insuffisante; elle a été dépassée dans presque tous les départements où ces chemins ont été établis déjà, sous d'autres noms, et il me semble que la largeur de ces voies publiques sera convenablement fixée à 8 mètres, entre les fossés. Je vous engage à ne pas dépasser ces limites, afin de ne pas jeter les communes dans de trop grandes dépenses.

» Le second paragraphe de l'article 15 trace la marche à suivre pour arriver au règlement des indemnités qui pourraient être dues aux propriétaires.

» Lorsqu'il s'agira d'un simple élargissement, je ne mets pas en doute que le terrain sera toujours cédé gratuitement par le propriétaire riverain. Bien rarement voudra-t-il refuser le sacrifice de quelques pieds de terrain d'une mince valeur, en faveur de la famille communale dont il fait partie. Ce que je vous dis ici est le résultat de l'expérience, et il est des départements en grand nombre, où des lignes de chemins vicinaux de grande communication fort étendues ont reçu tous les élargissements nécessaires, sans que la moindre indemnité ait été exigée. Ce résultat est dû au bon esprit des administrés; il est dû surtout à l'influence de MM. les maires, dont le zèle et la coopération éclairée ont produit les plus heureux effets dans ces départements. Partout, j'en suis sûr, ils voudront appuyer vos efforts pour l'amélioration des communications vicinales. Je leur recommande particulièrement d'employer toute leur influence à obtenir du patriotisme de leurs administrés l'abandon gratuit des terrains nécessaires à l'élargissement des chemins. C'est dans un intérêt tout communal qu'ils agiront, puisque, comme je vous l'ai dit à l'occasion d'un autre article, les fonds départementaux ne devront jamais être employés en acquisitions de terrain.

» Il fallait pourtant prévoir le cas où un propriétaire laisserait prévaloir les considérations tirées de son intérêt privé, sur les motifs d'intérêt général qui lui commanderaient l'abandon de la valeur de quelques pieds de terrain; il fallait prévoir aussi le cas où le chemin que vous auriez déclaré vicinal occuperait en entier un sol appartenant à un particulier, sol dont la valeur serait alors trop considérable peut-être pour qu'on pût en espérer l'abandon.

» Dans l'un comme dans l'autre cas, une voie est d'abord ouverte : c'est le règlement de l'indemnité à l'amiable. Les conditions en seront débattues par le maire et le propriétaire intéressé ; s'il y a accord, elles seront soumises à la délibération du conseil municipal, et vous statuerez dans la forme voulue par l'article 10 de la loi du 28 juillet 1824, article que la loi nouvelle n'a pas abrogé. Vous remarquerez seulement qu'il n'y a plus lieu de faire procéder à l'enquête *de commodo et incommodo*, pour les acquisitions à faire en vertu de l'article 15 de la loi du 21 mai 1836, puisque vos arrêtés ont aujourd'hui pour effet d'attribuer définitivement au chemin le sol compris dans les limites par vous réglées. Par application du même principe, vous n'êtes plus restreint, pour ces acquisitions, ou pour parler plus exactement pour ces indemnités, dans la limite de la valeur de 3,000 francs fixée par la loi de 1824. Dès que la loi de 1836 a donné à vos arrêtés de reconnaissance et de fixation de largeur des chemins le droit d'incorporer au chemin le sol qui est nécessaire à la circulation, il faut que ces arrêtés soient exécutoires dans toute leur étendue.

» Si la voie du règlement de l'indemnité à l'amiable était sans succès, sur le compte que vous en rendrait le maire, vous provoqueriez la nomination d'expert dans la forme prévue par l'article 17, et vous inviteriez M. le juge de paix du canton à remplir les formalités que l'article 15 lui délègue. La décision de ce magistrat, sur le rapport des experts, servira de titre à la commune.

» Avant de terminer cet article, monsieur le préfet, je reviens encore sur un point qui se rattache au droit qui vous est conféré par le premier paragraphe de l'article 15, le droit de reconnaissance d'un chemin vicinal, et j'y reviens parce que l'exercice de ce droit est d'une haute importance.

» Je vous ai dit que, pour que vous puissiez déclarer un chemin *vicinal*, il fallait que ce chemin existât, et que le public en fût en jouissance, par droit ou par usage. S'il s'agissait au contraire d'une avenue, par exemple, qui aurait toujours été fermée de barrières, et dont le public n'aurait jamais joui ; s'il s'agissait d'un chemin pratiqué dans un terrain privé, pour le seul usage de son propriétaire et sans que le public ait jamais été admis à s'en servir ; alors, bien évidemment, il n'y aurait plus lieu à déclaration de vicinalité, car il n'existerait pas de chemin, comme l'entend la loi. Sans doute cette avenue, ce chemin particulier, ne pourrait prétendre à un privilège d'inviolabilité plus étendu que toute autre partie de la propriété privée ; sans doute si l'administration publique reconnaissait l'indispensable nécessité d'occuper cette avenue ou ce chemin pour en faire un chemin public, l'administration le pourrait, parce que l'intérêt général l'emporte sur toute autre considération ; mais ce ne serait plus par une simple déclaration de vicinalité qu'il y aurait alors lieu de procéder. Il s'agirait véritablement dans ce cas de l'ouverture d'un chemin nouveau, et il faudrait procéder, non plus conformément à l'article 15, mais conformément à l'article 16 de la loi. Il en résulterait quelques longueurs sans doute, mais le respect dû à la propriété le commande, et ici il n'est plus prédominé par l'urgence. Il peut y avoir, il y a en effet *urgence* à maintenir le public en jouissance d'une voie de communication dont il jouit déjà ; il ne peut y avoir *urgence* à mettre le public en possession d'une voie de communication qui ne lui a jamais été ouverte.

» Ne perdez jamais cette distinction de vue, monsieur le préfet ; plus le pouvoir confié à l'administration est étendu, plus l'administration doit se montrer sage et réservée dans l'exercice de ce pouvoir.

« Art. 16. Les travaux d'ouverture et de redresse-
» ment des chemins vicinaux seront autorisés par arrêté
» du préfet.

» Lorsque, pour l'exécution du présent article, il y
» aura lieu de recourir à l'expropriation, le jury spécial
» chargé de régler les indemnités ne sera composé que
» de quatre jurés. Le tribunal d'arrondissement, en
» prononçant l'expropriation, désignera, pour présider
» et diriger le jury, l'un de ses membres ou le juge de
» paix du canton. Ce magistrat aura voix délibérative
» en cas de partage.

» Le tribunal choisira, sur la liste générale prescrite
» par l'article 29 de la loi du 7 juillet 1833, quatre per-
» sonnes pour former le jury spécial, et trois jurés sup-
» plémentaires. L'administration et la partie intéressée
» auront respectivement le droit d'exercer une récusation
» péremptoire.

» Le juge recevra les acquiescements des parties.

» Son procès-verbal emportera translation définitive
» de propriété.

» Le recours en cassation, soit contre le jugement
» qui prononcera l'expropriation, soit contre la déclara-
» tion du jury qui réglera l'indemnité, n'aura lieu que
» dans les cas prévus et selon les formes déterminées par
» la loi du 7 juillet 1833. »

» Nous avons vu que l'article 15 ne s'est occupé que
des chemins existants. L'article 16 a pour objet les chemins à créer, c'est-à-dire l'ouverture d'un chemin qui
n'existe pas, et les redressements, qui ne sont autre
chose que l'ouverture sur une moindre étendue.

» Il est bien évident, monsieur le préfet, que l'article 16 de la loi du 21 mai 1836 ne peut jamais trouver son application relativement aux simples chemins
vicinaux : le nombre de ces chemins n'est, en général,
que trop considérable, et l'administration ferait une
chose préjudiciable aux communes et à l'agriculture si

elle autorisait l'ouverture de nouveaux chemins, sauf quelques cas tout à fait exceptionnels. Quant au redressement des chemins vicinaux, c'est une opération dont les autorités communales s'occupent rarement; et lorsque le besoin s'en fait sentir, il y est pourvu au moyen d'arrangements à l'amiable, le plus souvent par voie d'échanges.

» Ce ne sera donc que pour les chemins vicinaux de grande communication que l'article 16 trouvera quelques applications, et alors même ce ne sera jamais ou presque jamais pour le cas d'ouverture ou de création d'un chemin.

» En effet, les chemins de grande communication ne sont réellement que des chemins vicinaux dont le conseil général déclare l'importance, mais qui existent déjà, et qui doivent seulement être améliorés et mieux entretenus. Avec le nombre si considérable des chemins vicinaux existants, comme je le disais plus haut, j'aurais peine à concevoir que le conseil général regardant comme nécessaire de faciliter les communications entre un point et un autre, il n'existât pas déjà un chemin communiquant de l'un à l'autre, et qu'il suffirait de perfectionner.

» Les redressements seront une opération à laquelle il faudra plus fréquemment recourir, parce que souvent le chemin aura été tracé sur un mauvais sol, ou que les pentes en seront trop fortes; mais, dans ces différents cas, je ne doute pas que vous n'obteniez les terrains nécessaires, soit par voie de cession à l'amiable, soit par voie d'échange lorsque les circonstances le permettront. Vous mettrez en usage, pour obtenir ces transactions, et votre influence propre, et l'influence de MM. les maires. Ces fonctionnaires seront d'autant plus empressés à vous prêter leur concours, que le prix du terrain à acquérir ne devra dans aucun cas, ainsi que je vous l'ai dit plus haut, être payé sur les fonds départementaux. Toutes les économies qui pourront être obtenues sur cette partie des dépenses tourneront donc, en définitive, au profit des ressources communales.

» Si cependant il fallait renoncer à obtenir par arrangement à l'amiable les terrains qui seraient nécessaires, s'il fallait recourir à des formalités judiciaires, vous trouveriez ces formalités indiquées dans l'article 16 d'une manière si claire que toute incertitude vous sera impo sible.

» Le législateur a compris que pour les expropriations peu considérables qui seraient à faire en vue des chemins vicinaux, même de ceux de *grande communication*, il n'était pas indispensable d'exiger l'accomplissement de toutes les formalités tracées par la loi du 7 juillet 1833 en vue de travaux bien plus considérables. On a senti qu'en matière de vicinalité la lenteur des formes pouvait arrêter d'utiles entreprises. Le législateur a donc extrait de la loi du 7 juillet 1833 les seules dispositions qu'il lui a paru nécessaire de conserver pour régulariser les expropriations relatives aux chemins vicinaux, et l'article 16 de la loi du 21 mai 1836 présente l'ensemble complet de ces formalités.

» Un arrêté du préfet suffit pour autoriser les travaux d'ouverture et de redressement des chemins vicinaux; cet arrêté remplace la loi ou l'ordonnance royale exigée pour les grands travaux par l'article 1er de la loi de 1833, et il n'a besoin d'être précédé d'aucune enquête. L'existence du chemin, s'il s'agit d'un chemin existant et qui doive seulement être redressé; la délibération du conseil général portant classement du chemin, s'il s'agit d'un chemin à ouvrir : ce sont là des circonstances qui ont paru pouvoir dispenser de l'enquête préalable. Il faudra seulement que votre arrêté désigne non-seulement les localités ou territoires sur lesquels les travaux doivent avoir lieu, mais encore les propriétés particulières auxquelles l'expropriation est applicable

» Votre arrêté rendu, vous en adresserez expédition à M. le procureur du roi près le tribunal de première instance de l'arrondissement, en lui demandant de provoquer l'accomplissement des formalités voulues par l'article 16 de la loi du 21 mai 1836. Ces formalités sont purement du domaine de l'autorité judiciaire : je n'ai donc pas à vous en entretenir.

« Art. 17. Les extractions de matériaux, les dépôts » ou enlèvements de terre, les occupations temporaires » de terrains, seront autorisés par arrêté du préfet, lequel » désignera les lieux ; cet arrêté sera notifié aux parties » intéressées au moins dix jours avant que son exécution » puisse être commencée.

» Si l'indemnité ne peut être fixée à l'amiable, elle » sera réglée par le conseil de préfecture, sur le rapport » d'experts nommés, l'un par le sous-préfet, et l'autre par » le propriétaire.

» En cas de discord, le tiers-expert sera nommé par le » conseil de préfecture. »

» Ces dispositions, monsieur le préfet, ne sont que l'application aux travaux des chemins vicinaux des règles prescrites dans les cas analogues pour les travaux des routes royales et départementales. Ces règles vous sont trop familières pour que j'aie besoin de vous les tracer de nouveau.

» Il sera excessivement rare, j'en suis certain, qu'il y ait lieu de remplir les formalités prescrites par cet article pour les chemins vicinaux. L'influence des maires obtient toujours des propriétaires la permission d'enlever gratuitement les matériaux nécessaires à la réparation des chemins ; tout au plus le propriétaire exige-t-il que la faible valeur de ces matériaux soit précomptée sur la contribution de prestations en nature.

» Ce ne sera donc probablement que pour les travaux des chemins vicinaux de grande communication que les propriétaires pourraient exiger une indemnité pour les extractions de matériaux et autres dégradations, surtout, si, par quelque circonstance locale, vous êtes obligé de faire faire ces extractions en très-fortes quantités sur une seule propriété. Dans ces cas même, je ne doute pas que vous ne puissiez régler les indemnités par convention à l'amiable, car les propriétaires sentiront l'intérêt qu'ils ont eux-mêmes au prompt achèvement des travaux que vous faites exécuter.

» Si cependant un règlement à l'amiable ne peut être obtenu, si les demandes qui vous sont faites sont évidemment exagérées, vous recourrez alors aux formalités prescrites par l'article 17 de la loi ; vous désignerez, par un arrêté, les terrains qui devront, soit être fouillés pour extraction de matériaux, soit être occupés temporairement ; vous ferez notifier cet arrêté par l'intermédiaire du maire, qui devra le faire signifier par son garde champêtre ; cet agent devra tirer un reçu de l'arrêté, ou rédiger procès-verbal de la notification par lui faite. Vous provoquerez, en même temps, la nomination des experts dans la forme voulue. Vous ne perdrez pas de vue qu'il est indispensable qu'une première reconnaissance des terrains soit faite par les experts avant l'ouverture des travaux que vous ordonnerez ; c'est la seule manière d'arriver à une équitable fixation de l'indemnité lorsque ces travaux sont terminés.

« ART. 18. L'action en indemnité des propriétaires » pour les terrains qui auront servi à la confection des » chemins vicinaux, et pour extraction de matériaux, » sera prescrite par le laps de deux ans. »

» Vous comprenez, monsieur le préfet, toute l'utilité et toute la nécessité de cette disposition.

» Il arrivait souvent, en effet, qu'un propriétaire cconsentait, soit à l'abandon gratuit des terrains nécessaires à l'élargissement d'un chemin, soit à l'extraction sans indemnité des matériaux nécessaires aux travaux. Ces cessions étaient presque toujours verbales, afin d'éviter des formalités et des frais. L'administration faisait travailler avec confiance, et cependant, plusieurs années après, elle pouvait se trouver exposée à des répétitions, soit que le propriétaire eût changé de manière de voir, soit même que ses héritiers vinssent contester la légalité d'une occupation faite sans titre.

» L'administration se trouvera désormais à l'abri de ces exigences tardives, puisqu'elle pourra opposer la prescription après un délai de deux ans, en cas d'occupation de terrain en vertu d'un consentement verbal du propriétaire.

« ART. 19. En cas de changement de direction ou » d'abandon d'un chemin vicinal, en tout ou en partie, » les propriétaires riverains de la partie de ce chemin qui » cessera de servir de voie de communication, pourront » faire leur soumission de s'en rendre acquéreurs, et d'en » payer la valeur, qui sera fixée par des experts nommés » dans la forme déterminée par l'article 17. »

» Cette disposition nouvelle est fondée en droit comme en équité ; déjà elle avait été introduite dans la loi du 20 mai 1836, article 4. Lorsqu'un chemin est bordé des deux côtés par une propriété privée, et que ce chemin vient à être abandonné, on conçoit tout ce qu'il y a de fâcheux à ce qu'un tiers puisse l'acheter et venir s'établir ainsi au centre d'une propriété. Cet inconvénient cesse par le droit que donne la loi au propriétaire d'acquérir ce terrain d'après une valeur qui sera réglée par experts. Si le chemin est bordé sur les deux rives par des propriétaires différents, ils devront s'entendre entre eux pour l'usage de cette faculté, soit que l'un d'eux l'exerce en totalité, soit que le terrain abandonné soit partagé entre eux. Vous comprenez d'ailleurs qu'il ne s'agit dans cet article que de chemins qui n'auraient pas été déclarés vicinaux, ou dont la déclaration de vicinalité aurait été régulièrement rapportée, et dont la suppression définitive aurait été reconnue sans inconvénient pour les communications. Il va sans dire que la valeur de ces terrains doit être versée dans les caisses communales à titre de recette accidentelle.

« Art. 20. Les plans, procès-verbaux, certificats, » significations, jugements, contrats, marchés, adjudi- » cations de travaux, quittances et autres actes ayant » pour objet exclusif la construction, l'entretien et la » réparation des chemins vicinaux, seront enregistrés » moyennant le droit fixe de un franc.

» Les actions civiles intentées par les communes ou » dirigées contre elles, relativement à leurs chemins, » seront jugées comme affaires sommaires et urgentes, » conformément à l'article 405 du Code de procédure » civile. »

» Les communes se trouvent déchargées, par le premier paragraphe de cet article, du payement de droits d'enregistrement qui pouvaient quelquefois s'élever à des sommes considérables. Pour leur assurer la jouissance du privilège qui leur est accordé, il est indispensable que tous les actes pour lesquels l'enregistrement au droit fixe d'un franc sera réclamé contiennent la mention expresse qu'ils sont faits en vue de la construction, de la réparation ou de l'entretien des chemins vicinaux. Vous devrez donner des instructions en ce sens aux maires, et vous conformer vous-même à ces dispositions, en ce qui concernera les chemins vicinaux de grande communication.

» Quant au second paragraphe de l'article 19, c'est à l'autorité judiciaire à l'appliquer. Je n'ai donc rien à vous en dire.

« Art. 21. Dans l'année qui suivra la promulgation » de la présente loi, chaque préfet fera, pour en assurer » l'exécution, un règlement qui sera communiqué au » conseil général, et transmis, avec ses observations, » au ministre de l'intérieur, pour être approuvé, s'il y a » lieu.

» Ce règlement fixera, dans chaque département,
» le maximum de la largeur des chemins vicinaux; il
» fixera, en outre, les délais nécessaires à l'exécution
» de chaque mesure, les époques auxquelles les presta-
» tions en nature devront être faites, le mode de leur
» emploi ou de leur conversion en tâches, et statuera en
» même temps sur tout ce qui est relatif aux adjudications
» et à leur forme, aux alignements, aux autorisations de
» construire le long des chemins, à l'écoulement des
» eaux, aux plantations, à l'élagage, aux fossés, à leur
» curage, et à tous autres détails de surveillance et de
» conservation. »

» Cet article, monsieur le préfet, est le complément
des nombreuses améliorations apportées par la loi
du 21 mai 1836 à la législation sur les chemins vicinaux. En se bornant à poser les principes généraux de
la matière et à préciser les obligations qui doivent être
également supportées par tous les Français; en laissant
à l'administration de chaque département le droit et le
soin de régler soit les détails d'exécution qu'une loi ne
doit point régir, soit les mesures locales sur lesquelles
doit influer la diversité des contrées où la législation
nouvelle s'appliquera, le législateur s'est rendu aux
vœux formés par tous les conseils généraux du royaume,
à l'époque où ils furent consultés sur les bases d'une
nouvelle législation vicinale.

» Je m'écarterais de l'esprit dans lequel a été conçu
l'article 21 de la loi, si je prescrivais, pour la rédaction
des règlements que doivent faire MM. les préfets, des
règles précises et uniformes. Je dois au contraire, dans
l'intérêt de la branche importante d'administration qui
nous occupe, laisser surgir de tous les points les vues
utiles, fruits de l'expérience des administrateurs ; je dois
désirer de les voir formuler en articles réglementaires
les mesures qu'ils ont déjà appliquées avec avantage, ou
qu'ils pensent pouvoir contribuer à la bonne exécution

de la loi nouvelle. La comparaison des règlements, sans doute fort divers, qui seront soumis à mon approbation, permettra par la suite à chacun de MM. les préfets de s'approprier ce qu'il trouvera d'utile dans le travail de ses collègues, et nous arriverons ainsi successivement à régler d'une manière aussi parfaite que possible les nombreux détails d'exécution d'une loi dont l'importance est si bien appréciée.

» Toutefois, monsieur le préfet, parmi les matières sur lesquelles la loi vous donne l'initiative pour la rédaction de votre règlement, il en est un certain nombre à l'égard desquelles la diversité des localités est évidemment sans influence. Ce sont, 1° la confection des rôles; 2° la comptabilité; 3° les adjudications et leur forme; 4° les alignements et autorisations de construire. Le dernier de ces objets n'est que l'application de principes généraux dont l'administration ne saurait s'écarter; les trois autres doivent être soumis à des règles uniformes, afin de permettre l'établissement de comptes réguliers, et de permettre à l'autorité centrale d'exercer le droit de surveillance que la loi n'a pas voulu lui enlever. Je vais donc vous tracer, sur chacune de ces parties du service, des règles dont je vous invite à ne pas vous écarter.

» Je vous ai entretenu, lorsque nous nous sommes occupés de l'article 4 de la loi, de tout ce qui se rapporte à l'établissement des rôles de prestations en nature, et vous trouverez ci-annexés les modèles d'après lesquels devront être imprimés, non-seulement ces rôles, mais encore les états-matrices qui en seront la base. Je vous ai invité à charger les percepteurs de la confection matérielle, et je vous ai dit l'avantage que vous y trouveriez. Abandonner la confection des rôles aux soins des maires, c'est s'exposer à ce qu'il n'en soit pas rédigé, ou à ce qu'ils soient rédigés avec si peu d'exactitude, que vous ne pourriez souvent les revêtir de votre exécutoire ;

faire établir les rôles de prestations soit à la préfecture, soit à la direction des contributions directes, ainsi que cela se pratique dans un petit nombre de départements, c'est donner à une imposition toute locale et toute de famille l'apparence d'une contribution publique, et il peut y avoir à cela plus d'un inconvénient. Le percepteur-receveur municipal est, au contraire, placé aussi près que possible de l'autorité locale avec laquelle il a des rapports journaliers ; il doit nécessairement être chargé des nombreux détails qu'exige le recouvrement des rôles et les comptes à rendre, et il serait impossible de lui refuser une remise pour ce travail. Il y a donc tout avantage, il y a économie notable à le charger, moyennant une faible augmentation de cette remise, de la confection des rôles qu'il aura à recouvrer. Je sais que dans quelques localités on a fait des objections contre les remises accordées aux percepteurs pour ce travail, mais ces objections sont évidemment mal fondées ; au surplus, comme je vous l'ai déjà dit, je vais m'occuper de régler sur d'autres bases le traitement des receveurs municipaux, et alors cessera la nécessité de leur accorder des remises pour le travail relatif aux prestations en nature. Il est probable que le nouveau règlement sur ces traitements sera en activité dès l'année prochaine. Les maires et les conseils municipaux n'auront donc plus rien à objecter à ce que la rédaction des rôles soit, comme leur recouvrement, confiée aux percepteurs-receveurs municipaux.

Je ne vous dis rien de la confection des rôles relatifs aux centimes spéciaux que les conseils municipaux voteront pour le service des chemins vicinaux. Ces rôles ne peuvent être rédigés que par les directeurs des contributions directes. Je me borne à vous inviter à veiller à ce que ces centimes soient toujours votés de manière à pouvoir être compris dans les rôles généraux des contributions : la rédaction des rôles spéciaux entraîne toujours, non-seulement des lenteurs, mais encore des frais qu'il importe d'éviter.

» L'article 4 de la loi m'a également fourni l'occasion de vous entretenir de la forme à adopter pour la comptabilité des prestations en nature, soit en ce qui concerne la libération des contribuables, soit en ce qui concerne la justification de l'emploi des journées.

» La comptabilité relative à l'emploi des ressources en argent que les communes affecteront aux travaux des chemins vicinaux doit être régie par les règles prescrites pour la comptabilité communale, que ces ressources soient prises sur les revenus ordinaires des communes, ou bien qu'elles proviennent des centimes spéciaux votés par les conseils municipaux, des conversions en argent des contributions spéciales établies en vertu de l'article 13, ou enfin de souscriptions volontaires qui pourront être obtenues en faveur des chemins vicinaux. Toutes ces ressources doivent figurer en recette sur les budgets et dans les comptes; leur emploi doit être justifié de la manière prescrite pour les autres travaux communaux. Il est entendu toutefois que pour la portion des ressources communales en argent que vous centraliserez pour le service des chemins vicinaux de grande communication, ainsi que je vous l'ai dit à l'occasion de l'article 9, la seule pièce comptable qu'aura à fournir le receveur municipal à l'appui de son compte sera le récépissé constatant son versement à la caisse du receveur général. L'emploi de ces fonds devant être fait sous votre autorité immédiate, la justification de cet emploi ne peut plus rentrer dans la comptabilité communale.

» Quant à la comptabilité du service des chemins vicinaux de grande communication, je ne puis, monsieur le préfet, que vous inviter à rester aussi près que possible des règles tracées par l'administration des ponts et chaussées pour le service dont elle est chargée. Il s'agit, en effet, de travaux analogues, à l'exception de l'emploi des journées de prestation ; les mêmes règles peuvent donc être appliquées, et je ne crois pas qu'on puisse en trouver de meilleures. Vous avez entre les mains toutes les formules arrêtées par cette administration ; de légers changements de rédaction les rendront applicables à tous les cas à prévoir pour les travaux sur les chemins vicinaux de grande communication, et vous aurez alors l'ensemble des règles les plus parfaites à prescrire aux agents-voyers, soit pour ce qui concerne la rédaction des devis et projets, soit pour ce qui concerne le compte à rendre des fonds appliqués aux travaux. Je recommande cette comptabilité à tous vos soins ; votre responsabilité y est intéressée, non-seulement vis-à-vis de l'autorité chargée de régler les comptes, mais encore vis-à-vis du conseil général, qui doit toujours être mis à portée de suivre, jusqu'au dernier centime, l'emploi des fonds qu'il met à votre disposition.

» Les adjudications doivent également être ramenées, autant que possible, aux formes prescrites, soit pour les travaux communaux, soit pour les travaux des ponts et chaussées.

» Pour ce qui concerne en particulier les chemins vicinaux, je crois que vous pouvez, excepté dans certains cas, dispenser de la forme des adjudications l'emploi des sommes qui ne dépasseraient pas 200 ou 300 francs. On trouve difficilement des adjudicataires pour des travaux d'une aussi faible importance, et ces travaux peuvent facilement être faits par voie de régie, sous la surveillance du maire, avec le concours, s'il est possible, de l'agent-voyer. Les maires trouveront même dans ces travaux à faire en régie un moyen d'encouragement pour la bonne exécution des travaux de prestation, en ce qu'ils pourront employer comme ouvriers dans les travaux en régie les ouvriers qui, en acquittant leurs journées ou leurs tâches dans la prestation, se seront distingués par leur zèle et leur intelligence.

» L'emploi sur les chemins vicinaux des sommes supérieures à 300 francs doit, au contraire, et à moins de motifs exceptionnels dont vous seriez juge, être toujours fait au moyen d'adjudications. Il est à peu près impossible que ces adjudications se fassent partiellement dans chaque commune ; il convient donc qu'elles se fassent à la sous-préfecture, en présence du maire, d'un conseiller municipal et du receveur municipal de chaque commune. On devra, autant que possible, réunir dans une même affiche, et par suite adjuger dans une même séance tous les travaux à faire dans l'arrondissement, les travaux de chaque commune formant un lot distinct. Il résultera de ce mode un double avantage : d'abord économie sur l'impression des affiches et autres frais d'adjudication, ensuite une plus grande masse de travaux à adjuger à la fois attirera un plus grand nombre de soumissionnaires, et par conséquent plus de concurrence et plus de chances de rabais. Les adjudications devront être faites, soit pour la totalité des travaux à faire dans une commune, et en bloc, soit par nature de travaux et par série de prix, selon que vous le jugerez plus avantageux. Dans tous les cas l'adjudication devra être soumise à votre approbation, et mention expresse de cette réserve doit être faite tant dans l'affiche que dans le procès-verbal de l'adjudication. La voie des soumissions cachetées pouvant être difficile à employer pour des lots quelquefois peu importants, vous pourrez arrêter que les adjudications se feront au rabais, à la criée et à l'extinction des feux.

» Quant aux travaux à faire sur les chemins vicinaux de grande communication, je vous engage fortement, monsieur le préfet, à n'employer par voie de régie que les sommes pour l'emploi desquelles vous ne pourriez absolument trouver d'adjudicataires. Les travaux en régie ont une foule d'inconvénients depuis longtemps reconnus, et qu'il est inutile de vous énumérer ici : l'administration des ponts et chaussées l'a si bien reconnu, qu'elle évite autant que possible l'emploi de ce mode de travaux. Faites-en de même, et lorsque vous serez forcé d'y recourir, que ce soit avec toutes les précautions nécessaires pour avoir une entière garantie que les fonds seront bien employés. Je suis loin certainement de concevoir la moindre crainte sur l'exacte surveillance que donneront aux travaux en régie les agents-voyers et autres fonctionnaires que vous chargerez de les diriger; mais cette surveillance, pour être effective, doit être exercée avec tant de suite et d'activité qu'il est bien difficile de l'assurer.

» Recourez donc toujours, à moins d'impossibilité, à la voie des adjudications pour l'emploi des fonds centralisés applicables aux chemins vicinaux de grande communication. Vous déciderez, selon ce qui vous paraîtra le plus opportun, que l'adjudication se fera devant vous ou dans chaque arrondissement devant le sous-préfet. Si l'adjudication se fait devant vous pour tout le département, vous devrez être assisté du conseil de préfecture, de deux membres du conseil général et de l'agent-voyer du chef-lieu. Si l'adjudication se fait devant le sous-préfet, il devra être assisté d'un membre du conseil général, d'un membre du conseil d'arrondissement et de l'agent-voyer. Dans ce cas l'adjudication devra être soumise à votre approbation, et mention de cette réserve sera faite tant dans l'affiche que dans le procès-verbal d'adjudication.

» Les travaux devront être divisés, pour l'adjudication, non plus par commune, mais par ligne vicinale, chaque ligne formant un ou plusieurs lots, suivant l'importance des travaux à faire. L'adjudication en bloc des travaux de toute espèce pouvant présenter des difficultés et des inconvénients lorsqu'il s'agit de sommes de quelque importance, il sera presque toujours préférable de faire les adjudications par nature de travaux et par série de prix, comme cela a lieu pour les travaux des ponts et chaussées. Le mode des soumissions cachetées est le seul qu'il convienne d'adopter pour des travaux qui auront toujours une certaine importance.

» Vous voyez, monsieur le préfet, que, pour les adjudications comme pour la comptabilité, j'ai eu pour objet de vous engager, en général, à vous tenir aussi près que possible des formes adoptées pour les travaux des ponts et chaussées. Ne perdez jamais cette invitation de vue.

» Les alignements ou autorisations de construire le long des chemins vicinaux doivent être réglés par les principes qui régissent la même matière, soit pour la voirie urbaine, soit pour la grande voirie. Le droit donné à l'autorité de régler les alignements, l'obligation imposée aux riverains de demander alignement avant de commencer leurs constructions, ne sont fondés que sur la nécessité de surveiller la conservation du sol qui a été légalement affecté à la voie publique. Il s'ensuit que, lorsque la largeur de cette voie publique a été légalement fixée, chaque propriétaire a droit de construire sur l'extrême limite de sa propriété; il doit demander alignement, afin que l'autorité puisse faire reconnaître cette limite et la faire tracer; mais l'autorité ne pourrait lui prescrire de reculer sa construction au delà de la largeur légale du chemin. Il y aurait exception, bien entendu, si, en dehors de la largeur légale du chemin, le terrain appartenait à la commune : dans ce cas, le propriétaire ne pourrait recevoir autorisation de bâtir le long de la limite légale qu'en devenant, dans les formes voulues, acquéreur de cette portion du sol. De même, si, pour rendre au sol sa largeur légale, un propriétaire était tenu de reculer, il aurait droit d'exiger indemnité pour la valeur du terrain qu'il cèderait au chemin.

» Pour les chemins vicinaux, vous pourrez laisser aux maires le droit de donner des alignements, sous la réserve de l'approbation du sous-préfet, qui examinera si la largeur légale du chemin a été respectée.

» Pour les chemins vicinaux de grande communication, qui sont placés sous votre autorité immédiate, vous ferez bien de donner vous-même les alignements, sur la proposition des maires, le rapport de l'agent-voyer et la proposition du sous-préfet. Vous sentirez bientôt le besoin de faire lever les plans de ces chemins; ils seront déposés à la préfecture; c'est donc vous seul qui pouvez tracer les alignements en parfaite connaissance de cause.

» Des contraventions diverses peuvent être commises en matière d'alignement le long des chemins vicinaux, et il importe que vous soyez bien fixé sur le mode de répression à employer.

» 1° Un propriétaire riverain peut ne pas respecter l'alignement qui lui a été tracé et empiéter sur le sol du chemin.

» Dans ce cas, c'est une usurpation commise sur un chemin vicinal, et elle doit être poursuivie devant le conseil de préfecture, qui ordonne la réintégration du sol et conséquemment la démolition des constructions (1). Vous savez parfaitement que, dans ces cas, les arrêtés du conseil de préfecture sont, sauf recours au conseil d'état, exécutoires de plein droit, et sans avoir besoin d'être revêtus d'aucune approbation ni d'aucun mandement de justice. Les huissiers sont tenus d'en faire la notification, et cette notification faite, le maire fait exécuter les arrêtés, s'il ne lui a pas été notifié de recours.

» 2° Un propriétaire construit sans avoir demandé alignement, et il usurpe sur la largeur légale du chemin.

_____

(1) _Voir_ nos observations ci-dessus, pag. 12.

» Il y a ici double contravention : usurpation d'une portion du sol du chemin vicinal, et négligence de se pourvoir d'autorisation. La première contravention doit être poursuivie devant le conseil de préfecture, comme je vous l'ai dit plus haut; la seconde doit être poursuivie devant le tribunal de police, chargé de punir les contraventions aux règlements faits par les autorités administratives.

» 3° Un propriétaire construit sans avoir demandé alignement, mais il n'usurpe pas sur la largeur du chemin.

» Dans ce cas, il y a seulement contravention à la défense de construire sans avoir demandé alignement, et cette contravention doit se poursuivre devant le tribunal de police; mais il ne peut jamais alors y avoir lieu, pour le ministère public, de requérir la démolition d'une construction qui ne nuit pas au chemin.

» Vous voyez, monsieur le préfet, que ces divers modes de procéder présupposent que, dans chaque commune, le maire aura publié dans les formes accoutumées un arrêté portant défense de construire aucun bâtiment ou mur le long d'un chemin vicinal, sans avoir demandé alignement; c'est le seul moyen de rendre cette défense obligatoire, et de mettre le tribunal de police à portée d'exercer son action. Vous devrez donc inviter les maires à remplir cette formalité, et vous vous assurerez de son accomplissement. Il sera utile que les maires étendent la défense aux rues des bourgs et villages, ce qui leur permettra d'y exercer aussi cette partie de leurs attributions dans toute son étendue.

» Je vous ai dit, à l'occasion de l'article 1er, que les rues des bourgs et villages ne pouvaient jamais être considérées comme faisant partie des chemins vicinaux. L'article 21 de la loi du 21 mai 1836 ne s'applique

qu'aux chemins vicinaux ; il s'ensuit que les maires restent en possession du droit de donner alignement dans
ces rues, en vertu de l'article 3 du titre XI de la loi
du 24 octobre 1790, sauf le droit de réformation qui
vous est attribué par l'article 46 du titre Ier de la loi
du 22 juillet 1791.

» Si donc vous jugiez qu'il vous fût nécessaire d'a-
voir plus de garanties du bon usage de cette faculté,
dans les rues qui seront la prolongation de chemins
vicinaux de grande communication, vous ne pourriez
que provoquer le règlement de ces *traverses*, par ordonnance du roi, ainsi que cela a lieu pour les plans
des villes, en exécution de l'article 52 de la loi du 16
septembre 1807. Les plans ainsi arrêtés, les maires n'é-
prouveront plus d'embarras pour donner leurs alignements, et vous pourrez y apporter la surveillance nécessaire.

» Je vais maintenant vous dire quelques mots sur les
diverses matières que vous avez à comprendre dans
votre règlement, mais à l'égard desquelles la différence
des contrées, des besoins et des usages locaux, obli-
gera d'adopter des règles différentes sur ces différents
points ; je me bornerai donc à vous donner quelques
indications générales.

» Je vous ai parlé déjà du maximum de la largeur
à donner aux deux classes de chemins dont nous avons
à nous occuper. Six mètres pour les simples chemins
vicinaux me paraissent être une largeur qu'il convient
de ne pas dépasser ; il est bien rare que les besoins de
la circulation exigent davantage, et aller au delà, c'est
augmenter la difficulté d'obtenir des propriétaires riverains l'abandon gratuit des parcelles nécessaires aux
élargissements.

» Vous ne perdrez pas de vue, monsieur le préfet,
que lorsque, par votre règlement général, vous aurez
arrêté que le maximum de largeur des chemins vici-

naux est fixé à six mètres, par exemple, le terrain compris dans cette limite ne sera pas, par cela seul, incorporé au sol des chemins. Il faudrait pour cela que vous arrêtassiez en même temps que partout les chemins vicinaux auront le maximum de la largeur fixée, ce que je ne vous conseille pas de faire. Il est beaucoup plus convenable et plus conforme à l'esprit de la loi que la largeur à donner à chaque chemin vicinal soit fixée par vous sur la proposition du maire et du conseil municipal. C'est ce qui est facile, par la disposition du cadre destiné à reviser la classification des chemins, si vous croyez devoir opérer cette révision. Si au contraire le classement a été bien fait à une autre époque, il est indubitable que la largeur de chaque chemin a été arrêtée, et vous n'auriez qu'à tenir la main à l'exécution de ce qui a été prescrit. Il serait éminemment utile que dans toutes les communes les chemins vicinaux fussent bornés, afin de prévenir les usurpations des propriétaires riverains. C'est une opération fort vaste, sans doute, et qui ne peut se faire que graduellement, mais avec de la suite elle arriverait à son terme, et éviterait plus tard bien des embarras aux administrateurs des communes. Cette opération est facile d'ailleurs, en principe, puisque l'arrêté de fixation de la largeur d'un chemin est aujourd'hui un titre légal qui détermine les limites de ce chemin.

» Quant aux chemins vicinaux de grande communication, le maximum de largeur me paraît convenablement fixé à huit mètres, et je vous engage fortement à ne pas le dépasser; il en résulterait trop de difficultés pour obtenir les terrains nécessaires aux élargissements. Ici, tout en donnant ce maximum comme indication générale, vous devrez pour chaque ligne, et au moment même où elle sera classée, arrêter la largeur précise qu'elle devra avoir. Partout, sur les lignes vicinales, vous devrez ordonner l'abornement des chemins; ce sera un utile préalable à l'établissement des plans que vous parviendrez à faire lever successivement.

» J'ai peu de choses à ajouter ici à ce que je vous ai dit dans le cours de cette instruction, relativement aux délais nécessaires pour l'exécution de chaque mesure. C'est en vous occupant de chacune d'elles en particulier que vous pourrez y assigner des délais convenables : je vous engage seulement à indiquer la session de mai comme celle dans laquelle les conseils municipaux devront s'occuper du vote des ressources, tant en prestations qu'en centimes spéciaux, qui devront être affectées à l'entretien des chemins vicinaux pendant le cours de l'année suivante. La session de mai est celle dans laquelle le conseil municipal s'occupe du règlement du budget, et vous savez que les ressources créées pour le service des chemins doivent figurer au budget en recette et en dépense.

» Les époques auxquelles les travaux de prestation en nature doivent être faits ne peuvent être fixées d'une manière convenable qu'en les mettant en rapport avec les travaux de l'agriculture. Il importe de profiter, pour faire faire les prestations, des moments où les habitants de la campagne peuvent avoir le moins à souffrir du sacrifice que la loi leur impose. Vous étudieriez avec soin, à cet égard, les habitudes locales, et peut-être reconnaîtrez-vous la nécessité d'assigner des époques différentes pour les travaux des différentes parties du département. Cette précaution ne sera pas nécessaire sans doute lorsque partout la culture est à peu près uniforme, mais il est des départements où le sol varie assez d'un arrondissement à un autre pour que des différences notables en résultent dans les travaux; c'est ce que votre connaissance des localités vous fera reconnaître.

» L'écoulement des eaux est une matière qui peut difficilement être réglementée par voie de dispositions générales. Le Code civil contient à cet égard des principes dont il n'est pas permis de s'écarter, et que vous ne devez pas perdre de vue dans tous les cas spéciaux sur lesquels vous aurez à prononcer.

» Les plantations, soit d'arbres, soit de haies vives, qui se font le long des chemins vicinaux, sont une des matières que vous trouverez le plus de difficulté à réglementer d'une manière précise, parce qu'il importe de concilier les intérêts des propriétaires riverains avec les intérêts de la viabilité.

» Quant aux haies, notamment, il est certain qu'un propriétaire riverain d'un chemin vicinal a un intérêt réel à clore sa propriété, pour la défendre des dégradations qu'y peuvent commettre les voyageurs. Quant aux arbres, il est des départements où certains arbres fruitiers sont d'un produit assez important pour que les propriétaires attachent un grand prix à en planter le long des chemins.

» Il est incontestable, d'un autre côté, que les haies, ainsi que les arbres dont la tige n'est pas très-élevée et ne peut être dégagée de branches, sont des causes de dégradation constante pour les chemins qu'ils bordent, surtout lorsque ces voies de communication sont étroites. Les plantations interceptent les rayons du soleil et empêchent la circulation de l'air ; par ce double effet, elles entretiennent le sol dans un état d'humidité permanente qui détruit promptement les matériaux les plus solides ou les fait se perdre dans une terre constamment délayée.

» L'administration sentait depuis longtemps le besoin d'atténuer au moins ces obstacles au bon état des chemins vicinaux, et l'application des articles 670 à 673 du Code civil avait paru pouvoir y porter remède ; mais les tribunaux auxquels il fallut recourir ne crurent pas que ces articles du code fussent applicables à l'espèce.

» La loi du 21 mai 1836 lève ces difficultés, et l'article 21 vous donne le droit, monsieur le préfet, de régler la distance à laquelle les propriétaires riverains des chemins vicinaux pourront planter sur le bord de ces chemins, soit des arbres, soit des haies vives. En réglant ces distances, je vous engage à vous renfermer dans les limites posées par le Code civil, pour les plantations entre propriétés voisines; elles paraissent suffisantes pour faire disparaître une grande partie des inconvénients des plantations sur le bord des chemins.

» Je n'ai pas besoin de vous dire, sans doute, que votre règlement ne peut avoir d'effet rétroactif, c'est-à-dire que vous ne pourriez ordonner la destruction des plantations actuellement existantes, par cela seul qu'elles ne seraient pas à la distance voulue. On ne peut, dans ce cas, que veiller à ce que ces plantations ne soient pas renouvelées.

» Vous comprendrez aussi que le droit de réglementer les plantations ne pourrait s'étendre jusqu'à contraindre les propriétaires à planter des arbres le long des chemins vicinaux. Le maintien de l'état de viabilité ne peut exiger qu'il soit fait des plantations, plus souvent nuisibles qu'utiles aux chemins; ce ne serait donc plus que comme ornement de la voie publique que l'administration ordonnerait de planter, et sa sollicitude ne me paraît pas devoir aller jusque-là.

» Quant à l'élagage des arbres et des haies et au recépage des racines, les droits de l'administration n'ont jamais été mis en question; il suffit que vous prescriviez les époques auxquelles les maires doivent ordonner ces opérations, et que vous veilliez à leur exécution.

» L'établissement de fossés le long des chemins vicinaux est presque partout une condition inséparable de tout système d'entretien de ces chemins. Faute de fossés, les eaux séjournent sans écoulement, le sol se détrempe de plus en plus; l'empierrement, s'il a été fait, disparaît, et toutes les dépenses faites le sont en pure perte. L'administration avait pourtant été entravée jusqu'à présent pour ordonner l'établissement de fossés ; le silence complet de la législation antérieure sur les chemins vicinaux ne permettait que de recourir encore à l'article 666 du Code civil, mais nous avons vu plus haut combien était difficile l'assimilation des chemins aux propriétés privées, que le code a eue spécialement en vue.

» La loi du 21 mai 1836 a comblé une lacune dont le service des chemins vicinaux avait trop à souffrir. En attribuant aux préfets le droit de donner aux chemins vicinaux toute la largeur qui leur est nécessaire, la loi leur a évidemment permis de comprendre dans les limites de ces voies de communication les terrains nécessaires pour les fossés, partout où il sera nécessaire d'en creuser. Ce n'est donc pas simplement comme annexes, c'est comme parties intégrantes des chemins que les fossés doivent être considérés. Ils font partie du sol, et les anticipations qui tendraient à les rétrécir, à les faire disparaître, doivent être poursuivies de la même manière que les usurpations sur le sol même des chemins.

» Mais de ces principes il s'ensuit la conséquence rigoureuse que le premier établissement et le curage des fossés sont des dépenses auxquelles il doit être pourvu par les mêmes moyens que pour l'entretien et la réparation des chemins mêmes. Il ne serait pas légal de prétendre mettre le curage des fossés à la charge des propriétaires riverains. C'est ce qui se pratiquait anciennement pour les fossés le long des routes royales ; mais il a fallu adopter un autre système, et on ne pourrait imposer aux riverains des chemins vicinaux des obligations plus grandes qu'aux riverains des grandes routes. Il n'y aurait d'exception à cet égard que si un propriétaire riverain voulait profiter, comme engrais, du limon qui se déposera dans les fossés. Il ne devra lui être permis de l'enlever qu'à la charge de curer à fond et d'entretenir le fossé dans sa profondeur et sa largeur ; mais ici, comme vous le voyez, il ne s'agit plus d'une obligation à imposer, il ne s'agit que d'une faculté à accorder et d'un arrangement à l'amiable.

« ART. 22. Toutes les dispositions des lois antérieures » demeurent abrogées en ce qu'elles auraient de contraire » à la présente loi. »

» Nous avons vu à l'occasion de chacun des articles de la loi du 21 mai 1836 quelles sont les modifications apportées à la législation antérieure. Rechercher parmi les articles des lois nombreuses qui ont régi la matière quels sont ceux qui sont formellement abrogés, quels sont ceux qui restent en vigueur, ce serait donc en quelque sorte recommencer le travail que nous avons fait.

» En examinant avec vous, monsieur le préfet, les dispositions de la loi qui va régir l'une des parties les plus importantes de votre administration, je crois avoir prévu toutes les difficultés que peut faire naître la première application d'une législation nouvelle. J'ai tracé des règles précises pour tout ce qui doit être exécuté d'une manière uniforme ; j'ai donné des indications étendues sur toutes les dispositions dont l'exécution doit varier suivant la diversité des localités, et ces indications je les ai puisées, non pas dans la théorie, mais dans l'expérience, dans ce qui se pratique avec succès déjà ; je suis entré, sur tous les détails d'exécution, dans des développements peut-être minutieux, mais qui m'ont semblé nécessaires pour prévenir jusqu'à la moindre incertitude. Si pourtant il vous restait encore quelques doutes, n'hésitez pas à me les soumettre, et je m'empresserai de résoudre les questions que vous m'adresserez ; mais je dois vous le demander avec instance, monsieur le préfet, que vos doutes ne portent pas sur de simples prévisions. Pour une loi aussi importante dans son ensemble, aussi vaste dans ses détails, le champ des difficultés théoriques serait immense ; les difficultés pratiques seront peu nombreuses, j'en ai l'assurance, et l'administrateur habile saura les surmonter par la seule application des principes clairs et précis posés dans la législation nouvelle.

» Étudiez donc cette législation, non pour y trouver quelques difficultés éparses, mais pour apprécier les immenses ressources qu'elle met à votre disposition. Étudiez-la pour saisir les moyens d'action qu'elle a créés, pour réaliser tout le bien qu'elle permet de faire, et vous reconnaîtrez, comme je vous le disais en débutant, que la loi du 21 mai 1836 est l'une des plus importantes de l'époque, l'une de celles où le législateur s'est le plus montré juste appréciateur des besoins et des vœux du pays.

» Vous serez secondé dans vos efforts, monsieur le préfet, par l'appui que vous prêtera le conseil général dans ses réunions annuelles, par l'expérience et les lumières de chacun des membres de ce conseil et des conseils d'arrondissement qui voudront, je n'en doute pas, concourir activement au bien qui va se faire ; vous trouverez dans MM. les sous-préfets des coopérateurs zélés qui voudront se créer de nouvaux titres à la confiance du gouvernement ; vous devez surtout compter sur le concours de MM. les maires et membres des conseils municipaux ; c'est dans l'intérêt des populations qu'ils représentent qu'ont été conçues les mesures à l'exécution desquelles ils vont avoir à coopérer ; c'est pour ouvrir des voies de communication dont l'absence se fait sentir d'une manière si déplorable ; c'est pour donner aux produits de l'agriculture des débouchés qui lui manquent ; c'est pour faire disparaître l'un des plus graves obstacles qui s'opposent à l'accroissement de la prospérité du pays, que l'administration, dans tous ses degrés, est appelée à redoubler d'efforts. MM. les maires ont prouvé, même sous l'empire d'une législation inefficace, tout ce que le pays pouvait attendre de leur dévouement ; la reconnaissance du pays leur est acquise à l'avance pour tout ce qu'ils déploieront de zèle dans l'exercice des fonctions honorables qui leur sont déléguées.

» Quant à moi, monsieur le préfet, comptez, pour l'exécution de cette importante loi, sur tout mon appui, sur mon concours le plus empressé. J'accueillerai tous les projets utiles que vous suggéreront votre amour du bien, votre expérience, et votre connaissance des besoins et des ressources du pays. Je vous prêterai conseils et autorité lorsque vous croirez devoir y recourir, et je serai heureux de pouvoir, chaque année, signaler au roi les améliorations que le pays devra aux administrateurs que je dirige. »

Les solutions suivantes résultent de la jurisprudence du conseil d'état jusqu'à la promulgation de la loi du 21 mai 1836.

1. Les réclamations adressées aux préfets sur la direction, la largeur et l'alignement des chemins vicinaux d'une commune dont le tableau a été dressé par le maire et délibéré en conseil municipal, sont décidées administrativement. (Art. 8 de la loi du 9 ventôse an XIII, décret du 24 juillet 1806.)

2. Une fois l'état des chemins ainsi arrêté, les usurpations, envahissements, et les contraventions aux règlements du préfet, quant à l'alignement et aux plantations, sont jugés par le conseil de préfecture, qui, autrement, ne peut connaître des questions de propriété (1).

(1) Le préfet, avant d'arrêter le tableau des chemins vicinaux, doit faire juger par le tribunal toutes les questions de propriété.

3. C'est le préfet qui décide si un chemin est vicinal ou d'exploitation; mais sa décision ne préjuge rien quant à la propriété du fonds, seulement dans le cas où le tribunal appelé à prononcer statuerait en faveur du tiers réclamant, ce dernier serait indemnisé de la valeur du terrain. (Décrets des 16 octobre 1813 et 8 novembre même année.)

Mais l'arrêté du préfet ne peut suffire pour transporter régulièrement la propriété à la commune : la loi, d'accord avec l'équité, veut qu'un propriétaire ne soit pas ainsi dépouillé par l'acte d'un simple magistrat; l'autorité souveraine peut seule prononcer en pareille matière.

4. C'est le conseil de préfecture qui décide si un chemin est *vicinal* ou *rural*, si un chemin que l'on prétend vicinal est grande route, ou si une voie prétendue *route* est chemin vicinal. (Arrêt de la cour de cassation, du 14 thermidor an XIII; décret du 15 juin 1812.)

Il faut toutefois observer que cette faculté ne lui est attribuée que dans les cas où il y a contestation, puisque la solution de la question, comme objet administratif, est du ressort du préfet.

5. Les préfets prononcent enfin sur la direction, sur la largeur des chemins vicinaux, sur l'utilité de leur conservation, sur l'appel des décisions des maires qui en ont tracé les alignements, sur les réparations qu'ils exigent, sau

recours au ministre de l'intérieur, et ensuite au conseil d'état. (Avis du conseil d'état, du 8 novembre 1813; décrets des 16 octobre 1813, 6 et 29 janvier 1814.)

6. Les maires, comme chargés de la police de la voirie, peuvent, dans l'intérêt public, prendre les mesures nécessaires pour rendre à la circulation un chemin intercepté, et ordonner provisoirement le rétablissement des choses en leur premier état, sauf les recours de droit. (Décret du 4 juin 1809.)

Ceci ne doit s'entendre toutefois que des embarras, tels que dépôts de matériaux ou autres objets qui rendent le chemin impraticable et demandent qu'il soit pourvu d'urgence au rétablissement de la circulation. S'il s'agit d'un simple rétrécissement de la voie par le fait d'une construction élevée hors de l'alignement, la difficulté rentre dans le cas prévu par l'arrêt de la cour de cassation du 12 avril 1822 (*voir* tom. Ier, pag. 329), et le rétablissement du chemin dans son premier état ne peut être ordonné d'office que par un jugement.

7. Les détériorations, dégradations, encombrements et autres délits ou contraventions de ce genre en matière de chemins vicinaux sont du ressort des tribunaux de police, soit municipale, soit correctionnelle. (Arrêt de la cour de cassation, du 30 janvier 1807.) La limite des attributions de ces deux tribunaux est déterminée par la quotité de l'amende et la nature des peines

qu'ils peuvent prononcer : ainsi toute contravention passible d'une amende excédant quinze francs et d'un emprisonnement de plus de cinq jours, cesse d'être du ressort des tribunaux de simple police.

8. Les dépôts de matériaux et d'immondices sont également justiciables des tribunaux. L'autorité administrative n'est compétente que lorsque ces dépôts ont été faits sur les grandes routes. (Décrets des 19 mars 1812 et 17 septembre 1813.)

9. L'alignement donné par un préfet, pour enclore une propriété bornée par un chemin vicinal, ne peut préjudicier aux droits des tiers.

Si un tiers prétend que, par l'alignement donné, le particulier qui l'a demandé usurpe une propriété privée, le préfet est fondé à rapporter son premier arrêté. (Ordonnance du 7 mars 1821.)

10. C'est aux préfets seuls qu'il appartient de statuer sur la classification des chemins, la reconnaissance de leurs anciennes limites et la fixation de leur largeur. Ils doivent statuer sur tous ces points avant que le conseil de préfecture ne puisse prononcer sur les délits d'anticipation reprochés aux riverains. (Ordonnance du 18 avril 1821.)

11. Les préfets sont compétents pour maintenir provisoirement le public en jouissance des passages contestés entre une commune et un particulier, jusqu'à la décision des tribunaux sur la

question de propriété. Dans cet état de choses,
les juges de paix doivent s'abstenir de prononcer
sur le possessoire, et renvoyer les parties à se
pourvoir contre la décision du préfet devant l'autorité administrative supérieure. Si les juges de
paix ordonnent le rétablissement des portes, barrières, murs, ou autres obstacles enlevés, le
préfet doit élever le conflit. (Ordonnance du 18
juillet 1821.)

12. C'est aux préfets qu'il appartient de déclarer si un chemin litigieux est vicinal, ou seulement d'exploitation.

C'est aux conseils de préfecture qu'il appartient de prononcer la destruction d'une œuvre
nouvelle établie sur ce chemin; si le chemin
n'est pas déclaré vicinal, c'est à l'autorité judiciaire que ce pouvoir est dévolu.

Dans l'un et l'autre de ces deux cas, les préfets
sont incompétents. (Ordonnance du 20 février
1822.)

13. Les travaux de réparation sur les chemins
communaux ne doivent pas être considérés, dans
le sens de la loi du 28 pluviôse an VIII, art. 4,
comme travaux publics, pour déterminer la
compétence des conseils de préfecture, et ne dépendent pas de la grande voirie. En conséquence,
l'entrepreneur, uniquement chargé de la reconstruction d'un chemin vicinal, qui aurait, en exécutant ses travaux, troublé des propriétaires,
est justiciable des tribunaux. (Ordonnance du
31 juillet 1822.)

14. Les conseils de préfecture ne sont pas compétents pour statuer sur une anticipation prétendue faite sur la rue d'une commune.

On ne peut considérer ce fait comme une contravention commise sur un chemin vicinal.

Il constitue une contravention en matière de petite voirie, et, dans ce cas, les tribunaux ordinaires sont seuls compétents pour statuer sur les amendes encourues et sur les frais de la démolition ordonnée d'office. (*Voir* nos observations, tom. Ier, page 332 et suiv.)

Lorsqu'il s'agit d'un fait de cette nature, le maire de la commune, après avoir dressé procès-verbal, doit prendre un arrêté, 1° pour enjoindre au contrevenant de rendre à la voie publique, dans un délai déterminé, le terrain sur lequel il a anticipé; 2° pour ordonner que, faute par lui de retirer lui-même les constructions formant anticipation, il sera procédé d'office, et à ses frais, à leur démolition (*voir* ibidem), sauf le droit qui lui est réservé de déférer cet arrêté au préfet, et de porter devant les tribunaux la question de propriété s'il s'y croit fondé. (Ordonnance du 4 juin 1823.)

15. Lorsqu'un chemin litigieux a été déclaré vicinal par un arrêté du préfet, le conseil de préfecture est compétent pour ordonner la destruction des travaux entrepris sur ce chemin avant la déclaration du préfet. Le contrevenant doit être renvoyé devant les tribunaux, pour y faire valoir ses droits à la propriété de la

portion en litige. (Ordonnance du 8 septembre 1824.)

16. Les préfets sont compétents, sauf recours au ministre de l'intérieur, pour reconnaître l'existence, tracer la direction et fixer la largeur des chemins vicinaux. Le propriétaire, qui se croit lésé par leurs décisions, peut se pourvoir devant les tribunaux, soit pour faire statuer sur la question de propriété du terrain sur lequel a été tracé le chemin vicinal, soit pour faire déterminer l'indemnité qui leur serait due à raison du terrain qui avait été employé à l'élargissement dudit chemin. Mais il est admissible à se pourvoir auparavant devant le conseil d'état, pour contester la déclaration de vicinalité et la reconnaissance faites par le préfet, et approuvées par le ministre de l'intérieur. (Ordonnance du 12 janvier 1825.)

17. Lorsque l'utilité d'un chemin est telle, qu'à supposer qu'un particulier s'en fît reconnaître propriétaire, ce chemin n'en devra pas moins rester vicinal; sauf indemnité, le préfet peut ordonner le rétablissement provisoire dudit chemin. (Ordonnance du 2 février 1825.)

18. Un préfet n'excède pas les bornes de sa compétence en ordonnant le rétablissement provisoire, dans son ancien état, d'un chemin dont la vicinalité n'est pas reconnue; ce qui signifie que l'action possessoire relative aux chemins qui ne sont pas portés sur l'état des chemins vicinaux, et dont la propriété est contestée entre les communes et les particuliers, doit être portée

devant l'autorité administrative. (Ordonnance du 16 février 1825.)

19. Un préfet est compétent pour autoriser un particulier à construire un aqueduc sur un chemin public, sauf l'approbation du ministre de l'intérieur. (Ordonnance du 26 octobre 1825.)

20. Lorsqu'un chemin n'a pas été classé parmi les chemins vicinaux, on ne peut lui appliquer les lois et règlements relatifs à ces chemins. Dans ce cas, un juge de paix est compétent pour connaître de la possession annale articulée par le propriétaire riverain. (Ordonnance du 14 décembre 1825.)

21. Lorsqu'il est reconnu en fait que les plantations faites par un propriétaire riverain d'un chemin vicinal l'ont été sur sa propriété, le conseil de préfecture ne peut en ordonner la destruction. La loi du 23 février 1805 autorise à planter le long des chemins vicinaux sans rien prescrire sur les distances.

Toutefois, il en serait autrement s'il y avait quelqu'usage ou règlement local de police ou de voirie. Les conseils de préfecture sont compétents pour ordonner de relever des fossés ouverts par un particulier, afin de rendre à un chemin sa largeur primitive. Ils le sont aussi pour ordonner la destruction d'une levée, et prononcer l'amende lorsque cette levée s'étend sur le sol d'une route départementale, quoiqu'elle soit dans l'alignement d'un chemin vicinal. (Ordonnance du 16 février 1826.)

22. Lorsqu'il s'agit d'un nouveau chemin vicinal à ouvrir, il y a lieu d'appliquer les formalités prescrites par la loi du 8 mars 1810 (1), pour déclarer l'utilité publique, et parvenir à l'expropriation. Le préfet est seul compétent pour faire rechercher et reconnaître les anciennes limites du chemin déjà existant, après avoir déclaré sa vicinalité. Cette déclaration ne peut, dans aucun cas, faire obstacle à ce que la question de propriété soit portée devant les juges compétents.

Lorsque la vicinalité est irrévocablement déclarée, les droits de propriété, s'ils sont reconnus, se résolvent en indemnité. La déclaration faite sur la vicinalité par le préfet ne peut être déférée qu'au ministre de l'intérieur; mais, en cette matière, un tel recours n'est pas suspensif de sa nature. L'exécution donnée à l'arrêté du préfet, par une décision du conseil de préfecture, ne fait pas obstacle à ce que le ministre de l'intérieur statue sur le recours exercé contre la déclaration de vicinalité. Les décisions du ministre de l'intérieur, sur la déclaration de vicinalité, sont susceptibles d'un recours devant le conseil d'état par la voie contentieuse. (Ordonnance du 1er mars 1826.)

23. Un arrêté de préfet, qui reconnaît et déclare la vicinalité d'un chemin, a pour effet de

(1) C'est aujourd'hui la loi du 7 juillet 1833 qui doit être observée.

mettre le public immédiatement en jouissance, et de résoudre tous les droits du propriétaire du sol en un droit à indemnité. L'autorité judiciaire porte atteinte à l'acte administratif qui a déclaré la vicinalité, en maintenant le propriétaire dans la jouissance du chemin. Elle n'est compétente que pour statuer sur les questions de propriété, d'indemnité. (Ordonnance du 7 juin 1827.)

24. Lorsque la vicinalité d'un chemin est contestée, le conseil de préfecture est incompétent pour prononcer. Lorsque la vicinalité est reconnue par les parties, le conseil de préfecture n'est compétent que pour connaître des anticipations, plantations ou interruptions totales des communications. (Ordonnance du 6 septembre 1826.)

La loi du 6 octobre 1791 attribue aux tribunaux ordinaires la connaissance et la répression des dégradations et embarras momentanés sur les chemins vicinaux.

25. Les conseils de préfecture ne peuvent connaître de l'opposition aux arrêtés du préfet, qui déclare un chemin vicinal : ces arrêtés ne peuvent être déférés qu'au ministre de l'intérieur. Les tribunaux sont seuls compétents pour prononcer sur les questions de propriété et d'indemnité. Les conseils de préfecture doivent regarder les arrêtés des préfets comme maintenus et susceptibles d'exécution, tant qu'ils n'ont pas été réformés par les autorités supérieures. Les conseils de préfecture sont incompétents pour re-

connaître les limites, et déterminer la largeur des anciens chemins vicinaux ; ce droit n'appartient qu'aux préfets. (Ordonnance du 15 octobre 1826.)

26. L'opposition formée par un particulier à un arrêté de préfet, qui déclare la vicinalité d'un chemin, ne peut suspendre l'exécution, et empêcher le conseil de préfecture de prononcer sur les contraventions commises sur ce chemin. La décision du conseil de préfecture ne fait pas obstacle à ce que le contrevenant, s'il s'y croit fondé, donne suite à son opposition à l'arrêté déclaratif de vicinalité, ou fasse valoir, devant les tribunaux, son droit à la propriété du chemin en litige, et à l'indemnité qui pourrait lui être due, dans le cas où ce droit de propriété serait judiciairement reconnu. Les conseils de préfecture ne sont compétents pour prononcer des amendes qu'en matière de grande voirie et non en matière de petite voirie. (Ordonnance des 25 octobre et 15 novembre 1826.)

27. A l'exception des questions d'usurpation des chemins vicinaux, les conseils de préfecture sont incompétents pour réprimer des contraventions commises en matière de petite voirie. Ils sont également incompétents pour statuer sur la propriété du terrain de ces chemins et de leurs dépendances. (Ordonnance du 31 janvier 1827.)

28. Aux termes de la loi du 9 ventôse an XIII, le préfet est compétent pour reconnaître et déclarer la direction et les limites d'un chemin vici-

nal. En se bornant à constater l'existence du chemin dans ses anciennes limites, en maintenant le public en jouissance du chemin, et réservant aux réclamants leurs droits à une indemnité pour le cas où ils justifieraient qu'ils sont propriétaires des terrains litigieux, il n'excède point ses pouvoirs, dès lors son arrêté ne peut être déféré qu'au ministre de l'intérieur. (Ordonnance du 16 juin 1831.)

29. Un conseil de préfecture excède ses pouvoirs en donnant à un chemin une largeur autre que celle qui a été déterminée par un arrêté du préfet. (Ordonnance du 21 août 1832.)

30. Les arrêtés pris en cette matière par les préfets dans les limites de leur compétence ne sont pas attaquables devant le conseil d'état. (Ordonnance du 23 novembre 1832.)

31. Lorsque l'identité d'un chemin est contestée par le propriétaire riverain, il y a lieu de surseoir jusqu'à ce que le préfet ait déterminé l'emplacement qu'il doit occuper. (Ordonnance du 19 août 1832.)

32. En général, tant que le chemin n'a pas été déclaré vicinal par le préfet, le conseil de préfecture doit surseoir à statuer jusqu'à ce que cette formalité ait été remplie. (Ordonnance du 3 mai 1832.)

33. Les conseils de préfecture sont compétents pour faire cesser les usurpations sur les chemins vicinaux; ils ne le sont pas pour prononcer des amendes contre les auteurs de ces usurpations.

Ces amendes ne peuvent être prononcées que par le tribunal de police. (Ordonnances des 16 mai 1827, 25 janvier 1831 et autres.)

34. On ne peut aliéner une partie de chemin vicinal public, sur laquelle un propriétaire a des droits de vue, d'issue et de desserte. (Ordonnance du 25 avril 1833.)

SECONDE PARTIE.

RÈGLEMENTS PARTICULIERS

A LA VILLE DE PARIS.

CHAPITRE PREMIER.

SECTION PREMIÈRE.

§ Iᵉʳ. *De la compétence des autorités.*

Bien que la ville de Paris exigeât en quelques points des règles particulières pour ce qui concerne la voirie, à raison de son importance et des besoins d'une grande population ; néanmoins les principes qui régissent la matière sont toujours les mêmes : les conditions auxquelles l'usage de la propriété individuelle est soumis, sont ici plus impérieuses et plus étendues ; mais elles sont fondées sur la même loi, savoir, l'utilité publique. Il n'est d'ailleurs dérogé en rien aux règles générales présentées dans la première partie, qui s'appliquent à la ville de Paris comme aux autres villes du royaume.

Nous avons donné, au commencement de cet ouvrage, une idée de l'organisation de la voirie de Paris avant la révolution. Le bureau des finances était, comme on l'a vu, l'autorité chargée de cette partie de l'administration publique, en même temps qu'il était juge des matières contentieuses, en première instance. Quatre officiers créés par un édit du. mois de mars 1693, avec le titre de conseillers du roi, commissaires généraux de la voirie, remplissaient auprès de cette autorité les fonctions de rapporteurs sur les affaires de toute nature soumises à sa décision; ils étaient chargés de la surveillance relative à l'exécution des règlements généraux et des décisions particulières rendues par le bureau des finances, et connaissaient, concurremment avec les officiers de la police du Châtelet, des cas de périls imminents. (*Voir* les déclarations des 18 juillet 1729 et 18 août 1730, au chap. III, section I", tom. I", pag. 124.)

Dans l'état actuel de la législation, les fonctions anciennement attribuées aux trésoriers de France de la généralité de Paris, en ce qui concerne la voirie de la ville, sont divisées entre les deux magistrats chargés de l'administration et de la police. Le préfet du département a dans ses attributions ce qu'on nomme à Paris la *grande voirie;* c'est-à-dire le pouvoir de faire exécuter les alignements, de délivrer les permissions de bâtir sur la voie publique, de poursuivre la répression des contraventions aux lois et règlements relatifs aux bâtiments en général; il est, en un mot, chargé de tout ce qui ne fait pas partie des fonctions du préfet de police en cette matière, ainsi qu'elles sont déterminées par l'arrêté du gouvernement, du 12 messidor an VIII, dont suit l'extrait :

« SECTION III. *Police municipale. — Petite voirie.*

» ART. 21. Le préfet de police sera chargé de tout ce qui a rapport à la petite voirie, sauf le recours au ministre de l'intérieur contre ses décisions.

» Il aura à cet effet sous ses ordres un commissaire chargé de surveiller, permettre ou défendre :

» . . . L'établissement des auvents ou constructions du même genre qui prennent sur la voie publique;

» L'établissement des échoppes ou étalages mobiles;

» D'ordonner la démolition ou réparation des bâtiments menaçant ruine.

» *Liberté et sûreté de la voie publique.*

» ART. 22. Le préfet de police procurera la liberté et la sûreté de la voie publique, et sera chargé à cet effet :

» D'empêcher que personne n'y commette de dégradations;

» De la faire éclairer;

» De faire surveiller le balayage, auquel les habitants sont tenus devant leurs maisons, et de le faire faire aux frais de la ville dans les places et la circonférence des jardins et édifices publics;

» De faire sabler s'il survient du verglas, et de déblayer au dégel les ponts et lieux glissants des rues;

» D'empêcher qu'on n'expose rien sur les toits ou fenêtres qui puisse blesser les passants en tombant;

» Il fera observer les règlements sur l'établissement des conduits pour les eaux et gouttières.

» Il empêchera qu'on n'y laisse vaquer des furieux, des insensés, des animaux malfaisants ou dangereux;

» Qu'on ne blesse les citoyens par la marche trop rapide des chevaux ou des voitures;

» Qu'on n'obstrue la libre circulation en arrêtant ou déchargeant des voitures et marchandises devant les maisons dans les rues étroites, ou de toute autre manière.

» Le préfet de police fera effectuer l'enlèvement des boues, matières malsaines, neiges, glaçons, décombres, vases sur les bords de la rivière après les crues des eaux.

» Il fera faire les arrosements dans la ville, dans les lieux et dans la saison convenable.

» *Salubrité de la cité.*

» Art. 23. Il assurera la salubrité de la ville en faisant enfouir les cadavres des animaux morts, surveiller les fosses vétérinaires, les construction et vidange des fosses d'aisance;

» En empêchant d'établir dans l'intérieur de Paris des ateliers, manufactures, laboratoires ou maisons de santé qui doivent être hors de l'enceinte des villes, selon les lois et règlements;

» En empêchant qu'on ne jette ou dépose dans les rues aucune substance malsaine. . . . . . . »

Le conseil de préfecture connaît des contraventions relatives à la grande voirie, en vertu de l'usage qui assimile les rues de Paris aux grandes routes (1). Il prononce aussi dans certains cas de petite voirie; mais cette exception n'est fondée sur aucune loi.

En principe, les infractions aux règlements, dont l'exécution est confiée au préfet de police,

(1) *Voir* à cet égard nos observations, tom. Ier, pag. 51.

doivent être poursuivies judiciairement, et punies d'après les § 1er, 3 et 5 de l'art. 3 de la loi du 24 août 1790, l'art. 5 de la même loi, les art. 600 et suivants du Code des délits et des peines, les § 3, 4, 5 et 6 de l'art. 471 du Code pénal.

(*Voir*, pour l'appel des jugements et les formes du pourvoi, au chap. IV, tom. Ier, pag. 313 et 337.)

§ II. *Des alignements.*

C'est, comme il vient d'être dit, le préfet du département qui délivre les alignements pour la construction des bâtiments suivant les plans arrêtés ; des commissaires-voyers sont chargés de les tracer sur place, et de veiller à ce que les travaux s'exécutent conformément aux permissions. Ils s'assemblent pour examiner et discuter, comme bureau consultatif, les questions contentieuses qui s'élèvent concernant l'application des règlements, et sur lesquelles le préfet prononce, sauf le recours au ministre de l'intérieur (1).

Ordonnance du prévôt de Paris, ou son lieutenant civil, pour la police générale et règlement de la voirie.

Du 22 septembre 1600.

« ART. 1er. Défenses sont faites et réitérées à tous maçons, charpentiers, menuisiers et autres ouvriers, artisans, de ne faire à l'avenir aucuns bâtiments,

(1) Ils avaient autrefois au-dessus d'eux quatre architectes portant le titre d'inspecteurs généraux de la voirie, qui surveillaient leurs opérations : ces agents supérieurs ont été supprimés à la révolution de Juillet.

pans de mur, jambes étrières ou autres édifices sur les rues, chemins et voies de ladite ville de Paris, faubourgs et banlieue, sans avoir au préalable pris l'alignement du voyer ou de son commis.

» ART. 2. Et quant aux alignements des encoignures des rues étant en et au dedans de l'étendue desdits lieux, ils seront pris par ledit voyer en présence de nous et du procureur du roi, comme il a été de tous temps observé.

» ART. 3. Pareilles défenses sont faites auxdits maçons, charpentiers, menuisiers et tous autres ouvriers, de ne mettre, asseoir, maçonner et attacher au devant des maisons aucune avance sortant hors-œuvre ou ouvrant sur rue et voirie depuis le rez-de-chaussée en amont, sans avoir aussi pris permission et alignement.... pour les hauteurs et saillies d'icelles.

» ART. 4. Comme aussi semblables défenses sont faites à tous lesdits maçons, charpentiers, menuisiers et tous autres artisans, de n'innover aucune chose au devant desdites maisons et autres lieux où il y a saillies ou pans de bois, iceux réédifier ni faire aucun ouvrage en icelles qui les puisse conforter, conserver ou soutenir, ni faire aucun encorbellement en avance pour porter aucun mur, pan de bois ou autre chose en saillie et porter à faux sur lesdites rues : ainsi faire le tout continuer à plomb depuis le rez-de-chaussée tout contremont.

» ART. 5. Semblables défenses sont faites à tous les susdits ouvriers, de n'excéder, n'outre-passer ès avances qu'ils feront sur la voirie, les hauteurs et longueurs portées et contenues par les permissions et alignements qui leur seront baillés par écrit...... le tout à peine de cinquante écus d'amende et de prison contre les contrevenants, et de pouvoir....... abattre et démolir ce qui se trouvera avoir été fait et entrepris contre et au préjudice de ce que dessus. »

(*Voir* l'édit de décembre 1607, qui a confirmé

et généralisé les dispositions ci-dessus, chap. IJ, section Ire.)

Déclaration du roi concernant les alignements et ouvertures de rues dans Paris.

Du 10 avril 1783.

« ART. 1er. Ordonnons qu'à l'avenir, et à compter du jour de l'enregistrement de la présente déclaration, il ne puisse être, sous quelque prétexte que ce soit, ouvert et formé en la ville et faubourgs de Paris aucune rue nouvelle qu'en vertu des lettres-patentes que nous aurons accordées à cet effet, et que lesdites rues nouvelles ne puissent avoir moins de trente pieds de largeur. Ordonnons pareillement que toutes les rues dont la largeur est au-dessous de trente pieds soient élargies successivement, au fur et à mesure de la reconstruction des maisons et bâtiments situés sur lesdites rues.

» ART. 2. En conséquence, il sera incessamment procédé, par les commissaires généraux de la voirie, à la levée des plans de toutes les rues de la ville et faubourgs de Paris, dont il n'en a point encore été dressé; et à l'égard de celles dont il a déjà été levé des plans déposés au greffe de notre bureau des finances, il sera seulement procédé au récolement d'iceux pour, sur la représentation qui nous sera faite de tous lesdits plans, être par nous réglé l'élargissement à donner à l'avenir à toutes les rues.

» ART. 3. Faisons expresses inhibitions et défenses à tous propriétaires, architectes, entrepreneurs, maçons, charpentiers et autres, d'entreprendre ni encommencer aucune construction ou reconstruction quelconque de murs de face sur rue, sans, au préalable, avoir déposé au greffe de notre bureau des finances le plan desdites constructions et reconstructions, et avoir obtenu des officiers dudit bureau les alignements et permissions nécessaires, lesquelles ne pourront être accordées qu'en conformité des plans par nous arrêtés.....

» Art. 4. Chacun des propriétaires de maisons, bâtiments et murs de clôture situés sur les rues, sera tenu de contribuer aux frais des plans ordonnés ci-dessus, au prorata des toises de face de sa propriété.

» Art. 5. La hauteur des maisons et bâtiments en la ville et faubourgs de Paris, autres que les édifices publics, sera et demeurera fixée ; savoir, dans les rues de trente pieds de largeur et au-dessus, à soixante pieds lorsque les constructions seront faites en pierres et moellons, et à quarante-huit pieds seulement lorsqu'elles seront faites en pans de bois ; dans les rues depuis vingt-quatre jusques et y compris vingt-neuf pieds de largeur, à quarante-huit pieds, et dans toutes les autres rues à trente-six pieds seulement, le tout y compris les mansardes, attiques, toits et autres constructions quelconques au-dessus de l'entablement : ordonnons en conséquence que les maisons et bâtiments dont l'élévation excède celle ci-dessus fixée, y seront réduites lors de leur reconstruction. (*Voir* à la suite les lettres-patentes du 25 août 1784, qui ont fixé une proportion différente pour les hauteurs des maisons. Ce dernier article semble impliquer contradiction avec l'article 1er, qui veut que les rues soient toutes portées à la largeur de *trente* pieds ; d'où il suit qu'il est inutile de déterminer pour l'avenir des hauteurs proportionnées à des voies plus étroites. On doit donc en conclure que cette dernière disposition, de même que celle qui y correspond dans le règlement de 1784, ne statue que jusqu'au moment où toutes les rues auront atteint leur *minimum* de largeur.)

» Art. 6. Faisons défenses à tous propriétaires, charpentiers, maçons et autres, de construire et adapter aux maisons et bâtiments situés en la ville et faubourgs de

Paris, aucun autre bâtiment en saillie et porte-à-faux sous quelque prétexte que ce soit; enjoignons aux propriétaires et locataires des maisons où il a été adapté de pareilles saillies, soit en maçonnerie ou en charpente, de les supprimer et démolir dans un mois, à compter du jour de l'enregistrement de la présente déclaration.

» Art. 7. Ceux qui contreviendront à l'exécution de la présente déclaration, soit en perçant quelques nouvelles rues, soit en élevant leurs maisons au-dessus des hauteurs ci-dessus déterminées, ou en y adaptant des bâtiments en saillie et porte-à-faux, soit en ne se conformant point aux alignements qui leur seront donnés, seront condamnés, quant aux propriétaires, en trois mille livres d'amende, applicables à l'hôpital général, les ouvrages démolis, les matériaux confisqués et les places réunies à notre domaine; et à l'égard des maîtres maçons et autres ouvriers, en mille livres d'amende, applicables comme dessus, et déchus de leur maîtrise sans pouvoir être rétablis par la suite..... »

Ce système de pénalité a été entièrement changé par la nouvelle législation. (*Voir*, à cet égard, les observations contenues au chap. IV de la Iʳᵉ partie. Il en est de même de l'affectation du produit de l'amende.)

Lettres-patentes du roi, concernant la hauteur des maisons de la ville et faubourgs de Paris.

Du 25 août 1784.

« Art. 1ᵉʳ. Ordonnons qu'à l'avenir la hauteur des façades des maisons et bâtiments, en la ville et faubourgs de Paris, autre que celle des édifices publics, sera et demeurera fixée à raison de la largeur des différentes rues; savoir, dans les rues de trente pieds de largeur et au-dessus, à cinquante-quatre pieds; dans les rues depuis vingt-quatre jusques et y compris vingt-neuf pieds de largeur, à quarante-cinq pieds; et dans toutes celles au-dessous de vingt-trois pieds de largeur, à trente-six pieds; le tout mesuré du pavé des rues jusques et compris les corniches ou entablements, même les corniches des attiques, ainsi que la hauteur des étages en mansardes, qui tiendraient lieu desdits attiques. Voulons que les façades ci-dessus fixées ne puissent jamais être surmontées que d'un comble, lequel aura dix pieds d'élévation du dessus des corniches ou entablements jusqu'à son faîte, pour les corps de logis simples en profondeur; de quinze pieds pour les corps de logis doubles : défendons d'y contrevenir sous les peines portées par notre déclaration du 10 avril 1783.

» ART. 2. Permettons à tous propriétaires de maisons et bâtiments situés à l'encoignure de deux rues d'inégale largeur, de les reconstruire en suivant, du côté de la rue la plus étroite, la hauteur fixée pour la rue la plus large; et ce, dans l'étendue seulement de la profondeur du corps de bâtiment, ayant face sur la plus grande rue, soit que ledit corps de bâtiment soit simple ou double en profondeur, passé laquelle étendue, la partie restante de la maison ayant façade sur la rue la moins large sera assujettie aux hauteurs fixées par l'article précédent.

» ART. 3. Ordonnons, au surplus, que notre déclaration du 10 avril 1783 sera exécutée selon sa forme et teneur, en ce qui n'y est pas dérogé. »

Un arrêté du directoire exécutif, du 13 germinal an V, avait chargé le ministre de l'intérieur du soin de régler les alignements dans Paris : en conséquence, les plans particuliers de chaque rue, sur lesquels les projets des nouveaux alignements avaient été tracés, étaient successivement arrêtés par de simples décisions ministérielles ; mais la loi du 16 septembre 1807, et l'avis du conseil d'état du 3 septembre 1811, changèrent cette disposition par les motifs indiqués dans cet avis ainsi conçu :

« Considérant que, conformément à l'article 52 de la loi du 16 septembre 1807, le conseil de sa majesté ne peut autoriser des acquisitions *pour l'ouverture de nouvelles rues, pour l'élargissement des anciennes, ou pour tout autre objet d'utilité publique*, que pour les communes dont les projets *auront été arrêtés en conseil d'état.*

» Le conseil est d'avis : 1° que le ministre de l'intérieur soit invité, avant de proposer à sa majesté un projet d'acquisition de maisons ou terrains nécessaires à l'embellissement ou à l'utilité, soit de la ville de Paris, soit de toute autre ville ou commune du royaume, à faire précéder cette demande, soit du plan des alignements déjà arrêtés légalement, s'il y a lieu, soit d'un projet du plan d'alignement, pour ledit plan être arrêté en conseil d'état, en exécution de l'article 52 de la loi du 26 septembre 1807.

» 2° Que pour la ville de Paris spécialement, il est important de mettre de la régularité dans les alignements qui sont quelquefois donnés maison par maison, et sans système général ; et qu'à cet effet le préfet du département de la Seine, dans les attributions duquel est ce travail, doit faire présenter dans le plus court délai, au ministre de l'intérieur, le plan des alignements et, autant qu'il se pourra, des nivellements pour la ville de Paris, et que pour faire jouir plus tôt ses habitants des avantages et de la sécurité qui en résulteront, ce plan soit présenté successivement et par quartier, quand la chose sera possible, pour, sur le rapport du ministre de l'intérieur, **y** être statué par sa majesté aux termes dudit article 52.

« 3° Que le présent soit inséré au *Bulletin des lois*. »

En conséquence, la ville de Paris est rentrée dans la règle commune. Le ministre de l'intérieur a remis au préfet le soin de préparer le travail des alignements, et de proposer les projets que réclament l'utilité publique et l'intérêt local. Il est statué sur les plans partiels dans les mêmes formes que pour les plans d'alignement des villes. (*Voir* au chap. II, sect. II de la Iᵣᵉ partie.)

§ III. *Des saillies.*

Cette partie de la voirie est commune au préfet de la Seine et au préfet de police ; c'est-à-dire que les saillies fixes, tels que balcons, pilastres, avant-corps, entablements, etc., sont censées dépendre de la grande voirie, tandis que les échoppes, les étalages, les auvents, les enseignes et toutes les saillies qui, bien que fixes par elles-mêmes, ne font pas partie intégrante des constructions, appartiennent à la petite voirie. Cette classification est fondée sans doute sur ce que les premières, une fois établies conformément aux conditions prescrites, n'intéressant point la viabilité des rues, présentent une solidité qui dispense de toute surveillance ultérieure; tandis que les secondes pouvant, par leur chute ou par l'excès de leurs dimensions, compromettre la sûreté publique, ou gêner la circulation, appellent plus particulièrement l'attention de l'autorité, et sous ce rapport doivent être soumises à l'action de la police.

On n'entend pas, au surplus, parler ici des bâtiments en saillie sur les alignements arrêtés, et à l'égard desquels il n'y a rien à ajouter aux observations contenues dans le second chapitre de la première partie.

Les anciens règlements qui ont déterminé l'espèce et les dimensions des saillies permises, ainsi que les droits dus pour les permissions, sont en très-grand nombre : nous nous bornerons à rappeler ici les principales.

Déclaration du roi portant règlement pour les fonctions et droits des officiers de la voirie.

Du 16 juin 1693.

« Voulons que, conformément aux édits, arrêts et règlements de la voirie, et de l'édit du mois de mars dernier (1), tous les alignements soient donnés par nos trésoriers de France, dont les opérations seront faites par nos commissaires généraux, pour lesquelles nous leur avons attribué, pour alignement, de chacune maison, la somme de six livres, sans que pour une jambe étrière, commune entre deux maisons, ils puissent prendre ni

(1) Qui a nommé quatre commissaires généraux de la voirie.

percevoir qu'un seul droit d'alignement, à peine de concussion.

» Faisons défenses à tous particuliers, maçons et ouvriers, de faire démolir, construire ou réédifier, aucuns édifices ou bâtiments, élever aucuns pans de bois, balcons ou auvents cintrés, établir travaux de maréchaux, poser pieux ou barrières, étaies ou étrésillons, sans avoir pris les alignements et permissions de nosdits trésoriers de France, à peine contre les contrevenants de vingt livres d'amende, pour lesquelles permissions d'apposition d'étaies, pieux, barrières, travaux de maréchaux et auvents cintrés, il sera payé auxdits commissaires de la voirie cinq livres.

» Toutes permissions ou congés pour apposition des objets ci-après :

Abat-jours,
Appuis de boutiques,
Auvents,
Barreaux,
Bouchons,
Bornes,
Cages,
Châssis à verres saillants,
Comptoirs,
Contre-vents ouvrant en dehors,
Dos-d'âne,
Échoppes,
Enseignes,
Établis,
Étalages,
Étaux,
Éviers,
Fermeture de croisée ou de soupirail ouvrant sur la rue,
Huis de cave,
Marches,
Montants,
Montoirs à cheval,
Montres,
Pas,
Portes,
Plafonds,
Perches,
Râteliers,
Seuils,
Siéges,
Tableaux,

et autres choses formant avances sur la voie publique, seront accordées par nosdits commissaires de la voirie;

et pour chacune permission, il leur sera payé quatre livres, ensemble pour les boutiques et échoppes posées de neuf, des savetiers, revendeuses, tripières, bouquetières, vendeuses de sel, de morue, salines, et pour chacune desquelles boutiques et échoppes il leur sera payé pareil droit de quatre livres, quoiqu'il y en ait eu de posées auparavant. Et pour le rétablissement des choses ci-dessus exprimées, par caducité ou autrement ou changement d'icelles, il ne leur sera payé que demi-droit de quarante sous; et pareil droit pour les petits auvents et pour les appuis saillants mis sur les croisées ou fenêtres. Défendons pareillement à tous nosdits sujets de faire mettre et poser les choses ci-dessus, qu'au préalable ils n'aient pris desdits commissaires la permission et payé les droits, à peine de dix livres d'amende. Ne seront toutefois les choses ci-dessus exprimées, soit qu'elles soient posées de neuf ou rétablies, sujettes auxdits droits, si elles n'excèdent le nu et le corps des murs ou pans de bois, sur lesquels elles seront attachées ou posées. »

Ordonnance du bureau des finances, portant règlement sur les saillies et étalages.

Du 1er avril 1697.

« ... Faisons pareillement défenses à tous particuliers, propriétaires, maçons, charpentiers et autres, de faire ni faire faire aucuns ouvrages qui puissent conserver ou conforter les saillies, traverses (1) et avances sur rues, voies et places publiques, construire aucun nouveau bâ-

(1) Plusieurs décisions du ministre de l'intérieur ont, conformément à cette disposition, défendu la construction de ponts ou communications transversales sur les rues même à l'égard d'établissements publics importants, à Paris et dans d'autres villes.

timent, mur de clôture et autres édifices, élever ni construire aucun pan de bois, ni même rétablir aucune maison, mur de clôture, jambe d'encoignure ou étrière sur les rues et voies publiques, sans au préalable en avoir pris la permission et l'alignement de nous, à peine de démolition et de vingt livres d'amende.....

» Faisons aussi défenses à tous particuliers, propriétaires ou locataires de maisons, menuisiers, charpentiers et autres ouvriers, de faire ni faire faire aucuns balcons, avant-corps, travail ou auvent de maréchal, ni auvent cintré ou forme ronde au devant de leurs maisons et boutiques, qu'après avoir pris notre permission, en conséquence du consentement des deux propriétaires voisins, ou iceux préalablement ouïs où il échet, aussi à peine de démolition, confiscation des matériaux et de pareille amende; et s'il convient de mettre des consoles sous lesdits auvents cintrés, elles ne pourront descendre plus bas qu'à dix pieds de rez-de-chaussée, à peine de démolition.....»

L'ordonnance dont il vient d'être donné un extrait, et qui reproduit celle du 26 octobre 1666 (*voir* la suite au chap. II ci-après), a rappelé l'exécution des dispositions antérieures sur les saillies : des lettres-patentes du 22 octobre 1733 ont confirmé le tarif du 16 juin 1693, précédemment rapporté; une autre ordonnance des trésoriers de France, du 14 décembre 1725, a déterminé les dimensions à observer pour tous les objets de petite voirie : tous ces actes ont été rappelés et remis en vigueur par lettres-patentes du 31 décembre 1781. Enfin, un décret du 27 octobre 1808 a établi un nouveau tarif des droits à percevoir : dans ces droits sont compris les épices, les vacations et les taxes que levaient autrefois le bureau des finances et les commissaires généraux.

On a contesté la légalité de cette fixation ; mais comme elle ne change rien à ce qui existait, sinon que l'on acquitte aujourd'hui entre les mains de l'administration ce qui se payait autrefois comme honoraires aux agents de la voirie, il n'y a réellement aucun sujet valable de contestation sur ce point.

L'ordonnance royale, du 24 décembre 1823, a établi de nouvelles règles quant aux dimensions et aux systèmes de construction des avances sur la voie publique susceptibles d'être autorisées. On trouvera réuni dans ce nouveau règlement ce qui concerne les attributions du préfet du département, et celles du préfet de police en matière de saillies.

Nous rapporterons d'abord le dispositif du décret du 27 octobre 1808, ainsi que le tarif annexé à ce décret, et provisoirement maintenu :

« ART. 1er. A compter du 1er juillet prochain, les droits dus dans la ville de Paris, d'après les anciens règlements sur le fait de la voirie pour les délivrances d'alignements, permissions de construire ou réparer, et autres permis de toute espèce, qui se requièrent en grande ou en petite voirie, seront perçus conformément au tarif joint au présent décret.

» ART. 2. La perception de ces droits sera faite à la

préfecture du département pour les objets de grande voirie, et à la préfecture de police pour les objets de petite voirie, par le secrétaire général de chacune de ces administrations, à l'instant même qu'il délivrera les expéditions des permis accordés.

» Art. 3. Il sera tenu dans chacune des deux préfectures, 1° un registre à souche, où seront inscrites, sous une seule série de numéros pour le même exercice, les minutes desdits permis, et d'où se détacheront les expéditions à en délivrer; 2° un registre de recette, où s'inscriront, jour par jour, les recouvrements opérés.

» Ces deux registres seront cotés et paraphés par les préfets, chacun pour ce qui concerne son administration.

» Art. 4. Le versement des sommes recouvrées s'effectuera de quinze jours en quinze jours, à la caisse du receveur municipal de la ville de Paris.

» Art. 5. Il sera, de plus, adressé audit receveur, dans les dix premiers jours de chaque mois, et par chacun des préfets pour son administration, un bordereau indicatif des permis accordés dans le mois précédent, du montant des droits dus pour chacun, du recouvrement qui en a été fait ou qui reste à faire.

» Art. 6. A l'envoi du bordereau prescrit par l'article ci-dessus, seront jointes les expéditions de permis qui se trouveraient n'avoir pas encore été retirées par les demandeurs, et dont les droits resteraient à acquitter. Le receveur de la ville en poursuivra le recouvrement dans les formes usitées en matière de contribution directe.

» Art. 7. Il ne sera rien perçu en sus des droits portés au tarif, ou pour autres causes que celles y énoncées, même sous prétexte de droit de quittance, frais de timbre ou autres, à peine de concussion. »

TARIF POUR LA GRANDE VOIRIE.

DÉNOMINATION ET TARIF des DROITS A PERCEVOIR.	fr. c.	DÉNOMINATION ET TARIF des DROITS A PERCEVOIR.	fr. c.
Alignement pour chaque mètre de longueur de face : savoir,		Encorbellement pour chaque 5 centimètres de saillie.	5 00
d'un bâtiment dans une rue de moins de 8 mètres de large.	5 00	Entablement avec échafaud, droit fixe. . .	10 00
de 8 mètres jusqu'à 10.	6 00	*Idem*, en partie. . .	5 00
de 10 et au-dessus.	7 00	Étaies ou étrésillons. (*V.* contre-fiches.)	5 00
d'un mur de clôture. . .	1 00		
d'une clôture provisoire en planches	0 25	Exhaussement d'un bâtiment aligné, droit fixe.	10 00
Réparations partielles. (*Voy.* Jambe étrière, Pied-droit, etc.)		d'un bâtiment non aligné. (*V.* Alignement.)	
Avant-corps en pierre, et pilastres (*Voyez* Colonnes), droit fixe pour chaque.	10 00	Jambe étrière reconstruite en la face d'une maison alignée, droit fixe.	10 00
Balcon (Petit) avec construction nouvelle pour chaque croisée.	5 00	Jambe étrière à reconstruire suivant l'alignement. (*Voyez* Alignement.)	
Balcon (Grand), pour chaque mètre de longueur.	10 00	Linteau.	10 00
Barrières au-devant des fouilles, cour, constructions et réparations. . .	5 00	Mur. (*V.* Alignement.)	
		Ouverture ou percement de boutiques ou croisées.	10 00
Bâtiments. (*V.* Alignem.)			
Colonnes engagées en pierre formant support, droit fixe pour chaque 5 centimètres de saillie en pierre. (*Tolérées par l'ordonnance royale du 24 décembre 1823.*)		Pan de bois neuf, droit fixe, non compris l'alignement.	20 00
		Idem pour rétablissement partiel, droit fixe. . .	10 00
Colonnes isolées en pierre, droit fixe. (*Même observation qu'à l'article précédent.*)		Pied-droit à reconstruire en la face d'une maison alignée, droit fixe. . .	10 00
		Idem à reconstruire suivant l'alignement. (*V.* Alignement.)	
Contre-fiches pour constructions et réparations, droit fixe.	5 00	Pilastres en pierre. (*Tolérés par l'ordonnance royale du 24 décembre 1823.*) (*Voyez* Colonnes.)	
Dosserets, droit fixe. . .	10 00	Poitrail, droit fixe. . . .	10 00
		Idem. . . . :	10 00

TOME II.

14

DÉNOMINATION ET TARIF DES DROITS A PERCEVOIR.	fr. c.	DÉNOMINATION ET TARIF des DROITS A PERCEVOIR.	fr. c.
Réparation en la face d'un bâtiment. (*Voyez* Alignement.)		Tour ronde ne sera plus autorisée.	Mém.
Ravalement avec échafaud, droit fixe.	10 00	Trumeaux à reconstruire en la face d'une maison alignée, droit fixe. . .	10 00
Idem partiel.	5 00	*Idem*, à reconstruire suivant l'alignement. (*V.* Alignement.)	
Tour creuse ou enfoncement.	10 00		

TARIF POUR LA PETITE VOIRIE.

DÉNOMINATION ET TARIF des DROITS A PERCEVOIR.	fr. c.	DÉNOMINATION ET TARIF des DROITS A PERCEVOIR.	fr. c.
Abat-jour.	4 00	Barrière au-devant des maisons.	50 00
Abat-vent des boutiques.	4 00		
Appui à demeure, compris les soubassements.	4 00	Barrière au-devant des démolitions pour cause de péril.	5 00
Appui sur les croisées ou fenêtres.	2 00	Bornes appuyées contre le mur, en quelque nombre qu'elles soient.	4 00
Appui mobile.	4 00		
Auvent ordinaire en menuiserie.	4 00	Bornes isolées.	4 00
Auvent (Petit) au-dessus des croisées.	2 00	Bouchons de cabarets, ou couronnes	4 00
Auvents cintrés en plâtre, avec fer et fentons. . .	12 50	Bustes formant étalage. .	4 00
		Cadran. (*Voy.* Tableau.)	
Baldaquins. . . . . , . .	50 00	Cage. (*Voy*. Étalage.)	
Balcons (Petits) ou balustres aux fenêtres sans construction nouvelle.	2 00	Changement de menuiserie des croisées.	4 00
		Chardons de fer ou herses.	4 00
Banc.	4 00	Châssis à verre, sédentaires ou mobiles. . . .	4 00
Bannes.	4 00		
Barreaux de boutiques et de croisées.	4 00	Clôture ou fermeture de rue pour bâtir. (*Voy*. Pieux.)	
Barres de support. . . .	4 00		

DÉNOMINATION ET TARIF des DROITS A PERCEVOIR.		DÉNOMINATION ET TARIF des DROITS A PERCEVOIR.	
	fr. c.		fr. c.
Colonnes engagées en menuiserie, et parement de décorations.	20 00	Gargouilles d'éviers. (*Voy.* Éviers.)	4 00
Colonnes isolées.	20 00	Grilles de boutiques ou de croisées. (*Voy.* Barreaux.).	4 00
Comptoirs ou établis mobiles	4 00	Grilles de cave.	4 00
Conduites ou tuyaux de plomb pour conduire les eaux des maisons.	4 00	Herses ou chardons de fer. (*Voy.* Chardons.). . .	4 00
Contre-fiches à placer en cas de péril.	5 00	Jalousies. (*Voy.* Châssis de verre.).	4 00
Contrevent ou fermeture de boutiques et croisées.	4 00	Marches, pour chaque. . s'il n'y en a qu'une. .	5 00 4 00
Corniches en bois.	4 00	Montre ou étalage. . . .	4 00
Corniches en plâtre. . . .	10 00	Moulinet de boulanger. .	4 00
Cuvettes. (*Voy.* Conduite.)	4 00	Perches, pour chacune. .	10 00
Degrés. (*Voy.* Marches.)	4 00	Perron	50 00
Devanture de boutique en menuiserie.	25 00	Pieux pour barrer les rues	25 00
Dos-d'âne ou étalage. (*Voy.* Étaux.)	4 00	Pilastres en bois.	4 00
		Plafonds	4 00
Échoppes sédentaires ou demi-sédentaires. . . .	10 00	Poêles ou tuyaux de poêle.	4 00
Échoppes mobiles.	4 00	Portes ouvrant en dehors.	4 00
Enseignes. (*Voy.* Tableau.)	4 00	Potence de fer ou en bois.	4 00
Établis. (*Voy.* Comptoirs.)	4 00	Poulies	4 00
Étaies ou étrésillons. (*Voy.* Contre-fiches.)		Seuil.	4 00
Étalages.	4 00	Siége de pierre ou de bois.	4 00
Étaux de boucher.	4 00	Soubassements	5 00
Éviers et gargouilles. . .	4 00	Stores.	4 00
Fermetures de boutiques. (*Voy.* Portes.).	4 00	Tableau servant d'enseigne.	4 00
Fermetures de croisées fixées. (*Voy.* Châssis.).	00 4 00	Tapis d'étalage (*Voy.* Étalage)	4 00
		Tuyaux de poêle. (*Voy.* Poêle.)	4 00
		Volets servant d'enseigne.	4 00

Ordonnance du roi contenant règlement sur les saillies dans la ville de Paris.

Du 24 décembre 1823.

« Vu l'ordonnance du bureau des finances de Paris, du 14 décembre 1725, portant détermination des saillies à permettre dans cette ville ;

» Vu les lettres-patentes du 22 octobre 1733, concernant les droits de voirie ;

» Vu les lettres-patentes du 31 décembre 1781, ordonnant l'exécution de différents règlements relatifs à la voirie de Paris ;

» Vu le décret du 27 octobre 1808 :

» Sur le compte qui nous a été rendu des accidents multipliés arrivés dans notre bonne ville de Paris par la chute d'entablements, de corniches et d'auvents en plâtre, et de la difformité, des embarras et des dangers que présente la saillie démesurée des devantures de boutiques, tableaux, enseignes, étalages, bornes et autres objets placés au-devant des murs de face des maisons ;

» Considérant qu'il est indispensable de prendre des mesures promptes et efficaces afin de prévenir de nouveaux malheurs et de remédier aux abus qui se sont introduits par suite de l'inexécution des anciens règlements ;

» Notre conseil d'état entendu, nous avons ordonné, etc. :

» Titre Ier. *Dispositions générales.*

» Art. 1er. Il ne pourra à l'avenir être établi sur les murs de face des maisons de notre bonne ville de Paris aucune saillie autre que celles déterminées par la présente ordonnance.

» Art. 2. Toute saillie sera comptée à partir du nu du mur au-dessus de la retraite.

» Titre II. *Dimensions des saillies.*

» ART. 3. Aucune saillie ne pourra excéder les dimensions suivantes :

» SECTION Ire. *Saillies fixes.*

» Pilastres et colonnes en pierre. . . . .

» Dans les rues au-dessous de huit mètres de largeur. . . . . »^m.   03^c.

» Dans les rues de huit à dix mètres de largeur. . . . . »   04

» Dans les rues de douze mètres de largeur et au-dessus. . . . . »   10

» (Lorsque les pilastres et les colonnes auront une épaisseur plus considérable que les saillies permises, l'excédant sera en arrière de l'alignement de la propriété, et le nu du mur de face formera arrière-corps à l'égard de cet alignement, toutefois les jambes étrières ou boutisses devront toujours être placées sur l'alignement.

» Dans ce cas, l'élévation des assises de retraite sera réglée à partir du sol :

» Dans les rues de dix mètres de largeur et au-dessous, à quatre-vingts centimètres.

» Dans celles de dix à douze mètres de largeur, à un mètre.

» Dans celles de douze mètres et au-dessus, à un mètre quinze centimètres).

» Grands balcons. . . . . »^m.   80^c.

» Herses, chardons, artichauts et fraises.   »   80

» Auvents de boutiques. . . . . »   80

» Petits auvents au-dessus des croisées. .   »   25

» Bornes dans les rues, au-dessous de dix mètres de largeur. . . . . »   50

» *Idem*, dans les rues de dix mètres et au-dessus. . . . . , ... »   80

» Bancs de pierre au côté des portes des maisons. . . . . »   60

» Corniches en menuiserie sur boutiques. . . . . »   50

» Abat-jour de croisées dans la partie la
plus élevée.. . . . . » ᵐ. 33ᶜ.

» Moulinets de boulangers et poulies. . » 50

» Petits balcons, y compris l'appui des
croisées. . . . . » 22

» Seuils, socles. . . . . » 22

» Colonnes isolées en menuiserie.. . . . » 16

» Colonnes engagées en menuiserie. . . » 16

» Pilastres en menuiserie. . . . . » 16

» Barreaux et grilles de boutiques. . . . » 16

» Appui de boutique. . . . . » 16

» Tuyau de descente ou d'évier.. . . . » 16

» Cuvettes.. . . . . » 16

» Devanture de boutique, toute espèce
d'ornements compris.. . . . . » 16

» Tableaux, enseignes, bustes, reliefs,
montres, attributs, y compris les bordures,
supports et points d'appui. . . . . » 16

» Jalousies.. . . . . » 16

» Persiennes ou contre-vents.. . . . . . » 11

» Appuis de croisées. . . . . » 08

» Barres de supports. . . . . » 08

» (Les parements de décorations au-dessus du ʳᵉᶻ-
de-chaussée n'auront que l'épaisseur des bois appliqués
au mur.)

» Section II. *Saillies mobiles.*

» Lanternes ou transparents avec potence.. . . . . » ᵐ. 75ᶜ.

» Lanternes ou transparents en forme
d'applique. . . . . » 22

» Tableaux, écussons, enseignes, montres, étalages, attributs, y compris les
supports, bordures, crochets, et points
d'appui. . . . . » 16

» Appuis de boutiques, y compris les
barres et crochets . . . . » 16

» Volets, contre-vents ou fermetures de
boutiques. . . . . » ᵐ. 16ᶜ.

» ART. 4. Les saillies déterminées par l'article précédent pourront être restreintes suivant les localités.

» TITRE III. *Dispositions relatives à chaque espèce de
saillie.*

» SECTION Iʳᵉ. *Barrières au devant des maisons.*

» ART. 5. Il est défendu d'établir des barrières fixes
au devant des maisons et de leurs dépendances, quelles
qu'elles puissent être, tant dans les rues et places que
sur les boulevarts, à moins qu'elles ne soient reconnues
nécessaires à la propreté, et qu'elles ne gênent point la
circulation.

» La saillie de ces barrières ne pourra, dans aucun
cas, excéder un mètre et demi.

» ART. 6. Les propriétaires, auxquels il aura été accordé la permission d'établir des barrières, seront obli-
gés de les maintenir en bon état.

» SECTION II. *Bancs, pas, marches, perrons, bornes.*

» ART. 7. Il ne sera permis de placer des bancs au-devant des maisons que dans les rues de dix mètres de
largeur et au-dessus. Ces bancs seront en pierre, ne dé-
passeront pas l'alignement de la basse des bornes, et seront établis, dans toute leur longueur, sur maçonnerie
pleine et chanfreinée.

» ART. 8. Il est défendu de construire des perrons en
saillie sur la voie publique.

» Les perrons actuellement existants seront supprimés
autant que faire se pourra, lorsqu'ils auront besoin de
réparations.

» Il ne sera accordé de permissions que pour les pas
et marches, lorsque les localités l'exigeront. Ces pas et
marches ne pourront dépasser l'alignement de la base des
bornes. En cas d'insuffisance de cette saillie, le propriétaire rachètera la différence du niveau, en se retirant
sur lui-même. Néanmoins, les propriétaires des maisons

riveraines des boulevarts intérieurs de Paris pourront être autorisés à construire des perrons au-devant desdites maisons, s'il est reconnu qu'ils soient absolument nécessaires, et que les localités ne permettent pas aux propriétaires de se retirer sur eux-mêmes.

» Ces perrons, quelle qu'en soit la forme, ne pourront, sous aucun prétexte, excéder un mètre de saillie tout compris, ni approcher à plus d'un mètre de distance de la ligne extérieure des arbres de la contre-allée.

» ART. 9. Il est permis d'établir des bornes aux angles saillants des maisons formant encoignure de rues; mais lorsque ces encoignures seront disposées en pan coupé de soixante centimètres au moins et d'un mètre au plus de largeur, une seule borne sera placée au milieu du pan coupé.

» SECTION III. *Grands balcons.*

» ART. 10. Les permissions d'établir de grands balcons ne seront accordées que dans les rues de dix mètres de largeur et au-dessus, ainsi que dans les places ou carrefours, et ce d'après une enquête *de commodo et incommodo.*

» S'il n'y a point d'opposition, les permissions seront délivrées. En cas d'opposition, il sera statué par le conseil de préfecture, sauf le recours au conseil d'état.

» Dans aucun cas, les grands balcons ne pourront être établis à moins de six mètres du sol de la voie publique.

» Le préfet de police sera toujours consulté sur l'établissement des grands et des petits balcons.

» SECTION. IV. *Constructions provisoires, échoppes.*

» ART. 11. Il pourra être permis de masquer par des constructions provisoires ou des appentis tout renfoncement entre deux maisons, pourvu qu'il n'y ait pas au delà de huit mètres de longueur, et que la profondeur soit au moins d'un mètre. Ces constructions ne devront, dans aucun cas, excéder la hauteur du rez-de-chaussée;

et elles seront supprimées dès qu'une des maisons atte-
nantes subira retranchement.

» Il est permis de masquer par des constructions légères, en forme de pan coupé, les angles de toute espèce
de retranchement au-dessus de huit mètres de longueur,
mais sous la même condition que ci-dessus pour leur établissement et leur suppression.

» Le préfet de police sera toujours consulté sur les
demandes formées à cet effet.

» Art. 12. Il est expressément défendu d'établir des
échoppes en bois ailleurs que dans les angles et renfoncements hors de l'alignement des rues et places.

» Toutes les échoppes existantes qui ne sont point
conformes aux dispositions ci-dessus seront supprimées
lorsque les détenteurs actuels cesseront de les occuper,
à moins que l'autorité ne juge nécessaire d'en ordonner
plutôt la suppression.

» Section V. *Auvents et corniches des boutiques.*

» Art. 13. Il est défendu de construire des auvents et
corniches en plâtre au-dessus des boutiques. Il ne pourra
en être établi qu'en bois, avec la faculté de les revêtir
extérieurement de métal : toute autre manière de les
couvrir est prohibée.

» Les auvents et corniches en plâtre actuellement établis au-dessus des boutiques ne pourront être réparés. Ils
seront démolis lorsqu'ils auront besoin de réparations et
ne seront rétablis qu'en bois.

» Section VI. *Enseignes.*

» Art. 14. Aucuns tableaux, enseignes, montres,
étalages et attributs quelconques, ne seront suspendus,
attachés ni appliqués, soit aux balcons, soit aux auvents;
leurs dimensions seront déterminées au besoin par le
préfet de police, suivant les localités.

» Il pourra néanmoins être placé sous les auvents des
tableaux ou plafonds en bois, pourvu qu'ils soient posés
dans une direction inclinée.

» Tout étalage formé de pièces d'étoffes disposées en draperies et guirlandes, et formant saillie, est interdit au rez-de-chaussée.

» Il ne pourra descendre qu'à trois mètres du sol de la voie publique.

» Tout crochet destiné à soutenir les viandes en étalage devra être placé de manière à ce que les viandes ne puissent excéder le nu des murs de face ni faire aucune saillie sur la voie publique.

» Section VII. *Tuyaux de poêle et de cheminée.*

» Art. 15. A l'avenir, et pour toutes les maisons de construction nouvelle, aucun tuyau de poêle ne pourra déboucher sur la voie publique.

» Dans l'année de la publication de la présente ordonnance, les tuyaux de poêle crêtés, et autres, qui débouchent actuellement sur la voie publique, seront supprimés, s'il est reconnu qu'ils peuvent avoir une issue intérieure. Dans le cas où la suppression ne pourrait avoir lieu, ces mêmes tuyaux seraient élevés jusqu'à l'entablement, avec les précautions nécessaires pour assurer leur solidité et empêcher l'eau rousse de tomber sur les passants.

» Art. 16. Les tuyaux de cheminée en maçonnerie et en saillie sur la voie publique seront démolis et supprimés lorsqu'ils seront en mauvais état ou que l'on fera de grosses réparations dans les bâtiments auxquels ils sont adossés.

» Les tuyaux de cheminée en tôle, en poterie et en grès ne pourront être conservés extérieurement sous aucun prétexte.

» Section VIII. *Bannes.*

» Art. 17. La permission d'établir des bannes ne sera donnée que sous la condition de les placer à trois mètres au moins au-dessus du sol dans sa partie la plus basse, de manière à ne pas gêner la circulation. Leurs supports seront horizontaux. Elles n'auront de joues qu'autant que les localités le permettront, et les dimensions en seront déterminées par l'autorité.

» Les bannes devront être en toile ou en coutil, et ne pourront dans aucun cas, être établies sur châssis.

» La saillie des bannes ne pourra excéder un mètre cinquante centimètres.

» Dans l'année de la publication de la présente ordonnance, toutes les bannes qui ne seront pas conformes aux conditions exigées plus haut seront changées, réduites ou supprimées.

» Section IX. *Perches.*

» Art. 18. Les perches et étendoirs des blanchisseuses, teinturiers, dégraisseurs, couverturiers, etc., ne pourront être établis que dans les rues écartées et peu fréquentées et après une enquête *de commodo et incommodo*, sur laquelle il sera statué, comme il a été dit en l'art. 10 ci-dessus.

» Section X. *Éviers.*

» Art. 19. Les éviers pour l'écoulement des eaux ménagères seront permis sous la condition expresse que leur orifice extérieur ne s'élèvera pas à plus d'un décimètre au-dessus du pavé de la rue.

» Section XI. *Cuvettes.*

» Art. 20. A l'avenir et dans toutes les maisons de construction nouvelle, il ne pourra être établi en saillie sur la voie publique aucune espèce de cuvette pour l'écoulement des eaux ménagères des étages supérieurs.

» Dans les maisons actuellement existantes, les cuvettes placées en saillie seront supprimées lorsqu'elles auront besoin de réparations, s'il est reconnu qu'elles peuvent être rétablies à l'intérieur. Dans le cas contraire, elles seront disposées, autant que faire se pourra, de manière à recevoir les eaux intérieurement, et garnies de hausses pour prévenir le déversement des eaux et toute éclaboussure au-dessous.

» Section XII. *Constructions en encorbellement*

» Art. 21. À l'avenir il ne sera permis aucune construction en encorbellement, et la suppression de celles qui existent aura lieu toutes les fois qu'elles seront dans le cas d'être réparées.

» Section XIII. *Corniches et entablements.*

» Art. 22. Les entablements et corniches en plâtre au-dessus de seize centimètres de saillie seront prohibés dans toutes les constructions en bois.

» Il ne sera permis d'établir des corniches ou entablements de plus de seize centimètres de saillie qu'aux maisons construites en pierre ou moellons, sous la condition que ces corniches seront en pierres de taille ou en bois, et que la saillie n'excédera, dans aucun cas, l'épaisseur d'un mur à sa sommité.

» On pourra permettre des corniches ou entablements en bois sur les pans de bois.

» Les entablements ou corniches des maisons actuellement existantes, qui auront besoin d'être reconstruits en tout ou en partie, seront réduits à la saillie de seize centimètres, s'ils sont en plâtre, et ne pourront excéder en saillie l'épaisseur du mur à sa sommité, s'ils sont en pierres ou en bois.

» Section XIV. *Gouttières saillantes.*

» Art. 23. Les gouttières saillantes seront supprimées en totalité dans le délai d'une année, à partir de la publication de la présente ordonnance.

» Il ne sera perçu aucun droit de petite voirie pour les tuyaux de descente qui seront établis en remplacement des gouttières saillantes supprimées dans ce délai.

» Section XV. *Devantures de boutiques.*

» Art. 24. Les devantures de boutiques, montres, bustes, reliefs, tableaux, enseignes et attributs fixes, dont la saillie excède celle qui est permise par l'article 3 de la présente ordonnance, seront réduites à cette saillie lorsqu'il y sera fait quelques opérations.

» Dans aucun cas, les objets ci-dessus désignés qui

sont susceptibles d'être réduits ne pourront subsister, les devantures de boutiques au delà de neuf années, et les autres objets au delà de trois années, à compter de la publication de la présente ordonnance.

» Les établissements du même genre qui sont mobiles seront réduits dans l'année.

» Seront supprimées dans le même délai toutes saillies fixes placées au-devant d'autres saillies.

» Art. 25. Il n'est point dérogé aux dispositions des anciens règlements concernant les saillies, ni au décret du 13 août 1810, concernant les auvents des spectacles et de l'esplanade des boulevarts, en tout ce qui n'est pas contraire à la présente ordonnance. »

§ IV. *De la police des constructions.*

Il existait avant la révolution une juridiction spéciale pour la police des constructions, connue sous le nom de *chambre des bâtiments*, dont les règlements subsistent encore aujourd'hui. Cette juridiction, créée par saint Louis en 1268, n'était alors exercée que par le maître maçon du roi, et le fut, depuis 1645 alternativement, par trois officiers qualifiés de maîtres généraux des bâtiments du roi, ponts et chaussées de France, et gardes de la juridiction royale des bâtiments. Ils connaissaient des contraventions aux règles de l'art de bâtir, et jugeaient, sur les rapports des experts et maîtres maçons, qu'ils avaient pouvoir de commettre à cet effet des abus et malversations auxquels les travaux de bâtiments pouvaient donner lieu, ainsi que des différents qui survenaient entre les propriétaires et les entrepreneurs. Les tailleurs de pierres, plâtriers et autres ouvriers exerçant des métiers analogues à la maçonnerie, étaient soumis à leur surveillance Ils recevaient à la maîtrise les compagnons maçons; enfin, toutes les affaires qui concernaient la discipline des maîtres maçons, ainsi que l'observation des statuts de la communauté leur étaient déférées, en vertu d'un arrêt du parlement du 29 juillet 1662. Leurs jugements étaient sujets à l'appel devant la même cour.

Les maîtres généraux des bâtiments étaient appelés et consultés dans certains cas de voirie, par les trésoriers de France, qui recevaient leur serment, et auxquels ils étaient subordonnés.

Les règlements qu'ils nous ont laissés et qui ont été maintenus en vigueur, seront ci-après rapportés.

Ordonnance de police sur les pignons et pans de bois,

Du 18 août 1667.

« Faisons défenses aux propriétaires de faire faire aucune pointe de pignon, forme ronde ou carrée.

» Enjoignons aux propriétaires de faire couvrir à l'avenir les pans de bois de latte, clous et plâtre tant en dedans qu'en dehors, en telle manière qu'ils soient en état de résister au feu, le tout à peine de cent cinquante livres d'amende. »

Autre ordonnance du Châtelet, sur la construction des cheminées.

Du 26 janvier 1672.

« ART. 1er. Ordonnons qu'à l'avenir, tant aux bâtiments qu'en tout rétablissement de maisons, il sera fait des enchevêtures au-dessous de tous âtres de foyers de cheminées, de quelque grandeur que puissent être lesdites cheminées et maisons où elles seront faites.

» ART. 2. Que pour lesdits âtres et foyers, il sera laissé quatre pieds d'ouverture au moins et trois pieds de profondeur depuis le mur jusqu'au chevêtre qui portera les solives.

» ART. 3. Qu'il y aura six pouces de recouvrement de toute part, tant auxdits chevêtres qu'aux solives d'enchevêture, et que, pour soutenir ledit recouvrement, les chevêtres et solives d'enchevêtures seront garnis suffisamment de chevilles de fer de six à sept pouces de longueur et de clous de bateaux : en sorte qu'après le recouvrement il puisse rester, pour les tuyaux des cheminées, du moins trois pieds d'ouverture dans œuvre, et neuf à dix pouces de largeur aux tuyaux aussi dans œuvre.

» ART. 4. Seront faites pareilles enchevêtures dans tous les étages, à l'endroit des tuyaux de cheminées de quatre pieds d'ouverture, à la réserve néanmoins de la profondeur, qui ne sera que de seize pouces seulement depuis le mur jusqu'au chevêtre, et lequel chevêtre sera recouvert de plâtre de cinq à six pouces : en sorte qu'il se trouve toujours neuf à dix pouces audit tuyau.

» ART. 5. Que les languettes des cheminées qui seront faites de plâtre auront deux pouces et demi d'épaisseur au moins en toute leur élévation.

» ART. 6. Qu'en tous bâtiments neufs seront laissés des moellons sortant du mur pour faire liaison des jambages des cheminées, et où ils ne pourraient être laissés, seront employés des clous de fer hachés à chaud, de longueur au moins de neuf pouces, et ne seront pour ce employés, tant auxdits bâtiments neufs qu'aux rétablissements, aucunes chevilles ou fentons en bois.

» ...... Enjoignons en outre très-expressément à tous propriétaires ou locataires de maisons de faire tenir nettes les cheminées des lieux qu'ils habitent, à peine de cent livres d'amende contre ceux qui se trouveront habiter les maisons ou chambres dans les cheminées desquelles le feu aura pris à faute d'avoir été nettoyées, encore qu'aucun autre accident ne s'en fût suivi. »

L'édit de décembre 1607, rapporté au chapitre II, section Iʳᵉ de la première partie, proscrivait les pans de bois d'une manière absolue. « Défendons, y est-il dit, de permettre qu'il soit fait aucunes saillie avances et *pans de bois.* »

Cette prohibition a été modifiée par l'édit du 16 juin 1693 et d'autres règlements subséquents, qui se sont bornés à exiger la demande d'une permission pour les constructions de ce genre.

Jugement du maître général des bâtiments sur les murs en fondation.

Du 20 octobre 1685.

« Tous les murs en fondations, depuis le bon et solide fond jusqu'au rez-de-chaussée des rues ou cours, seront construits avec moellons et libages de bonne qualité bien ébouzinés, les lits et joints piqués et élevés d'arrase et liaison jusqu'au rez-de-chaussée, lesquels murs en fondation seront maçonnés avec chaux et sable, et d'épaisseur suffisante pour l'élévation qu'il y aura au-dessus, observant d'y mettre des parpins et boutisses le plus qu'il se pourra.

» Il est pareillement ordonné que le mortier soit fait et composé de bon sable graveleux, dans lequel mortier il entrera les deux tiers de sable et l'autre tiers de chaux éteinte.

» Les murs qui seront élevés au-dessus du rez-de-chaussée avec moellons et mortier de chaux et sable, seront de pareille qualité que ceux des fondations ci-dessus, en y observant les retraites ou empattements au rez-de-chaussée ainsi qu'il est d'usage.

» Ainsi le mur de fondation qui aura deux pieds (soixante-cinq centimètres) d'épaisseur, portera au rez-de-chaussée un mur de dix-huit pouces (quarante-neuf centimètres), lequel sera posé au milieu de l'épaisseur du premier, de manière à laisser déborder celui-ci de trois pouces (quatre-vingt-dix-huit millimètres) de chaque côté. Il ne sera fait ni construit de gros murs en fondations maçonnés avec plâtre.

» Quant aux murs que l'on construira avec moellons et plâtre au-dessus du rez-de-chaussée, on observera de même de piquer et tailler les moellons par assises et liaisons, ainsi qu'aux murs faits avec moellons et mortier de chaux et sable, vulgairement appelés de *limozinerie*, dont le plâtre que l'on emploiera à la construction desdits murs sera passé au crible ou panier. Défense d'en user autrement à l'avenir, à peine d'amende contre les ouvriers contrevenants, et de démolition de leurs ouvrages.

» Et pour plus grande solidité auxdits murs élevés en plâtre au-dessus du rez-de-chaussée, on posera au-dessus dudit rez-de-chaussée une ou deux assises de pierres de bonne qualité, et principalement aux murs de pignon. »

Règlement du maître général des bâtiments.

Du 1er juillet 1712.

« Ordonnons qu'à l'avenir, dans la construction de tous les bâtiments, les entrepreneurs, ouvriers et autres qui se trouveront employés seront tenus, à l'égard de la maçonnerie qui se fera sur les pans de bois, outre la latte qui doit s'y mettre de quatre pouces suivant les règlements, d'y mettre des clous de charrettes, de bateaux et chevilles de fer, en quantité, et enfoncés suffisamment pour soutenir les entablements, plinthes, corps, avant-corps et autres saillies.

» Pour les murs de face des bâtiments qui se construiront avec moellons et plâtre ou mortier de chaux et sable, outre les moellons en saillie dans lesdites plinthes et entablements, aussi suivant les règlements, ils seront pareillement tenus d'y mettre des fentons de fer aussi en quantité suffisante pour soutenir lesdites plinthes et entablements, corps et avant-corps et autres saillies.

» Et quant aux bâtiments qui se construiront en pierres de taille, les entablements porteront le parpin du mur outre la saillie; et, au cas que la saillie de l'entablement soit si grande qu'elle puisse emporter la bascule du derrière, ils seront tenus d'y mettre des crampons de fer pour les retenir dans le mur de face au-dessous.

» Le tout à peine contre chacun des contrevenants, entrepreneurs abusant et mésusant de l'art de la maçonnerie, de demeurer garants et responsables, en leurs propres et privés noms, des dommages et intérêts des parties, sans préjudice de plus grande peine si le cas y échéait. »

Un autre règlement, du 28 avril 1719, reproduit la disposition ci-dessus relative aux pans de bois.

Autre règlement sur les pans de bois.

Du 13 octobre 1724.

« Il est défendu à tous architectes, entrepreneurs, maçons, charpentiers, et autres ouvriers travaillant à la construction des maisons et bâtiments, même aux propriétaires faisant travailler à la journée, de faire construire aucuns pans de bois sur rue et autres endroits, sans que les poteaux formant lesdits pans de bois ne soient ruellés, tamponnés et espacés plus de neuf à dix pouces (vingt-cinq à vingt-sept centimètres) d'entrevous, et lattés avec lattes de cœur de chêne de trois pouces en trois pouces (huit centimètres). »

Ordonnance de police concernant les gouttières saillantes (1).

Du 13 juillet 1764.

« ART. 1 et 2. (*Voir* la section XIV de l'ordonnance royale du 24 décembre 1823 ci-dessus, concernant les saillies.)

» ART. 3. Disons qu'à l'avenir tous ceux qui voudront se servir de gouttières ou de conduits pour recevoir les eaux pluviales de leurs maisons, seront tenus de les appliquer le long des murs, depuis le toit jusqu'au niveau du pavé des rues, et de les construire de manière qu'elles n'aient que quatre pouces en saillie du nu du mur.

» ART. 4. Pourront, les propriétaires des maisons, employer, pour lesdits tuyaux ou conduits, les matières qu'ils jugeront à propos, soit plomb, fer ou cuivre, bois

(1) Cet objet, comme intéressant la commodité de la voie publique, rentre dans les attributions du préfet de police ; il a été classé ici pour ordre, comme se rattachant à la construction des bâtiments.

ou grès, à la charge de faire recouvrir en plâtre les tuyaux de bois ou de grès dont ils se serviront. »

Ordonnance de police sur la reconstrution des maisons faisant encoignures, les écriteaux, les gouttières, les âtres et manteaux de cheminées.

Du 1ᵉʳ septembre 1779.

(L'art. 1ᵉʳ de cette ordonnance défend de reconstruire les maisons formant encoignures de rues, places, carrefours et autres voies, sans avoir pris les permissions et alignements nécessaires.

Les art. 2 et 3 obligent les propriétaires de ces maisons à placer dans le mur, à l'endroit où doit être inscrit le nom de la rue, une table en pierre de liais d'une dimension déterminée. Le même article indique la forme dans laquelle l'inscription doit être disposée : ces moyens ont changé, mais l'obligation subsiste toujours à l'égard des propriétaires, relativement à ce qui se pratique aujourd'hui.

Les art. 4 et 5 reproduisent les dispositions ci-dessus rapportées touchant les gouttières saillantes.)

» ART. 6. Faisons très-expresses inhibitions et défenses à tous propriétaires, architectes, entrepreneurs, maîtres-maçons, charpentiers et autres ouvriers, de construire ou faire construire à l'avenir aucuns manteaux de cheminées en bois, ni aucuns tuyaux de cheminées adossés contre des cloisons de charpenterie, de poser des âtres de cheminées sur les solives des planchers, et de placer aucune pièce de bois dans les tuyaux de cheminées, lesquels ils construiront de manière que les enchevêtrures et les solives soient à la distance de trois pieds des gros murs.

» Ordonnons que les tuyaux de cheminées auront toujours, et dans tous les cas, dix pouces de largeur et deux pieds et demi de longeur, ou du moins deux pieds un quart dans les petites pièces , à moins qu'il ne soit question de réparer d'anciens bâtiments ; auquel cas on pourra ne donner que deux pieds de longueur aux tuyaux de cheminées , lorsqu'on y sera nécessité , pour éviter de jeter les propriétaires dans la reconstruction des planchers , et ce non compris les six pouces de plâtre qui seront contre lesdits bois de chaque côté ; le tout revenant à trois pieds un pouce d'ouverture pour les nouveaux bâtiments , et à deux pieds dix pouces pour les anciens , au moins , et en cas de nécessité , entre lesdits bois , dont le recouvrement de plâtre , tant sur les solives , chevrettes et autres bois , sera de six pouces , en sorte qu'il n'en puisse arriver aucun incendie ; le tout conformément à ce qui est prescrit par l'ordonnance de la chambre des bâtiments , du 19 juillet 1765. (*Elle se trouve reproduite par la présente.*)

» ART. 7. Défendons aux propriétaires de souffrir qu'il soit fait aucune malfaçon de la qualité ci-dessus , le tout à peine de mille livres d'amende , tant contre lesdits propriétaires que contre les maîtres maçons, charpentiers et autres ouvriers ; d'être en outre , lesdits propriétaires , tenus de faire abattre à leurs frais et dépens les tuyaux et manteaux de cheminées qui ne se trouveront pas conformes à ce qui est ci-dessus prescrit. Pourront même les compagnons et ouvriers travaillant à la journée être emprisonnés en cas de contravention. »

Ces derniers articles sont presque textuellement reproduits dans une ordonnance de police concernant les incendies, du 15 novembre 1781, qui n'est elle-même que le renouvellement de celle du 10 février 1735.

Les infractions à ces dispositions se punissent aujourd'hui d'après le § 1er de l'art. 3 de la loi du

24 août 1790, les art. 600 et suivants du Code des délits et des peines, les § I, II et XV de l'art. 471, et le § XII de l'art. 475 du Code pénal.

Différents perfectionnements, avoués par l'administration, se sont introduits depuis quelques années dans la constrution de cheminées. On emploie notamment pour les tuyaux un procédé de fabrication en fonte de fer, qui réunit à l'avantage d'inspirer une grande sécurité contre le danger du feu, celui de prendre beaucoup moins d'espace, et de pouvoir se placer plus aisément que les tuyaux ordinaires sans affaiblir la solidité des murs.

« *Coutume de Paris.*

» ART. 190. Qui veut faire forge, four ou fourneau contre un mur mitoyen doit laisser un demi-pied (seize centimètres) de vide et intervalle entre deux du mur et forge, et doit être ledit mur d'un pied (trente-deux-centimètres) d'épaisseur.

» ART. 191. Qui veut faire aisances de privés ou puits contre ce mur mitoyen, doit faire un contre-mur d'un pied d'épaisseur, et où il y a d'un chacun côté puits, d'un côté et aisances de l'autre, il suffit qu'il y ait quatre pieds de maçonnerie d'épaisseur entre deux comprenant les épaisseurs des murs d'une part et d'autre ; mais entre deux puits suffisent trois pieds pour le moins.

» ART. 193. Tous propriétaires de maisons en la ville et faubourgs de Paris sont tenus à avoir latrines et privés suffisans en leur maisons. »

(*Voir* les articles du Code civil sur les servitudes, au chap. III, section Ire, 1re partie.)

§ V. *Du pavage.*

Nous avons fait voir, au chap. III, section II, 1re partie, que les anciens règlements sur le pavage, quant au premier établissement, n'avaient rien de fixe dans leur application, et nous en avons conclu, ainsi que des dispositions subséquentes, notamment de celles de la loi du 11 frimaire an VII, qu'en général la confection du premier pavé des rues dans les villes ne pouvait être mise entièrement à la charge des propriétaires riverains, hors le cas où ces rues auraient été ouvertes par eux-mêmes, sur leur propre demande et dans leur intérêt particulier.

Ces principes semblent devoir s'appliquer plus spécialement encore à la ville de Paris.

1° Les rues de cette ville étant classées comme grandes routes, dans le système des règlements de voirie en usage, la même distinction doit être observée pour le pavage comme pour les alignements, attendu qu'il s'agit d'une partie d'administration qui ne peut être régie par deux modes différents.

2° La loi du 11 frimaire an VII, déjà citée, établit expressément que, dans aucun cas, le pavage des routes ne peut être mis à la charge des propriétaires, et l'avis du conseil d'état, du 25 mars suivant, admet que, dans les villes dont les revenus suffisent aux dépenses du pavé des rues, les riverains ne doivent pas être tenus de les supporter.

Paris n'est point excepté de ces dispositions : or, de deux choses l'une, ou les rues de cette ville sont grandes routes, et dans ce cas les propriétaires riverains sont dispensés par la loi de payer les frais du premier pavage, ou elles sont considérées comme voies communales, et l'insuffisance des revenus municipaux ne saurait raisonnablement être alléguée pour les en charger.

Les lettres-patentes du 30 décembre 1785, contenant bail d'entretien du pavé de Paris, portaient, art. 24 :

« L'entrepreneur sera tenu d'entretenir les rues qui, n'étant point à présent pavées, pourraient l'être dans le courant bail........ Le premier pavé desdites rues devant être fait aux dépens des particuliers propriétaires de terrains et maisons qui bordent lesdites rues, chacun en droit soi, à raison de la longueur de la face de leurs héritages sur lesdites rues, il ne serait pas juste que les non valeurs, les frais de recouvrement des fonds à ce destinés fussent à la charge de l'entrepreneur. C'est pourquoi il ne sera tenu de commencer ledit pavé neuf, lorsqu'il aura été ordonné, qu'après que six ou au moins quatre des particuliers riverains les plus solvables auront remis au greffe du bureau des finances leur soumission de payer audit entrepreneur la totalité du prix de ses ouvrages, dans le délai d'un mois après la réception, lesdits particuliers s'engageant et répondant solidairement pour tous les autres particuliers contribuables; sauf auxdits soumissionnaires à se faire rembourser par les autres propriétaires de ce qu'ils se trouveront devoir pour la construction dudit nouveau pavé. »

Cet acte paraît avoir motivé l'usage qui s'est introduit.

Aujourd'hui, lorsqu'il s'agit de paver une rue neuve, le préfet du département demande l'adhésion des riverains en leur donnant connaissance du devis des travaux. Si tous consentent à payer leur part contributive des frais, c'est-à-dire le pavage de la demi-largeur de la rue, *chacun en droit soi*, ils en souscrivent la soumission, et l'opération marche sans difficulté. Si la majorité seulement accepte, la minorité est contrainte, en vertu d'un arrêté du conseil de préfecture, par l'entrepreneur du pavé de Paris. Dans le cas contraire, c'est-à-dire si la majorité refuse, le pavage est ajourné.

Toutes les contestations relatives au payement sont également déférées au conseil de préfecture.

On aperçoit, sans qu'il soit besoin de le démontrer, le vice d'un pareil système, qui d'une part subordonne l'exécution d'une mesure d'intérêt public à la volonté des administrés, de l'autre, remet au conseil de préfecture le jugement de contestations que la loi ne lui défère pas, et qui, par leur nature, appartiennent à l'autorité judiciaire.

La nécessité d'un règlement d'administration publique sur cette partie est plus vivement sentie chaque jour, et l'on doit présumer qu'un objet de cette importance n'échappera pas à la sollicitude du gouvernement.

Voici les principales dispositions qu'il peut être utile de faire connaître dans l'intérêt des propriétaires.

Ordonnance du bureau des finances de Paris.

Du 27 juin 1760.

« ART. 1er. L'entrepreneur de l'entretien du pavé continuera de jouir du *droit exclusif* de faire seul les raccordements de pavé, de bornes, de seuils et de devantures de maisons, de travailler au rétablissement des trous causés par les étaies dans les rues de Paris, à l'occasion des réparations à faire aux maisons, ou pour des reposoirs ou échafauds, et de rétablir les tranchées des fontaines, qui ne pourront être faites que de notre ordre et permission.

» ART. 2. Conformément au rapport contenant devis et détail estimatif déposé au greffe de ce bureau, le prix des fournitures et tuyaux à faire pour les particuliers par ledit entrepreneur est fixé ainsi qu'il suit :

» Pour chaque pavé neuf, cinq sous ;

» Pour chaque toise de pavé neuf, compris soixantequatre pavés neufs à fournir par l'entrepreneur, mais non les terrasses, que les propriétaires feront faire par tels ouvriers que bon leur semblera, dix-sept livres dixhuit sous ;

» Pour chaque toise de relevé à bout de pavé, y compris six pavés neufs fournis par l'entrepreneur, quatre livres douze sous ;

» Pour chaque toise courante de tranchée de fontaine,

de trois pieds de large sur deux pieds de profondeur, y compris les terrasses et trois pavés neufs, quatre livres huit sous;

» Pour un raccommodement de seuil de porte cochère du côté de la rue seulement, y compris quatre pavés neufs, quatre livres;

» Pour chaque raccordement d'un grand seuil de boutique, y compris quatre pavés neufs, quatre livres;

» Pour le raccordement d'un seuil d'allée, ou autres de même espèce, y compris deux pavés neufs, deux livres;

» Pour le raccordement d'une trappe, y compris trois pavés neufs, trois livres quinze sous;

» Pour le raccordement d'une borne, y compris deux pavés neufs, deux livres.

» Art. 3. L'entrepreneur ne pourra fournir, en chaque nature d'ouvrage, ni plus ni moins de pavés neufs que la quantité prescrite et de l'échantillon qui est fixée par son bail.

» Art. 4. En payant par les propriétaires à l'entrepreneur le pavé neuf, le pavé de rebut appartiendra auxdits propriétaires, ou sera enlevé par l'entrepreneur, au choix des premiers, sans que pour ce ils puissent rien exiger de l'entrepreneur. »

Lettres-patentes portant bail d'entretien du pavé de Paris.

Du 30 décembre 1785.

« Art. 22. *Tranchées des fontaines.* Il ne sera fait, à peine de cinquante livres d'amende, aucune tranchée de fontaines, que par ordre et permission du bureau des finances, et les tranchées ne pourront être réparées par autres que par l'adjudicataire et suivant qu'il lui sera indiqué par la commission et l'inspecteur général; et s'il arrivait que, par la rupture des tuyaux, le pavé cédât

et fût enfoncé, et qu'il s'y fît des flaches par le retarde-
ment des particuliers à le réparer, l'adjudicataire sera
tenu de relever ledit pavé, et, après un simple avertissement donné auxdits particuliers, de faire rétablir les
tuyaux desdites fontaines, et il sera travaillé à leurs dépens, dont il lui sera délivré exécutoire.... sur son mémoire, arrêté par l'inspecteur général, pour être payé
desdites réparations par préférence à tous créanciers;
mais s'il arrivait qu'après le rétablissement desdites tranchées, il se formât des flaches par la mauvaise construction du pavé, l'adjudicataire sera tenu de les relever
à ses frais dans toute leur étendue, sans pouvoir prétendre qu'il lui en soit tenu compte.

» Art. 23. *Raccordements.* Il ne sera fait aucun raccordement de pavé, bornes, seuils, devantures de maisons par autre que par l'adjudicataire, ainsi qu'il lui
sera indiqué par l'inspecteur général, le tout à peine de
trente livres d'amende contre les contrevenants; il ne
sera de même fait, à peine de trente livres d'amende,
aucun ouvrage de rétablissement de trous causés par
les étaies qui seront posées dans les rues de Paris et de ses
faubourgs, à l'occasion des réparations à faire aux maisons, ou pour faire des reposoirs et échafauds, si ce n'est
par ledit adjudicataire, qui sera obligé de les faire dans
les vingt-quatre heures que lesdits étaies, reposoirs et
échafauds auront été ôtés, suivant les ordres qui lui en
seront donnés par le commissaire et l'inspecteur général. »

*Extrait du cahier des charges de l'adjudication de l'en-
tretien du pavé de Paris, faite en l'an X (1801),
pour neuf ans.*

Ces travaux comprennent, suivant l'art. 2,
1° Les relevés à bout,
2° *Le pavage neuf,*

3° Les réparations simples,

4° Les travaux à la charge des particuliers.

Ne sont pas compris dans le nombre de mètres carrés à la charge de l'entrepreneur (art. 6) : 1° le pavage des boulevarts ;

2° Celui des rues, cloîtres et *revers de chaussées* qui, n'ayant pas été exécutés en pavé d'échantillon, et par l'entrepreneur public, est resté à la charge des propriétaires riverains ;

3° Celui des impasses et petites rues fermées de grilles, portes et barrières.

L'article 60, TITRE VII, porte : « Les travaux du pavé de Paris, dont l'exécution est attribuée exclusivement à l'entrepreneur public, quoiqu'ils soient à la charge des propriétaires ou à celle des administrations particulières, sont, 1° *dans les diverses parties du pavé données en entreprise :* les raccordements pour raison de dégradations occasionnées par l'ouverture des tranchées des fontaines, les réparations des regards et des égouts, la pose d'étaies, d'échafauds, de bornes, seuils ou autres constructions endommageant la voie publique et nécessitant son rétablissement, soit au compte des propriétaires, soit à celui de la commune, et enfin de toute autre administration particulière.

» 2° *Dans les parties du pavé exceptées de l'entreprise :* le premier pavage d'échantillon que les propriétaires font exécuter à leurs frais dans les rues *nouvellement formées* ou dans celles restant à leur compte à défaut de ce premier pavage.

» ART. 61. Les raccordements ou réparations indiqués dans la *première* partie de l'article précédent pourront être demandés directement à l'entrepreneur par les propriétaires au compte de qui ils doivent être faits ; à défaut, ils seront requis par l'ingénieur en chef.

» ART. 64. Les renfoncements sur conduites de fontaines ou d'égouts, ne pouvant provenir que du tassement des terres, seront toujours au compte du propriétaire de la conduite.

» Art. 95. Mais lorsque sur ces mêmes conduites il se formera des flaches dans les raccordements exécutés par le nouvel entrepreneur, reconnaissance sera faite par l'ingénieur ordinaire ,en présence de l'entrepreneur d'une part, et le représentant du propriétaire de la conduite d'autre part, des causes d'où ces flaches proviennent.

» Art. 96, Si elles sont reconnues provenir de la mauvaise construction du pavage, toutes les parties dégradées du raccommodement seront relevées et refaites par l'entrepreneur et à ses frais.

» Art. 97. Si, au contraire, il est reconnu que les flaches ont été occasionnées par la filtration des eaux ou par le tassement des terres, la réparation sera faite aux frais du propriétaire.

» Art. 100. Les travaux de raccordement au-dessous de deux mètres carrés seront toujours comptés à l'entrepreneur pour deux mètres réels; s'ils excèdent cette quantité, le métrage exact en sera fait.

» Art. 101. En considération des frais extraordinaires qu'entraînent après eux des établissements particuliers ordonnés par l'article 98, disséminés sur une grande surface, les travaux de raccordement seront payés à l'entrepreneur un quart en sus du prix auquel il sera tenu de faire des relevés à bout pour le compte du gouvernement.

» Art. 102. Cependant, l'entrepreneur ne jouira de ce quart en sus pour chaque raccordement, que jusqu'à concurrence de vingt mètres carrés, et dans le cas où le raccordement excéderait cette étendue, l'excédant ne sera compté que comme relevé à bout ordinaire, et sans aucune augmentation.

» Art. 103. Dans tous les cas, le prix sera réglé en raison des matériaux fournis, en distinguant dans chaque raccordement la partie exécutée en pavés neufs et celle en pavés vieux, ainsi qu'il sera fait dans les relevés à bout en général.

» ART. 104. L'entrepreneur sera tenu d'exécuter dans la même forme et au même prix que pour le compte du gouvernement *le premier* pavage d'échantillon que les propriétaires le requerront de faire dans les rues nouvellement ouvertes, ou autres désignées dans la deuxième partie de l'art. 60.

» ART. 105. Il ne pourra néanmoins être forcé de commencer ces travaux que lorsque quatre propriétaires des plus solvables d'entre ceux de la rue auront déposé par devant le préfet leur soumission de payer à l'entrepreneur, dans le délai d'un mois après la réception des ouvrages, la totalité du prix du pavage demandé.

» ART. 107. L'entrepreneur ne pourra recevoir, soit des propriétaires, soit des administrations particulières, aucun payement des travaux de raccordements ou pavages neufs dont il s'agit au présent titre, que sur des états arrêtés et réglés par les ingénieurs d'arrondissement et visés par l'ingénieur en chef. »

(Outre le premier pavage, les propriétaires sont encore chargés du remaniement, ou *relevé à bout*, pendant les deux années qui le suivent.)

§ VI. *Des constructions autour de Paris.*

Plusieurs édits, lettres-patentes et déclarations, en déterminant les limites de la ville de Paris et de ses faubourgs, avaient prescrit la défense de bâtir au delà des dernières maisons existantes. Louis XIV, en 1638 et 1672, pour prévenir l'accroissement trop considérable de la capitale, que l'on regardait alors comme dangereux, ordonna un abornement des faubourgs, qui fut confirmé par une déclaration de Louis XV, du 18 juillet 1724, en registrée au parlement le 14 août suivant. Par cette dernière décision de l'autorité souveraine, l'enceinte de la ville proprement dite fut déterminée par le rempart planté d'arbres depuis l'Arsenal jusqu'à la porte Saint-Honoré (les boulevarts intérieurs), et au midi par l'autre portion des remparts désignée sous le nom de *boulevarts neufs*.

« Voulons, dit l'article 6 de la déclaration de 1724, que les maisons qui sont hors l'enceinte ci-dessus bornée, soient censées et réputées faubourgs, et que lesdits faubourgs soient et demeurent bornés, chacun, à la dernière maison qui est construite du côté de la campagne de proche en proche et sur les rues ouvertes desdits faubourgs.

» Art. 7. Défendons à toutes personnes sans exception de construire aucune maison à porte cochère dans lesdits faubourgs et hors de l'enceinte ci-dessus marquée pour la ville. »

Cette déclaration a été étendue et confirmée par celle du 29 janvier 1726, et modifiée en ce qui concerne la rivière de Bièvre et le faubourg Saint-Honoré, par celles des 28 septembre 1728 et 31 juillet 1740.

La déclaration du 16 mai 1765, les lettres-patentes du 28 juillet 1766, et enfin l'ordonnance du bureau des finances de Paris du 16 janvier 1789, ont donné plus d'extension encore à ces dispositions quant aux prohibitions qu'elles expriment relativement aux constructions extérieures.

Il est dit dans la première :

« ART. 1er. Défendons de bâtir en quelque manière et sous quelque prétexte que ce soit au delà des maisons qui sont actuellement construites à l'extrémité de chaque rue des faubourgs de Paris du côté de la campagne de proche en proche, soit que lesdites maisons soient sur les paroisses des faubourgs, soit qu'elles soient sur les paroisses de la campagne.

» ART. 3. Pour constater et fixer la dernière maison actuellement subsistante, voulons qu'il soit posé une nouvelle borne dans le mur de ladite dernière maison, jusqu'à laquelle borne et vis-à-vis d'icelle il sera permis de bâtir dans ladite rue, et au delà de laquelle il sera défendu de bâtir jusqu'au prochain village......

» ART. 9. Ceux qui contreviendront à l'exécution de la présente, soit par de nouvelles constructions de maisons au delà desdites bornes, soit en perçant quelques nouvelles rues, seront condamnés à trois mille livres d'amende applicable à l'hôpital général. Les maisons construites contre la disposition des présentes seront rasées, les matériaux confisqués et les places réunies à notre domaine ; et à l'égard de l'entrepreneur qui aura conduit l'ouvrage, ensemble les maîtres maçons, charpentiers et autres ouvriers, ils seront condamnés chacun en mille livres d'amende applicable comme dessus, et déchus de leur maîtrise sans y pouvoir être rétablis par la suite. »

L'ordonnance du bureau des finances, du 16 janvier 1789, est ainsi conçue :

« Le bureau fait défenses d'élever ou de réparer aucun mur de clôture et bâtiment hors la nouvelle enceinte de Paris, qu'à la distance de cinquante toises de la clôture, et en dedans de ladite enceinte, qu'à trente-six pieds d'éloignement de ladite clôture.

» En conséquence, fait aussi défenses sous les peines portées par la déclaration du 10 avril 1783, à tous propriétaires, entrepreneurs et ouvriers d'encommencer aucunes fouilles et constructions au dedans et au dehors de ladite nouvelle enceinte, sans avoir préalablement pris les permissions et alignements nécessaires (1). »

C'est d'après les dispositions qui viennent d'être rapportées qu'a été rendu le décret du 11 janvier 1808, qui statue :

« Art. 1er. Les déclarations et règlements touchant les constructions autour de notre bonne ville de Paris et hors l'enceinte de sa clôture seront exécutées.

» En conséquence, nul ne pourra y faire aucune construction sans avoir demandé et obtenu la permission et reçu un alignement, comme il est réglé pour les cas de grande voirie.

» Art. 2. Les permissions ne pourront, conformément à l'ordonnance du bureau des finances, du 16 janvier 1789, autoriser à bâtir à moins de cinquante toises (environ quatre-vingt-dix-huit mètres) de distance du mur de clôture de notre bonne ville.

(1) Ce règlement a été déclaré maintenu en vigueur par une ordonnance royale rendue en matière contentieuse le 25 septembre 1834. (Recueil des arrêts du conseil.)

» ART. 3. Il y a lieu à autoriser la ville de Paris à acquérir, comme pour cause d'utilité publique et à la charge d'une juste et préalable indemnité, les maisons construites à moins de cinquante toises de distance de la clôture.

» Les propriétaires desdites maisons ne pourront en augmenter la hauteur ou l'étendue sans avoir demandé et obtenu l'autorisation, comme il est dit en l'article 1er.

» ART. 4. Toutes constructions faites dans l'étendue indiquée aux articles ci-dessus, malgré les défenses qui leur auront été faites par les agents de la voirie, seront démolies sans délai. »

L'application de ce décret ayant rencontré, il y a quelques années, de vives oppositions, la matière fut de nouveau mise en délibération, et, d'après un avis des comités de législation, de l'intérieur et des finances réunis, il est intervenu, le 1er mai 1822, une ordonnance du roi portant :

« ART. 1er. L'autorisation d'acquérir les maisons construites à moins de cinquante toises du mur d'enceinte de notre bonne ville de Paris, accordée à ladite ville par le décret du 11 janvier 1808, est étendue;

» 1° Aux constructions autorisées ou tolérées dans cette limite postérieurement à ce décret :

» 2° Aux terrains non bâtis et à ceux qui, depuis la publication de ce décret, auraient été bâtis malgré les défenses des agents de la voirie ; auquel cas les contrevenants ne pourront réclamer que les matériaux ou leur valeur.

» ART. 2. Lesdites acquisitions seront faites de gré à gré au prix réglé par voie d'expertise contradictoire, ou soumis, en cas de difficulté, aux dispositions de la loi du 8 mars 1810.

» Art. 3. Les terrains acquis en exécution des articles précédents, et dont la revente délibérée et consentie par le conseil municipal serait par nous ultérieurement autorisée, ne pourront être aliénés que sous la condition que les acquéreurs et leurs successeurs ne pourront élever sur ces terrains aucune des constructions prohibées par le décret susdaté, et que la prohibition leur en sera formellement imposée à titre de servitude. »

Le but principal de cette dernière ordonnance est d'obvier désormais aux difficultés qu'ont opposées jusqu'alors les propriétaires des terrains situés dans la zone des cinquante toises, à la défense d'y élever des constructions, ou d'agrandir et de consolider les anciennes. La ville de Paris étant autorisée à exproprier ceux d'entre eux qui refuseraient d'obéir aux règlements, a acquis par-là un moyen sûr de neutraliser les résistances, puisqu'il lui suffit d'invoquer l'exécution de l'art. 1er, pour prévenir ou réprimer toute contravention.

§ VII. *Dispositions diverses.*

Arrêt du conseil d'état concernant les égouts.

Du 21 juin 1721.

« Ordonne que tous propriétaires de maisons et places dans la ville de Paris, sous lesquelles passent des égouts, seront tenus, pour la partie de ceux passant sous leurs maisons et places, au curement, pavage et autres réparations, et à l'égard de ceux qui passent sous les rues et qui sont découverts, lesdites réparations seront à la charge de la ville. »

Cet arrêt a été modifié dans l'intérêt des propriétaires, en ce qui concerne le curage des égouts, par un autre arrêt du conseil, du 22 janvier 1785. (*Voir* à la suite.)

Arrêt du conseil sur les formalités à observer pour obtenir le règlement des pentes de pavé.

Du 22 mai 1725.

« Sa majesté étant en son conseil a fait défenses à tous propriétaires de maisons de la ville et faubourgs de Paris, architectes et maçons, de poser aucun seuil de porte plus bas ni plus haut que le niveau de pente du pavé des rues; ordonne que ceux qui bâtiront des maisons dans les rues nouvelles qui ne sont point encore pavées, seront tenus, avant de poser les seuils de portes, de se retirer par devers les officiers que sa majesté a commis pour régler les pentes du pavé des rues, lesquels leur marqueront le niveau de pente qu'ils doivent observer; et, en cas de contravention, veut sa majesté que les propriétaires des maisons, les architectes et maçons qui auront posé des seuils plus haut ou plus bas que le niveau de pente du pavé des rues où lesdites maisons seront situées ou qui auront posé des seuils à des maisons bâties dans des rues nouvelles qui ne seront point pavées, sans avoir pris le niveau de pente desdits officiers, soient condamnés chacun en cinquante livres d'amende, et à rétablir les seuils suivant qu'il sera ordonné par le bureau des finances. »

Les demandes en règlement de pente de pavé

doivent être adressées aujourd'hui au préfet du département, qui délivre le permis sur l'avis des ingénieurs du pavé de Paris.

Déclaration du roi concernant les bâtiments sur la rivière de Bièvre.

Du 28 septembre 1728.

« ART. 1er. Tous propriétaires de maisons ou terrains destinés au commerce de la tannerie et situés sur l'un des deux bords de la rivière de Bièvre, dite *des Gobelins*, faubourg Saint-Marcel, ayant ouverture sur les rues de l'Oursine, Fer-à-Moulin, Censière, Mouffetard et Saint-Victor, pourront faire construire, édifier et reconstruire tels bâtiments qu'ils jugeront les plus convenables pour leur commerce, de manière cependant que le bâtiment qui aura face sur ladite rivière ne puisse excéder la hauteur de trente pieds, depuis le sol jusqu'au-dessus de l'entablement, et que le grenier soit à claire-voie, et ne puisse, sous quelque prétexte que ce soit, être fermé de cloisons, murs de refend ou autrement.

» ART. 2. Il sera fait un état et recensement desdites maisons, dont des doubles seront remis, tant au greffe du conseil d'état qu'à ceux du parlement, du bureau des finances et de l'hôtel-de-ville de Paris.

» Il est défendu de faire construire sur les bords de ladite rivière de Bièvre aucune tannerie sur d'autres terrains que ceux compris audit état.

» ART. 3. Il est défendu, au surplus, conformément à l'article 8 de la déclaration du 8 juillet 1724, de faire à l'avenir, sur les terrains ci-dessus désignés, aucune nouvelle construction de tannerie ou rétablissement en entier de celles qui seront tombées par caducité, que le plan n'ait été préalablement approuvé et l'exécution d'icelui ordonnée par le bureau des finances et le prévôt des marchands et échevins. »

Arrêt du conseil, qui fait règlement général pour la police et conservation des eaux de la rivière de Bièvre et cours d'eau y affluant.

Du 26 février 1732.

« Le roi ordonne....,

» Art. 6. Que les moulins du rat de Vauboyen, de Bièvre, Digny, Damblainvilliers, de Guz, de Mignot, d'Antony, de Berny, de Lay, de Cachan, d'Arcueil, de la Roche, de Gentilly et Moulin-Ponceau, resteront en l'état qu'ils sont, suivant leur ancienne construction, et sans qu'on y puisse construire aucuns nouveaux déversoirs, ni autres décharges que leurs fausses vannes ordinaires.

» Art. 7. Qu'au lieu de faire un déversoir au coin du clos Lorenchet...... la berge de ladite rivière sera fortifiée aux frais desdits intéressés (*à la conservation des eaux*), de manière que ce lieu ne puisse servir d'abreuvoir aux bestiaux, ni que les eaux s'écoulent dans la prairie de Gentilly, et qu'à cet effet il sera, aux mêmes frais et dépens desdits intéressés, construit une vanne entre deux jambages de pierre de taille, de trois pieds et demi de large et de quatre pieds de hauteur, à prendre du fond de la rivière, après qu'elle aura été curée, laquelle dite vanne sera tenue fermée, assurée, de sorte qu'elle ne puisse être levée que lorsque les syndics le jugeront nécessaire pour faciliter le curage.

» Art. 14.... Pour éviter de nouvelles contestations sur la hauteur des fausses vannes qui servent de déversoirs à tous les moulins sur ladite rivière, depuis l'étang du Val jusqu'à sa chute dans la Seine, ordonne, sa majesté, que toutes lesdites fausses vannes seront armées d'une croix de fer plat, rivées, étalonnées, et marquées d'une fleur de lis par tous les bouts, dans la hauteur et la largeur desdites vannes, dont le poinçon sera mis à la garde des syndics de ladite rivière, pour servir audit étalonnage, à l'effet de le représenter à qui et quand il appartiendra.

» ART. 15. Fait, sa majesté, défenses à tous meuniers desdits moulins de se servir de fausses vannes, qu'elles ne soient étalonnées ainsi qu'il est prescrit par le précédent article, à peine de tous dépens, dommages-intérêts envers les riverains du faubourg Saint-Marcel, et de dix livres d'amende envers sa majesté.

» ART. 19. Le cours des eaux de ladite rivière, depuis la fontaine Bouvière jusqu'à leur chute dans la Seine, ensemble celui des sources et ruisseaux y affluents seront tenus libres, même dans les canaux où elles passent : à l'effet de quoi, les saignées et ouvertures qui ont été ci-devant faites aux berges de ladite rivière, sources et ruisseaux, seront supprimés et tous autres empêchements quelconques, même les arbres qui se trouveront plantés dans leur lit et le long de ladite rivière, dans la distance de quatre pieds des berges, aux frais et dépens de ceux qui auront causé lesdits empêchements et planté lesdits arbres, et ce quinzaine après la sommation qui leur en aura été faite au domicile de leurs fermiers ou meuniers; en sorte que des canaux établis par titres il en sorte autant d'eau qu'il en aura entré; ce qui sera justifié par les propriétaires desdits canaux ou passages : sinon, il y sera fait droit par ledit sieur grand-maître (*des eaux et forêts*), sur la suppression desdits canaux ou passages, ainsi qu'il appartiendra.

» ART. 20. Ordonne, sa majesté, que les ouvriers, menuisiers, fermiers, artisans, domestiques et soldats qui se trouveront convaincus d'avoir fait nuitamment des saignées, rigoles ou autres ouvertures en ladite rivière, sources et ruisseaux, pour en détourner ou répandre les eaux hors le lit desdites rivières, sources et ruisseaux, seront chacun condamnés en trois cents livres d'amende et à tenir prison pendant six mois, outre les dommages et intérêts envers qui il appartiendra.

» Art. 21. Fait, sa majesté, défenses à toutes personnes de quelque condition qu'elles puissent être, même à tous seigneurs riverains de ladite rivière, propriétaires des prairies ou autres héritages, de faire à l'avenir de nouveaux canaux, ni aucuns batardeaux, ni saignées au lit de ladite rivière, sources et ruisseaux, à peine contre chacun des contrevenants de cent livres de dommages et intérêts envers les intéressés du faubourg Saint-Marcel, et de pareille somme d'amende pour la première fois, et du double pour la seconde, et, en cas de récidive, de plus grande peine.

» Art. 23. Les berges de ladite rivière seront, par les meuniers, chacun dans son étendue, en remontant d'un moulin à l'autre, entretenues et fortifiées, de manière que les eaux ne puissent sortir de leur lit, ni passer au travers desdites berges pour se répandre dans les prés ou ailleurs, à peine de cinquante livres d'amende, et de pareille somme de dommages et intérêts envers lesdits intéressés du faubourg Saint-Marcel, pour la première fois, du double pour la seconde, et d'y être pourvu à leurs frais et dépens.

» Art. 26. Sa majesté fait défenses à toutes personnes, de quelqu'état et condition qu'elles soient, de faire élever aucun nouveau bâtiment, ni murs, le long de ladite rivière, ou en faire réparer sur aucuns fondements, sans y appeler lesdits syndics, et après avoir pris dudit sieur grand-maître l'alignement de la berge, à peine de démolition desdits bâtiments et murs, et de cent livres d'amende envers sa majesté.

» Art. 29. Fait, sa majesté, défenses à tous blanchisseurs de toiles de s'établir dans la prairie de Gentilly

et autres le long de ladite rivière, même dans l'enceinte
de la maison appelée le clos Payen... à peine de confiscation des toiles et de cent livres d'amende.....

» ART. 30. Fait, sa majesté, pareillement défenses à
tous blanchisseurs et blanchisseuses de lessive de continuer leurs blanchissages dans le lit de ladite rivière au-
dessus de la manufacture royale et dans ledit clos Payen,
et à toutes personnes d'y faire rouir des chanvres et lins,
non plus que dans les ruisseaux y affluents, à peine de
cinquante livres d'amende et d'un mois de prison..... et
du double en cas de récidive.

» ART. 36. Que les latrines qui ont leur chute dans le
lit de ladite rivière, au faubourg Saint-Marcel, seront
supprimées dans trois mois et rétablies ailleurs par les
propriétaires des maisons, suivant la coutume de Paris,
avec défense d'en construire de nouvelles sur ladite
rivière, à peine de cent livres d'amende contre les contrevenants et d'être détruites à leurs dépens.

» ART. 42. Tous les propriétaires des héritages joignant
ladite rivière seront tenus de laisser, le long de chaque
côté de ladite rivière, aux endroits où le terrain pourra
le permettre, une berge de quatre pieds de plate-forme
sur six pieds au moins d'empatement, dans la hauteur
de deux pieds au-dessus de la superficie des eaux d'été,
à peine d'y être pourvu à leurs frais.

» ART. 43. Toutes les immondices provenant du curage de ladite rivière, en ce qui est de la campagne et
des ruisseaux, seront mises sur les bords pour soutenir
et fortifier les berges, de manière néanmoins qu'elles ne
puissent retomber dans le lit de ladite rivière, ruisseaux
et sources, à peine d'amende arbitraire.

» ART. 46. Les habitants du faubourg Saint-Marcel,
établis le long de ladite rivère, seront tenus, chacun en
droit soi, de faire enlever, dans la fin d'août de chaque
année, les immondices qui seront sorties du curage de
ladite rivière, et les faire transporter à la campagne, à

peine de cinquante livres d'amende contre chacun contrevenant.

» ART. 47. Fait, sa majesté, très-expresses inhibitions et défenses à tous tanneurs, mégissiers et autres, de rejeter ou faire rejeter en ladite rivière les immondices provenant dudit curage, à peine de cinq cents livres d'amende......

» ART. 50. Fait, sa majesté, défenses à tous particuliers dudit faubourg Saint-Marcel, demeurant dans les rues qui aboutissent audit égout (*de la rue Mouffetard*), de rejeter leurs immondices dans les ruisseaux desdites rues, lors des pluies d'orages, à peine de trente livres d'amende...... et de plus grande en cas de récidive. »

(*Voir* l'arrêté du 25 vendémiaire an IX sur la police de la même rivière, et l'ordonnance de police du 19 messidor suivant, au chap. II, sect. III, § II, IIᵉ partie.)

Ordonnance du bureau des finances, portant défense d'enlever le pavé des rues, etc.

Du 4 août 1731.

« Défenses à tous particuliers de dépaver les rues de Paris, de même que les chaussées des faubourgs, banlieue et chemins publics, d'en enlever aucun pavé, non plus que les fers, bois, pierres et autres matériaux destinés aux ouvrages publics ou mis en œuvre, à peine d'être mis au carcan, et en cas de récidive condamnés aux galères.

» Les recéleurs desdits pavés et autres objets volés seront condamnés chacun à mille livres de dommages et intérêts, dont un tiers appartiendra au dénonciateur et un autre tiers à l'entrepreneur desdits ouvrages publics. » (*Voir* l'ordonnance du 2 août 1774, chap. III, sect. Ire.)

L'autorité administrative est chargée aujourd'hui, en vertu des lois des 22 décembre 1789 et 11 septembre 1790, de constater les délits et d'en poursuivre la punition devant les tribunaux compétents. (*Voir* l'instruction du 18 frimaire an XI, rapportée à la page 302 du tome Ier.)

Arrêt du conseil d'état concernant les égouts.

Du 22 janvier 1785.

« .... Le roi, étant en son conseil, a ordonné et ordonne qu'en dérogeant audit arrêt du 21 juin 1721 (*voir* à la page 244), en faveur des propriétaires des maisons construites sur les égouts, lesdits prévôt des marchands et échevins seront autorisés à faire procéder au curement desdits égouts aux dépens de la ville seule, et sans que lesdits propriétares soient tenus d'y contribuer, en considération de la défense dont sa majesté ordonne la plus rigoureuse exécution, de pratiquer aucunes ouvertures ou communications avec lesdits égouts pour l'écoulement des eaux et latrines de leurs maisons ; *et quant aux dépenses de pavement et de toutes autres réparations relatives, tant auxdits égouts qu'aux maisons sous lesquelles ils passent*, ordonne, sa majesté, qu'elles seront faites par les propriétaires des maisons et terrains, sans que, dans aucun cas et sous aucun prétexte, lesdits prévôt des marchands et échevins puissent les dispenser pour l'avenir de cette charge, n'exceptant de cette obligation pour le passé que ceux qui pourront justifier de conventions contraires... » (*Voir* l'ordonnance royale du 30 septembre 1814, à la suite.)

Décret sur le numérotage des maisons de Paris.

Du 15 pluviôse an 13 (4 février 1805).

« ART. 1er. Il sera procédé, dans le délai de trois mois, au numérotage des maisons de Paris d'après les ordres et instructions du ministre de l'intérieur.

» ART. 2. Ce numérotage sera établi par une suite de numéros pour la même rue, lors même qu'elle dépendrait de plusieurs arrondissements municipaux et par un seul numéro, qui sera placé sur la porte principale de chaque habitation. Ce numéro pourra être répété sur les autres portes de la maison lorsqu'elles s'ouvriront sur la même rue que la porte principale. Dans le cas où elles s'ouvriraient sur une rue différente, elles prendront le numéro de la série appartenant à cette rue.

» ART. 3. Les rues dites des *faubourgs,* quoique formant continuation à une rue du même nom, prendront une nouvelle suite de numéros.

» ART. 4. La série des numéros sera formée des nombres pairs pour le côté droit de la rue et des nombres impairs pour le côté gauche.

» ART. 5. Le côté droit d'une rue sera déterminé, dans les rues perpendiculaires ou obliques au cours de la Seine, par la droite du passant se dirigeant vers la rivière, et dans celles parallèles, par la droite du passant marchant dans le sens du cours de la rivière.

» ART. 6. Dans les îles, le grand canal de la rivière coulant au nord déterminera seul la position des rues.

» ART. 7. Le premier numéro de la série, soit paire, soit impaire, commencera dans les rues perpendiculaires ou obliques au cours de la Seine, à l'entrée de la rue, prise au point le plus rapproché de la rivière, et dans les rues parallèles, à l'entrée prise en remontant le cours de la rivière ; de manière que, dans les premières, les nombres croissent en s'éloignant de la rivière, et dans les secondes en la descendant.

» ART. 8. Dans les rues perpendiculaires ou obliques au cours de la rivière, le numérotage sera exécuté en noir sur un fond d'ocre ; dans les rues parallèles, il le sera en rouge sur le même fond.

» ART. 9. Le numérotage sera exécuté à l'huile, et, pour la première fois, par la commune de Paris.

» ART. 10. A cet effet, il sera passé par devant le préfet du département de la Seine une adjudication au rabais de l'entreprise du numérotage exécuté à l'huile, à tant par numéro, de grandeur, de forme et de couleur déterminées par le cahier des charges.

» ART. 11. L'entretien du numérotage est à la charge des propriétaires; ils pourront en conséquence le faire exécuter à leurs frais d'une manière plus durable, soit en tôle vernissée, soit en faïence ou terre à poêle émaillée, en se conformant cependant aux autres dispositions du présent décret sur la couleur des numéros et la hauteur à laquelle ils doivent être placés. »

Ordonnance du roi portant défenses d'établir des conduits d'eaux ménagères en communication avec les égouts de Paris.

Du 30 septembre 1814.

« ART. 1er. L'arrêt du conseil d'état, du 22 janvier 1785 (*voir* à la page 252,) portant défenses à tous propriétaires de maisons, dans notre bonne ville de Paris, de pratiquer aucune ouverture en communication avec les égouts, pour l'écoulement des eaux et des latrines desdites maisons, continuera d'être exécuté suivant sa forme et teneur, et sans aucune dérogation en ce qui concerne les eaux provenant des fosses d'aisance : en conséquence, ledit arrêt sera réimprimé, publié et affiché dans toute l'étendue de la ville de Paris, aux lieux ordinaires et dans les formes accoutumées, ainsi que la présente ordonnance.

» ART. 2. Cet arrêt sera également exécuté en ce qui concerne les eaux ménagères et pluviales, sauf les cas d'exception déterminés par l'article suivant.

» ART. 3. Lorsque, d'après les dispositions naturelles ou accidentelles d'une maison, le sol de ses rez-de-chaussée, cours ou jardins se trouvant au-dessous du sol de la terre, il y aura impossibilité reconnue et constatée de conduire au dehors, par une pente d'au moins cinq millimètres par mètre, les eaux ménagères ou pluviales pour les faire écouler par les ruisseaux des rues et places, il pourra être permis au propriétaire d'établir une communication souterraine entre sa maison et l'égout le plus voisin, pour y conduire lesdites eaux. Dans tout autre cas, non-seulement il ne sera permis aucune communication de ce genre, mais celles maintenant existantes seront supprimées aux frais des propriétaires comme abusivement établies.

» ART. 4. Les moyens d'opérer la communication qui aura été permise, dans le cas de l'article précédent, seront établis de la manière suivante :

» 1° Le propriétaire fera construire sur son terrain et à ses frais, soit en pierres de taille, soit en meulière, un puisard où se rendront les eaux pluviales et ménagères, et d'où elles passeront dans une conduite aboutissant à l'égout.

» 2° L'emplacement du puisard sera distant de trois mètres au moins de toute fosse d'aisance ; et si quelque circonstance empêche d'observer cette distance, il y sera suppléé en enveloppant le puisard extérieurement, tant sur son fond que sur ses côtés, et ce jusqu'à vingt centimètres du sol, soit d'une chape de ciment de dix centimètres d'épaisseur, soit d'un corroi de glaise de vingt-cinq centimètres.

» 3° Le puisard n'aura pas moins de soixante centimètres de hauteur sur soixante de largeur, le tout en œuvre. S'il est construit en pierres de taille, elles seront posées avec mortier de chaux et ciment, et les joints seront refaits avec mastic de limaille de fer. S'il est construit en pierres de meulière, elles seront ourdées avec mortier de chaux et ciment, et revêtues intérieurement d'un enduit en chaux et ciment tamisé, de trois centimètres d'épaisseur. Ledit puisard sera couvert, à son entrée, par un châssis en pierre de taille portant une grille, que le propriétaire sera tenu d'ouvrir à toute réquisition des préposés à l'entretien et au curage des égouts.

» 4° Les propriétaires auront néanmoins la faculté de substituer au puisard ci-dessus décrit une cuvette ou auge, soit en bonne pierre et taillée dans un seul bloc, soit en fonte de fer et coulée en une seule pièce; les dimensions et le châssis avec grille seront d'ailleurs les mêmes pour la cuvette comme pour le puisard.

» 5° Les conduites à établir entre le puisard et l'égout seront en tuyaux de fer, ayant de dix à seize centimètres de diamètre intérieur, bien liées avec la maçonnerie lors de la construction du puisard, et soigneusement assemblées avec des boulons à écrou et rondelles de plomb entre deux cuirs à chaque collet.

» Lesdites conduites suivront, autant que possible, une ligne droite en partant du puisard pour se rendre à l'égout; elles auront au moins cinq millimètres de pente par mètre de longueur jusqu'au coude qu'elles formeront avec le tuyau entrant dans l'égout: elles seront placées conformément aux coupes annexées à la présente.

» Les tranchées ouvertes dans les pieds-droits de la voûte des égouts pour le passage desdits tuyaux, seront remplies et ragréées suivant les règles de l'art, de manière que les chaînes de pierre ne soient jamais entaillées.

» 6° L'orifice de la conduite en fonte sera placé dans le puisard à cinquante centimètres au plus au-dessous de la surface du châssis en pierre partant de la grille ; l'entrée de ladite conduite sera garnie d'une grille ou d'une crapaudine scellée, pour prévenir les engorgements qui naîtraient de l'introduction de pailles, herbages, feuilles et autres ordures.

» 7° Si dans certains cas il était reconnu nécessaire d'établir des regards sur le cours des conduites, il y sera pourvu par le préfet (*du département*), d'après le rapport des ingénieurs préposés au service des égouts.

» 8° Les propriétaires se conformeront, au surplus, quant à la pose des conduites, quant à leurs dimensions, quant à celles des puisards et cuvettes, quant à la disposition des regards, s'il y a lieu, aux indications qui leur seront données par les ingénieurs préposés au service des égouts.

» Art. 5. Les propriétaires qui auront obtenu la permission de conduire, par les moyens indiqués dans l'article précédent, leurs eaux *ménagères* ou *pluviales* dans les égouts, seront libres de faire exécuter, par qui bon leur semblera, les travaux nécessaires ; mais ils seront tenus de souffrir pendant l'exécution de ces travaux la surveillance des préposés par l'administration, qui feront en outre la réception desdits ouvrages.

» Art. 6. Les permissions données en exécution de la présente n'auront d'effet que jusqu'à l'époque de la reconstruction des maisons en faveur desquelles ces permissions auront été accordées : ce cas de reconstruction arrivant, les propriétaires seront tenus de relever le sol de leur terrain et d'en faire concorder le nivellement avec celui de la voie publique, au moyen de quoi toute communication avec les égouts leur sera interdite, même pour les cuisines, basses-cours, buanderies, teintureries et autres établissements qu'ils jugeront à propos de construire dans les souterrains de ces nouvelles bâtisses. Ils seront en conséquence tenus de détruire à leurs frais celle qu'il leur avait été permis d'établir. »

CHAPITRE II.

Après avoir rapporté tous les actes de la législation ancienne et moderne sur la voirie et la police des constructions à Paris, il convient de faire connaître la jurisprudence de l'administration municipale relativement à l'application de ces diverses dispositions. Nous allons présenter dans leur ordre les règles adoptées et suivies par la préfecture du département pour tout ce qui touche à cette partie importante de l'édilité.

Il est certains points sur lesquels ces règles semblent s'écarter de la jurisprudence générale établie. Nous y joindrons, dans ce cas, les observations dont elles nous paraîtront susceptibles : nous nous sommes proposé seulement d'indiquer la marche que s'est tracée l'autorité chargée de la grande voirie (1), telle qu'elle résulte de l'interprétation des règlements généraux et spéciaux, ainsi que l'usage, des nécessités locales et de l'absence de décisions contraires de l'administration supérieure.

_____

(1) On a déjà dit que la *petite voirie* dépend des attributions du préfet de police.

SECTION PREMIÈRE.

DE LA COMPÉTENCE ET DES ATTRIBUTIONS.

On a vu que la *grande voirie*, à Paris, appartient au préfet du département, et que l'on comprend sous cette désignation tout ce qui est relatif aux alignements, à la construction, à l'entretien des façades et à la police des bâtiments en général; cette administration connaît de toutes les constructions nouvelles, reconstructions, grosses réparations, fouilles et excavations, qui se font même dans l'intérieur des propriétés et hors de la voie publique. Toutefois ses attributions sont restreintes à l'exécution de l'alignement, pour tout ce qui concerne les châteaux et maisons royales, les travaux publics et ceux du génie, de l'artillerie et des ponts et chaussées.

Comme en matière de routes, canaux et autres objets de grande voirie, le conseil de préfecture prononce sur les contraventions aux règlements, sauf recours au conseil d'état.

Les notifications des décisions du conseil de préfecture sont faites par huissier.

Il y a auprès du préfet du département de la Seine, pour le service de la grande voirie, des architectes qui portent le titre de *commissaires voyers*. Leurs fonctions consistent à donner leur avis sur toutes les demandes présentées au préfet, afin d'obtenir la permission d'exécuter des travaux de grande voirie; à surveiller l'exécution des permissions délivrées; à constater les contraventions qui pourraient être commises; à indiquer, sous leur responsabilité personnelle, les alignements à suivre dans les constructions nouvelles; à faire le récolement de ces alignements et de la hauteur des maisons; à veiller à ce que les règles de l'art de bâtir soient observées dans les constructions ayant face sur la voie publique, comme dans les constructions intérieures; enfin, à assurer l'exécution des arrêtés administratifs et des décisions du conseil de préfecture en matière de grande voirie.

Des inspecteurs particuliers sont attachés aux commissaires voyers pour les aider dans leurs fonctions.

Les inspecteurs généraux de la voirie qui existaient avant 1830 ont été supprimés postérieurement par mesure d'économie.

SECTION II.

DU PERCEMENT ET DE L'ALIGNEMENT DES RUES.

Il ne peut être ouvert à Paris aucune rue nouvelle qu'en vertu d'une ordonnance du roi, rendue sur le rapport du ministre de l'intérieur, sur l'avis du préfet du département et du conseil municipal.

L'autorisation que sollicitent les propriétaires pour ouvrir des rues sur leurs terrains est d'ailleurs subordonnée aux conditions qu'exigent les

besoins nouveaux de la circulation. Ces conditions portent principalement sur la direction et
sur la largeur. L'autorité prescrit en général une
direction droite et parallèle, à moins d'obstacles
insurmontables, qu'elle se réserve le droit d'apprécier; toutefois, elle interdit absolument les
rues en retour d'équerre. Quant à la largeur,
celle de trente pieds, indiquée dans la déclaration du roi du 10 avril 1783, n'est plus considérée
que comme un *minimum*. A cette époque, le système des constructions particulières était fort
différent de ce qu'il est aujourd'hui; on bâtissait
beaucoup alors entre cour et jardin, et la voie
publique n'était bordée, en grande partie, que
par des murs de clôture ou des *communs*, tels
que loges de portiers, remises, écuries, etc.
Maintenant presque partout on bâtit sur la rue
et au *maximum* de la hauteur permise; or, l'expérience prouve que telle rue de trente pieds de
large, bordée uniformément de maisons de cinquante-quatre ou cinquante-cinq pieds (comme
les rues Godot, d'Artois-Prolongée, etc.), paraît
plus étroite, et présente, sous les rapports de la
propreté et de la salubrité, plus d'inconvénients
que telle autre qui n'a que vingt-deux ou vingt-
quatre pieds; quand l'élévation des maisons riveraines est proportionnée à cette largeur; en conséquence, il ne peut être permis d'ouvrir des
rues à moins de treize mètres de large, que par
exception seulement, et avec le consentement
du préfet et du conseil municipal; encore la lar-

geur exceptionnelle ne peut-elle jamais être au-
dessous de dix mètres.

Les causes déterminantes d'une exception seraient, par exemple, que le terrain manquât au
propriétaire ; que le percement fût projeté dans
un quartier très-encombré, où une rue nouvelle
serait d'un grand intérêt pour la circulation ;
que cette rue n'eût qu'une médiocre longueur,
ou qu'enfin, et surtout, le propriétaire s'obligeât
à ne pas élever les constructions riveraines à
plus de quinze mètres.

Les entrepreneurs de rues nouvelles sont en
outre tenus de pourvoir aux frais de premier établissement du pavage et de l'éclairage ; de construire des trottoirs en pierre dure (1), et de faire
concorder les moyens d'écoulement des eaux
pluviales et ménagères au-dessous et au-dessus
du sol, avec le système général des conduites
d'eaux souterraines adopté par l'administration.

Il arrive quelquefois que les propriétaires, dont
l'autorité a refusé d'accueillir la demande en autorisation d'ouvrir des rues sur leurs terrains,
se réduisent à établir des passages découverts,
qui n'en diffèrent qu'en ce qu'ils sont fermés
à leurs issues par des grilles ou autres clôtures.

(1) L'établissement des trottoirs dans les rues anciennes est
une mesure non moins utile aux intérêts de la circulation qu'à
ceux des propriétaires eux-mêmes, et que l'autorité municipale encourage au moyen de primes qu'elle accorde en raison
de l'avantage qui peut en résulter pour la facilité des communications.

Dans la vue de pourvoir aux inconvénients qui pourraient résulter de l'enlèvement fortuit de ces clôtures, l'administration exige que tout passage découvert ait au moins dix mètres de largeur, et même qu'une des extrémités soit terminée par une construction pleine, dans toute la hauteur des édifices riverains; quelques exemples autorisent néanmoins à penser que cette dernière condition n'est point de rigueur dans tous les cas.

La circulation des voitures est d'ailleurs interdite dans ces passages, qui doivent être tenus fermés la nuit comme le jour, et ne s'ouvrir que pour les personnes qui les habitent (1).

Les alignements pour constructions nouvelles sur les voies publiques sont délivrés par le préfet du département, conformément aux plans arrêtés au conseil d'état quand il en existe.

Provisoirement sont obligatoires les plans qui ont été revêtus antérieurement de l'approbation ministérielle en vertu de l'arrêté du gouvernement, du 13 germinal an V (2 avril 1797) (2).

La loi du 16 septembre 1807 (art. 52), et l'avis du conseil d'état, du 3 septembre 1811, ayant

---

(1) Voir au surplus les dispositions relatives aux passages publics dans le chapitre suivant, paragraphe III.

(2) Voici le texte de cet arrêté :

« Le directoire exécutif, sur le rapport du ministre de l'intérieur, vu le règlement du 10 avril 1783, concernant la fixation de l'élargissement et du redressement de chacune des rues de Paris, a arrêté ce qui suit :

» Art. 1er. Le ministre de l'intérieur est autorisé à régler, sur

posé d'autres principes, et le travail des alignements étant rentré dans les attributions de M. le
préfet de la Seine, ce magistrat a reconnu la
nécessité de faire réviser les alignements précédemment arrêtés, qui pour la plupart laissent
beaucoup à désirer relativement aux besoins de
la circulation; mais cette révision a fait naître
quelques difficultés: on a élevé notamment la
question de savoir si, lorsque des propriétaires
ont bâti sur l'alignement ministériel, on peut
légalement les contraindre à reculer de nouveau, et les soumettre ainsi une seconde fois aux
prohibitions qu'ils ont déjà subies, et dont ils

le plan des rues de Paris, les élargissements et le redressement
de chacune d'elles.

» Art. 2. Il ne sera tracé sur lesdits plans qu'un seul
alignement, lequel sera définitif, et les retranchements de
terrain qui en résulteront ne pourront porter à plus de dix
mètres la largeur des rues qui n'ont pas atteint cette dimension, et qui ne forment pas prolongement de grandes routes
du premier ou du second ordre; les redressements seront
cependant exécutés en raison de la largeur actuelle de chaque
rue.

» Art. 3. Les rues formant prolongement de grandes routes
du premier ordre ne pourront être fixées à moins de douze
mètres de largeur, et celles du second ordre à moins de dix
mètres; mais les rues de ces deux classes, dont l'ouverture
excède ces dimensions, seront maintenues dans leur largeur
actuelle, et les redressements qu'elles pourront exiger seront
dirigés en raison de cette même largeur.

» Art. 4. Les rues dont la largeur correspond à leur fréquen-
tation seront maintenues dans leur état actuel, lorsqu'elles ne
présenteront ni pli ni coude, et s'il s'y rencontre des plis et des
coudes, il y sera opéré des redressements. »

ont pu se croire affranchis en satisfaisant aux injonctions de l'autorité.

Quelque fâcheuse que puisse être, à cet égard, la position des propriétaires, il faut cependant reconnaître que la loi de 1807 (art. 52) a créé en matière d'alignement un droit et un régime nouveaux, d'où résulte implicitement l'abrogation de toutes les dispositions législatives antérieures qui y seraient contraires; ainsi, les alignements seront donnés, dit cette loi, *d'après les plans arrêtés en conseil d'état* : donc les plans approuvés par de simples décisions ministérielles, dépourvues de toute formalité préalable et de toute publicité, manquent aujourd'hui de la légalité nécessaire, et ne peuvent l'acquérir désormais que par la sanction de l'autorité souveraine; sanction qui ne peut leur être donnée qu'autant qu'une instruction complète a démontré qu'ils satisfont aux besoins de la voie publique. Or, la plus grande partie des alignements ainsi arrêtés, non-seulement sont insuffisants sous ce rapport, mais même donnent aux rues de Paris des largeurs inférieurs à celles de trente pieds, prescrite comme *minimum* par la déclaration du 10 avril 1783, règlement passé en force de loi : il faut donc, pour remédier à cette illégalité, les rectifier presque tous; et l'on ne saurait admettre que, dans l'exécution des nouveaux plans qui sont ou seront adoptés, on pût faire une distinction entre les propriétés rebâties sur l'alignement ministériel, et celles qui l'ont été plus anciennement, mais toujours par la permission d'une autorité également compétente.

En attendant, et à défaut de plans arrêtés par le roi, les plans ministériels sont la seule règle qui puisse servir au tracé des nouveaux alignements, ainsi que l'a décidé, entre autres, une ordonnance royale rendue au profit du sieur Loyre, propriétaire, rue du Perche. Ce propriétaire, ayant demandé alignement au préfet de la Seine, et ne pouvant l'obtenir immédiatement parce que le plan de la rue n'était point encore révisé, et que cette opération exigeait d'assez longues formalités, avait pris le parti de bâtir sans en attendre l'autorisation, mais en observant l'alignement arrêté par le ministre de l'intérieur, et qui ne donnait à la rue que neuf mètres (environ vingt-sept pieds) de largeur. Il a été traduit pour ce fait devant le conseil de préfecture, qui l'a renvoyé de la plainte; le préfet s'est pourvu au conseil d'état, et il est intervenu une décision dont voici le dépositif :

8 avril 1829.

« Considérant que le sieur Loyre a fait construire sur la rue du Perche, avant d'avoir obtenu l'alignement qu'il avait demandé; qu'ainsi il a contrevenu aux règlements de la voirie. — Considérant néanmoins que le projet de changer le plan d'alignement de ladite rue n'est pas encore adopté, et qu'il résulte de l'instruction de l'affaire que le contrevenant s'est conformé au plan d'alignement arrêté par la décision ministérielle du 14 décembre 1800

(23 frimaire an VIII), en exécution de l'arrêté du directoire exécutif du 20 avril 1797 (13 germinal an V).

» Art. 1er. L'arrêté du conseil de préfecture du département de la Seine, en date du 22 février 1827, est annulé.

» Art. 2. Le sieur Loyre est condamné à une amende de 20 francs.

» Art. 3. Il ne sera pas procédé à la démolition de ses constructions. »

Il ressort, comme on voit, de cette décision, 1° qu'il y a contravention toutes les fois qu'on bâtit sans avoir obtenu la permission de l'autorité, alors même qu'on aurait suivi l'alignement légal; 2° que pour ce fait on encourt l'amende, mais non la démolition de l'œuvre; 3° enfin, qu'à défaut de plans arrêtés par le roi, ceux qui l'ont été par le ministre de l'intérieur, en vertu de l'arrêté du gouvernement du 13 germinal an V, sont considérés comme obligatoires pour l'administration et pour les propriétaires.

Tout propriétaire a le droit d'exiger que le commissaire voyer détermine sur place les points de repère indiqués dans la permission qui lui a été délivrée.

Aussitôt que les assises de retraite sur les murs de fondation sont posées à demeure, les propriétaires et les entrepreneurs doivent requérir qu'il soit procédé au récolement de l'alignement par le commissaire voyer.

Le récolement requis doit être fait dans les trois jours de la réquisition.

Il en est dressé un procès-verbal descriptif, signé par l'entrepreneur et le propriétaire auquel une expédition est remise.

Ces dernières dispositions sont du plus grand intérêt pour les propriétaires qui y trouveront une garantie salutaire contre toutes les erreurs qui pourraient se glisser dans le tracé des alignements.

Les moyens de repérer et récoler les alignements doivent être fournis par le requérant et à ses frais.

Si l'alignement prescrit n'a pas été suivi exactement, soit que le commissaire voyer n'ait pas été requis de le tracer sur place, soit que le cours des assises ait été changé depuis la vérification et le récolement, la démolition, ou, s'il est possible, la rectification doit être ordonnée aux frais du propriétaire, sauf son recours contre qui de droit, et l'amende est encourue.

Lorsqu'un propriétaire demande à construire en retraite de l'alignement, le préfet peut le permettre, dans l'intérêt de l'art, en imposant d'ailleurs toutes les conditions qu'il croit convenables ; mais le préfet de police est consulté sous le rapport de la sûreté et de la salubrité de la voie publique.

SECTION III.

DES CONSTRUCTIONS NEUVES.

Nulle façade sur la voie publique ne peut être construite en pan de bois (1), à moins que le terrain sur lequel on se propose de bâtir n'ait moins de huit mètres de profondeur réduite; et même, dans ce cas, la façade du rez-de-chaussée doit être construite en maçonnerie.

Conformément à l'ordonnance royale du 24 décembre 1823, il n'est permis de faire aucune construction en encorbellement.

Il ne peut être établi sur les murs de face des maisons aucunes saillies autres que celles qui sont déterminées par l'ordonnance royale du 24 décembre 1823.

La saillie de 0,80 centimètres, déterminée par l'article 3 de ladite ordonnance, n'est autorisée que pour les balcons situés au niveau du premier étage, et à six mètres au moins de hauteur au-dessus de la voie publique.

Au-dessus de cet étage, les balcons ne sont considérés que comme corniches, et ne doivent avoir de saillie que celle qui est permise par l'ordonnance royale du 24 décembre 1823.

Chaque étage d'un bâtiment qui se construit

(1) La défense de bâtir en pan de bois, portée par la déclaration du 16 juin 1693, est maintenue en vigueur (ordonnances des 25 octobre 1833, 28 février, 5 décembre 1834).

sur la voie publique, ou même dans l'intérieur des propriétés particulières, ne peut pas avoir moins de deux mètres trente centimètres de hauteur, mesurée entre deux planchers, quelle que soit la hauteur du bâtiment.

SECTION IV.

DE LA HAUTEUR DES CONSTRUCTIONS.

Il y avait, comme on a pu le remarquer, sinon contradiction, au moins obscurité dans les dispositions des règlements des 10 avril 1783 au 25 août 1784, qui, bien qu'en décidant que désormais toutes les rues de Paris seront élargies jusqu'à concurrence de trente pieds, déterminaient cependant des hauteurs particulières pour les édifices situés dans les rues d'une largeur moindre, ce qui donnait lieu de supposer que le législateur avait eu en vue de restreindre la faculté de bâtir au *maximum* de hauteur, au cas où l'élargissement de la rue aurait été effectué sur tous les points ; mais cette interprétation était nuisible, dans beaucoup de cas, aux intérêts des propriétaires, qui, tout en satisfaisant à un alignement nouveau, restaient néanmoins encore gênés dans l'exercice de leurs droits, et se voyaient forcés d'attendre, pour élever leurs maisons à la hauteur permise, que les rues eussent atteint, dans toute leur étendue, la largeur légale. Quoi qu'il en soit, on a senti que cette interdiction n'était peut-être pas parfaitement légale, que les conditions imposées par les règlements de voirie à la propriété privée sont déjà bien assez rigoureuses, sans qu'on les aggrave inutilement, et qu'il n'y a pas de considération d'intérêt public assez déterminante pour que la servitude de la réduction de hauteur soit maintenue quand l'élagissement partiel est effectué. En conséquence, l'administration a abandonné le droit que semblait lui donner, à cet égard, la disposition que nous venons de rappeler, et désormais tout propriétaire qui rebâtit sur le nouvel alignement, a la faculté d'élever au *maximum* de hauteur attribué, d'après le tableau suivant, à chaque largeur de rue, telle qu'elle résulte du plan arrêté. La prohibition ne porte que sur les maisons non alignées, qu'on ne permet de surélever qu'en proportion de la largeur actuelle de la voie publique (1).

(1) Il a été reconnu d'ailleurs que la servitude légale de 45 pieds de hauteur, étant limitée par le règlement du 25 août 1784, aux rues de 29 pieds de largeur, dans toutes celles qui ont de 29 à 30 pieds, la hauteur des maisons riveraines ne pouvait être restreinte qu'à 54 pieds, parce que les servitudes ne s'étendent point. Le même principe s'applique également aux rues de 23 à 24 pieds de largeur. (*Jurisprudence ministérielle*).

*Tableau de la hauteur à donner aux constructions
d'après la largeur des rues.*

Largeur de la voie publique.	Maximum de la hauteur pour les constructions.	
	En maçonnerie.	en pan de bois.
10 mètres et au-dessus. .	18^m »	15^m 5 o.
de $9^m 75^c$ (30 pieds) à 10^m.	$17^m 50^c$.	$15^m 50^c$.
de 8^m à $9^m 75^c$.	15^m »	15^m »
de $7^m 78$ (24 pieds) à 8^m. .	$14^m 60^c$.	$14^m 60^c$.
au-dessous de $7^m 78^c$. . . .	$11^m 70^c$.	$11^m 70^c$(1).

Ces hauteurs sont observées, sauf les exceptions
prévues, pour toutes les constructions qui bordent la voie publique ou qui n'en sont pas éloignées de plus de quinze mètres; elles sont mesurées du pavé, et compris les entablements,
corniches, attiques, ou étages en mansardes tenant lieu d'attiques, et compris également les
sommités des pignons. Toutefois, les prohibitions
prononcées, relativement à la hauteur des bâtiments, ne s'appliquent qu'aux façades du côté de
la voie publique, et n'affectent point, dans l'état

(1) On remarquera peut-être que ce tableau ne s'accorde pas
avec les termes de la déclaration de 1783, qui veut que toutes
les rues soient portées à une largeur de trente pieds au moins ;
mais l'expérience a démontré que cette disposition , prise dans
un sens absolu , était quelquefois inapplicable.

actuel de la législation, celles qui donnent sur l'intérieur des propriétés. (Ordonnance royale du 22 novembre 1826.) Quant aux exceptions, elles ne portent que sur les édifices publics proprement dits, et l'on n'entend par cette désignation que ceux qui ont un caractère monumental ; un bâtiment occupé par une administration publique, un hospice même, ne sont point dans le cas de l'exception. (Jurisprudence ministérielle.)

Lorsqu'une façade de bâtiment est construite sur une rue en pente, la hauteur se prend du milieu de la façade, et l'entablement doit être construit de niveau dans toute la longueur de la ligne de face.

Toutefois, le résultat de ce mode de mesurage doit être tel que, du côté du sol le plus bas, l'entablement ne soit pas à plus d'un mètre au-dessus de la hauteur fixée par le tableau.

Dans le cas d'une construction à l'encoignure de deux voies publiques de largeur inégale, la façade donnant sur la voie publique la plus étroite peut être élevée à la même hauteur que la façade donnant sur la voie publique la plus large ; mais seulement dans une étendue de quinze mètres au plus ; le reste de la façade ne peut être élevé que conformément au tableau ci-dessus, en raison de la largeur de la voie publique.

Lorsque, entre deux rues de niveaux différents, il n'y a pas plus de quinze mètres d'intervalle, le bâtiment qui serait élevé sur ces deux rues, et dont les deux entablements seraient mis de niveau entre eux, sur les deux faces opposées, ne pourrait avoir, au-dessus de la rue la plus basse, que la hauteur fixée par le tableau ; plus, la moitié de la différence du niveau entre les deux voies publiques.

Si les deux entablements ne sont pas mis de niveau, ou si l'intervalle est de plus du quinzième, on observe les hauteurs fixées pour chaque rue.

Dans le cas où un propriétaire jugerait à propos de ne pas élever la façade d'un bâtiment à toute la hauteur permise par le tableau (page 273), il serait libre de ne donner à ses murs, et même à l'ensemble de sa construction, que le degré de solidité reconnu nécessaire, relativement à l'importance actuelle de cette construction ; mais il ne pourrait l'augmenter ensuite, soit en hauteur, soit en étendue, qu'autant que cette augmentation serait jugée, par l'administration, compatible avec les principes de l'art de bâtir.

Aucune construction sur l'épaisseur du mur de face ne peut excéder la hauteur fixée pour les entablements.

A l'égard des combles, la déclaration de 1783 avait limité à quinze pieds la hauteur de faîtage d'un bâtiment double en profondeur et à dix pieds celle d'un bâtiment simple. L'usage y a substitué la pose d'un faîtage à une mesure de

hauteur égale à la demi-épaisseur du bâtiment;
tellement qu'un faîtage peut être élevé de dix-
huit ou vingt pieds, si le bâtiment a trente-six
ou quarante pieds de profondeur. Quoique cette
interprétation *in extenso* dût contenter les propriétaires, ils cherchent néanmoins quelquefois
à en abuser, en construisant un brisis qui leur
donne la facilité de pratiquer un étage de plus
dans le comble. Il est utile de les avertir qu'il
y a contravention toutes les fois que la construction excède la ligne rampante du comble à
quarante-cinq degrés. Plusieurs procès gagnés
par l'administration, au grand dommage des
propriétaires, ont invariablement fixé la jurisprudence à cet égard. (Ordonnances royales des
10 janvier, 4 et 18 juillet 1827. Recueil des
arrêts du conseil.) On ne saurait donc trop
appeler l'attention des propriétaires et des
constructeurs sur une règle que leurs propres
intérêts leur prescrivent d'observer.

Les combles, soit circulaires, soit disposés de
manière ou d'autre, à sortir des lignes rampantes
de l'angle de quarante-cinq degrés, ne sont
permis que sur les quais, boulevarts, places et
autres grandes voies publiques; encore exige-t-on
ici que la construction se renferme exactement
dans une courbe d'un rayon égal à la demi-
épaisseur de l'édifice (1).

_____

(1) Tout ce qui excède doit être démoli. (Ordonnance royale
du 20 février 1835.)

Sur les bâtiments ayant moins de neuf mètres de profondeur, les faîtages de comble ne peuvent pas être élevés à plus de trois mètres vingt-cinq centimètres (dix pieds), au-dessus des hauteurs fixées par le tableau précédent.

Sur les bâtiments ayant plus de neuf mètres de profondeur, ils ne peuvent l'être à plus de quatre mètres quatre-vingt-cinq centimètres (quinze pieds), au-dessus des mêmes hauteurs.

Les lucarnes des combles doivent être séparées entre elles d'un mètre au moins dans la partie la plus étroite entre les jourées; la largeur des lucarnes est fixée à un mètre cinquante centimètres au plus, mesurée hors œuvre.

Chaque lucarne doit, en outre, avoir sa toiture particulière.

Les bâtiments non alignés peuvent être exhaussés conformément aux dimensions indiquées au tableau (page 273); mais seulement quand il a été reconnu que les constructions inférieures sont en état de supporter l'exhaussement.

Néanmoins les maisons non alignées qui sont situées, dans les rues ayant actuellement moins de six mètres de largeur, ne peuvent pas être exhaussées.

Dans les maisons non alignées, toute espèce de réparation est permise au-dessus du plancher-bas du premier étage; mais au-dessus de ce plancher-bas les seuls travaux qui peuvent être permis dans toute la partie retranchable, le plancher compris, sont ceux qui tendent évidemment à affaiblir les constructions dans cette portion retranchable.

Toute réparation aux murs de clôture et de soutènement, non alignés, est également interdite.

On ne peut d'ailleurs que se référer aux observations rapportées tom. Ier, pag. 102 et suiv., touchant le droit de l'administration quant à la défense de consolider les fondations et le rez-de-chaussée des édifices atteints par les alignements. Nous ajouterons qu'ici l'autorité est dans l'usage de permettre l'établissement de poteaux en bois de dimensions déterminées à la place de trumeaux, pieds-droits ou autres points d'appui que les propriétaires voudraient changer; au contraire, elle ne permet pas de poteaux en bois dans les façades alignées, mais seulement des piliers ou colonnes en fer ou en fonte. Sa détermination se fonde, dans ce cas, sur ce que le bois est trop combustible et trop périssable pour être employé dans les façades définitives (1).

Quant aux murs de clôture non alignés, que les propriétaires demandent quelquefois l'autorisation de convertir en murs de face d'habitation, l'administration s'y refuse également, parce que

---

(1) La pose de poteaux sans autorisation, le remplacement sans autorisation d'anciens poteaux par des colonnes en fonte de fer dans les façades sujettes à reculement, sont réputés travaux confortatifs, et donnent lieu à démolition. (Ordonnances des 3 février et 25 mars 1835.)

cette conversion tendrait évidemment à perpé-
tuer la durée d'un mur, en le rattachant à des
planchers et autres constructions adhérentes.

Les dispositions prohibitives dont il vient
d'être parlé sont applicables aux maisons même
alignées, qui seraient bâties en pans de bois
sur des terrains ayant plus de huit mètres de
profondeur réduite.

Les constructions en encorbellement ne peuvent être réparées : elles sont détruites lorsqu'elles ont été reconnues en mauvais état.

Dans le cas où le reculement occasionné par
l'alignement n'excéderait pas le tiers de l'épaisseur du mur de face d'une maison, les étages
au-dessus de celui du rez-de-chaussée étant en
bon état de solidité, l'administration permet
de ne reconstruire, suivant l'alignement, que
le rez-de-chaussée de la façade, et de conserver
les étages supérieurs dans leur ancien état, en
les faisant toutefois porter, à l'aide d'un encorbellement, sur le mur du rez-de-chaussée recon
struit à neuf.

Lorsque le propriétaire d'un bâtiment non
planté sur l'alignement veut reconstruire une
partie seulement de la façade, en conservant le
surplus, la permission de reconstruire partiellement cette façade peut être accordée, si les parties, que le propriétaire entend conserver, sont
en état de solidité, et si d'ailleurs elles sont placées immédiatement entre deux têtes de murs.

Cette permission n'est toutefois accordée qu'à

la condition que les travaux neufs ne seront liés aux parties conservées de l'ancienne façade que par des constructions légères.

SECTION V.

DISPOSITIONS GÉNÉRALES.

Le premier numérotage des rues nouvelles est fait aux frais de la ville de Paris, et d'après le système actuellement existant.

L'entretien et le renouvellement des numéros est à la charge des propriétaires, qui peuvent le faire exécuter en telle matière qu'ils le jugent convenable, pourvu qu'ils se conforment aux dimensions, aux dessins et aux couleurs des numéros actuels.

L'entretien et le renouvellement des inscriptions des noms de rues, places, etc., est à la charge de l'administration, sauf son recours contre les personnes qui auraient dégradé, effacé ou supprimé ces inscriptions.

Lorsqu'un propriétaire est poursuivi, afin de rectifier des vices de construction, il peut réclamer une expertise contradictoire qui doit être faite, savoir, de son côté, par l'expert qu'il aura nommé; du côté de l'administration, par un des commissaires voyers, et, en cas de dissentiment, par un tiers-expert que le préfet désigne.

Les rapports des experts sont envoyés au conseil de préfecture, qui statue et qui prononce

sur les frais dus seulement à l'expert du proprié
taire et au tiers-expert.

Les citations, pour comparaître devant le conseil de préfecture, sont faites à jour fixe. Il est
statué par ce conseil, soit que la partie citée produise, par écrit ou en personne, ou par l'intermédiaire d'un fondé de pouvoirs, ses moyens de
défense, soit qu'elle ne les produise pas.

Le préfet de la Seine est autorisé à faire suspendre, même par l'emploi de la force publique,
et l'intervention des garnisaires, si cela est indispensable, tous travaux qui seraient entrepris
ou continués malgré l'injonction qui aurait été
faite par lui de ne pas les commencer ou de les
discontinuer.

Cette faculté résulte de plusieurs décisions
rendues par le conseil de préfecture et non in-
firmées.

Les ordonnances symétriques exécutées, ou
qui seraient adoptées à l'avenir pour des rues et
places publiques, doivent être rigoureusement
observées et maintenues; en conséquence, aucune permission n'est délivrée, dans ce cas, qu'à
charge de se conformer exactement aux détails
primitifs desdites ordonnances symétriques, l'administration locale étant spécialement chargée
de remédier aux frais des propriétaires, aux alté-
rations qu'elles auraient subies.

POLICE DES CONSTRUCTIONS.

Il n'est pas moins essentiel de connaître les règles qui s'observent dans la construction des bâtiments : nous les présentons ci-après sous la forme d'un projet de règlement de police, et toujours comme résultat de la jurisprudence adoptée par la préfecture du département.

SECTION PREMIÈRE.

DES MURS EN FONDATION, DES VOUTES SOUTERRAINES ET DES PUITS.

1. Les tranchées ouvertes pour établir des fondations seront creusées jusqu'au bon sol. (Jugement du maître général des bâtiments, du 29 octobre 1685.)

2. La profondeur des tranchées sera d'un mètre au moins pour les fondations de bâtiment, et de soixante-cinq centimètres au moins pour les fondations de mur de clôture, quand bien même le bon sol se rencontrerait à une moindre profondeur.

3. A défaut de bon sol, on emploiera les moyens d'art usités en pareil cas, tels que des cours de libages, des battues de pieux, des grillages avec pilotis, plates-formes et racinaux.

4. Lorsque, sous le sol ou sous l'étage de rez-

de-chaussée, il devra être pratiqué des étages souterrains, caves, fosses, etc., les tranchées seront descendues de cinquante centimètres en contre-bas du dernier berceau de la fosse.

5. Tout étage au-dessus du sol de rez-de-chaussée sera voûté en maçonnerie.

6. Lorsque la largeur d'une voûte excédera six mètres, ou lorsque sa forme sera surbaissée, il sera établi des chaînes en pierres, dont l'espacement sera de quatre mètres au plus.

7. Les murs de fondation seront érigés entre deux lignes. Il ne sera employé, dans la construction de ces murs, que des pierres ou moellons durs, liaisonnés et joints entre eux, et qui seront posés à bain de mortier de chaux et de sable, par rangs ou assises, arrasés de niveau. Le mortier sera composé d'un tiers de chaux éteinte et de deux tiers de sable.

Les pierres et moellons durs, la meulière exceptée, ne seront d'abord mis en œuvre qu'après avoir été dressés à leurs lits, parements et joints. (Jugement du maître général des bâtiments, du 29 octobre 1685.)

8. Le mur de fondation formera toujours empatement de neuf centimètres au moins de chaque côté, avec les murs en élévation.

Le mur de fondation qui devra supporter un pan de bois ou un mur en briques aura au moins cinquante centimètres d'épaisseur. (Jugement du maître général des bâtiments, du 29 octobre 1685.)

9. Les murs de fondation seront continus et sans interruptions, même au droit des baies de toute nature, qui seraient pratiquées à rez-de-chaussée.

10. Si un mur de fondation doit être planté entre deux hauteurs différentes de sol, il sera renforcé, soit par un mur en talus, soit par des éperons liaisonnés avec le corps du mur de fondation. (Art. 192 de la coutume de Paris., Desgodets, Lois des bâtiments.)

11. Aucun mur de fondation, supportant des constructions supérieures, ne servira de parois pour fosses d'aisance, ni de points d'appui pour les voûtes de ces fosses. (Code civil, art. 674.)

12. Les puits des maisons d'habitation seront construits en maçonnerie et posés sur un rouet en bois de charpente. (Développement du jugement du maître général de bâtiments, du 29 octobre 1685.)

13. Entre un puits et une fosse d'aisance, il y aura toujours une distance d'un mètre quatre-vingt-quinze centimètres au moins. (Art. 191 de la Coutume de Paris, appuyé par l'art. 674 du Code civil.)

SECTION II.

DES MURS EN ÉLÉVATION.

14. Tout ce qui est prescrit par les articles précédents, pour la construction des murs en fondation, sera observé dans la construction des

murs en élévation; néanmoins le plâtre pourra être employé au lieu de mortier; et les murs ayant face sur la voie publique, sur une cour ou sur un jardin, seront, du côté extérieur, érigés avec fruit de trois millimètres au moins par mètre d'élévation, à partir du sol de rez-de-chaussée; du côté extérieur, ils seront érigés d'aplomb. (Jugement du maître général des bâtiments, du 29 octobre 1685.)

15. L'épaisseur des murs à l'étage de rez-de-chaussée sera au moins, savoir:

De quarante-neuf centimètres pour les murs de bâtiments ayant face sur rue, cour ou jardin, ainsi que pour les murs mitoyens portant bâtisse;

De quarante-quatre centimètres pour les murs de refend;

De trente-cinq centimètres pour les murs de clôture.

16. Tout mur de face en moellons sera chaussé d'une assise en pierre dure faisant parpaing. (Jugement du maître général des bâtiments, du 29 octobre 1685.)

17 Les murs en briques, à l'étage de rez-de-chaussée, seront de même appuyés sur un cours d'assises en pierre dure, faisant parpaing. Les briques seront posées par rang, arrasées de niveau et bien liaisonnées.

18. Toute jambe étrière, dans la hauteur de l'étage de rez-de-chaussée sera construite en pierre de taille dure; chaque assise sera d'un seul mor-

ceau, et formera, dans le mur, harpe au moins de soixante-cinq et de quarante-huit centimètres alternativement. La tête de chaque assise portera en retour les saillies des dosserets, et chaque saillie sera au moins de douze centimètres. (Art. 207 de la Coutume de Paris. Lois des bâtiments, par Desgodets, page 315.)

19. Les trumeaux ou pieds-droits, à l'étage de rez-de-chaussée, s'ils n'excèdent pas soixante et un centimètres de face, seront construits entièrement en pierre de taille.

20. Tous les pieds-droits et dosserets de baies, ayant deux mètres d'ouverture et plus, seront aussi construits en pierre. Ils seront construits en pierre dure à l'étage de rez-de-chaussée. (Art. 207 de la Coutume de Paris ; Desgodets, page 315.)

21. Les corbeaux et les assises d'encorbellement en pièces seront de pierre dure d'un seul morceau, et traverseront le mur dans toute son épaisseur.

22. Les assises de pierre en boutisse dans les encoignures, de même que les assises de pierre formant chaîne, auront une épaisseur égale à celle des murs.

23. Tous les murs de face, de refend et mitoyens, seront liaisonnés à leurs jonctions.

24. Les liaisons dans les murs de face seront, pour les pierres de taille, de moitié de la hauteur de l'assise, et pour les moellons de neuf centimètres au moins.

25. Tous les murs de bâtiment seront, au droit des planchers, retenus et agrafés avec un nombre suffisant de chaînes, tirants, ancres et harpons.

26. Dans les murs de face comme dans les murs de refend, les vides correspondront entre eux de bas en haut, à moins que, par le moyen d'arcs de décharges, de poitrail de linteaux, ou d'autres constructions équivalentes, on ne prévienne l'inconvénient des porte-à-faux.

27. Aux extrémités d'un mur de face de bâtiment isolé il sera pratiqué, de deux en deux assises, des harpes d'attente d'une épaisseur égale à celle du mur, et qui auront au moins seize centimètres de saillie latérale.

28. Les murs en platras ne seront tolérés qu'au-dessus du plancher haut du dernier étage carré des bâtiments élevés à toute la hauteur légale, sans préjudice des dispositions législatives concernant la construction des murs mitoyens.

SECTION III.

DES TUYAUX DE CHEMINÉE.

29. Les âtres de cheminée seront garnis de barres de trémies, de chevêtres et de rappointis. (Règlement de police du 16 janvier 1672.)

30. Les jambages, ainsi que les tuyaux de cheminée, seront écartés de toute espèce de bois, de seize centimètres au moins mesurés dans œuvre. (Ordonnances de police du 16 janvier 1672 et du 16 février 1735.)

31. Les portées des solives d'enchevêtrures, au-dessus des tuyaux rampants de cheminée, pratiqués dans l'épaisseur des murs, seront éloignées de ces tuyaux de cinquante centimètres au moins, pris perpendiculairement sur le rampant, et le poids des portées sera renvoyé sur le plein du mur, soit par un arc en briques posées à plat et pratiqué tant dans la languette de face que dans la languette de dossier, soit par d'autres moyens équivalents.

32. Les languettes des tuyaux de cheminée, dans l'épaisseur des murs ne pourront pas être construites en plâtre. (Ordonnance de police du 28 avril 1719; Desgodets, pages 110, 112.)

33. Les languettes en plâtre des tuyaux de cheminée adossés aux murs, seront pigeonnées à la main et non cintrées sur la planche. Ces languettes auront au moins huit centimètres d'épaisseur, y compris leurs enduits. (Ordonnance de police du 28 avril 1719.)

34. Les languettes en briques auront au moins huit centimètres d'épaisseur. Ces languettes seront enduites dans l'intérieur et au moins jointoyées à l'extérieur.

35. Les languettes de face des tuyaux de cheminées, réfouillés et pratiqués dans l'épaisseur des murs en pierre de taille, auront chacune au moins onze centimètres d'épaisseur.

36. Les languettes montantes et rampantes de tous les tuyaux et cheminées, soit en plâtre, soit en briques, adossés à des murs, seront liai-

sonnées avec ces murs, au moyen de tranchées refouillées et de harpes. (Ordonnance du Châtelet du 16 janvier 1672.)

37. Il est défendu de pratiquer des tuyaux de cheminée dans l'épaisseur des murs ayant face sur la voie publique. Il est également défendu d'adosser des tuyaux de cheminée à un pan de bois ou à une cloison de refend en charpente, même en établissant un contre-mur. (Sûreté publique, ordonnance de police du 16 janvier 1672; Desgodets, page 107.)

38. L'adossement d'un tuyau de cheminée à un mur en maçonnerie, ayant face sur la voie publique, pourra être permis à la condition de n'élever sur ce mur ni souche ni tuyau en maçonnerie hors du comble. Les tuyaux seront dévoyés contre les murs de refend ou les murs mitoyens.

39. Les murs servant de dossier à des tuyaux de cheminée sortant du comble seront montés en talus sur les côtés dans toute la hauteur des tuyaux, et ces murs, à leur sommité, excéderont de trente-deux centimètres au moins, en largeur, les languettes costières des tuyaux. Les tuyaux non adossés seront retenus par des fers.

40. La longueur des tuyaux de cheminée à usage ordinaire, et construits selon les formes usitées jusqu'à ce jour, sera de cinquante-cinq centimètres au moins si ces tuyaux sont perpendiculaires, et de soixante centimètres au moins s'ils sont rampants.

La profondeur sera toujours de vingt-cinq centimètres, le tout mesuré dans œuvre. (Desgodets, page 110; ordonnance de police du 1ᵉʳ septembre 1779.)

41. Les âtres relevés, non construits sur trémie, sont prohibés. (Ordonnance de police du 16 janvier 1672; Desgodets, page 109 et note 6.) (1)

SECTION IV.

DES CORNICHES ET ENTABLEMENTS.

42. Les corniches n'auront pas plus de saillie que le mur n'aura d'épaisseur. (Art. 22 de l'ordonnance royale du 24 décembre 1823.)

43. Lorsque les corniches seront en pierre de taille, les pierres feront toujours parpaing. Les corniches en moellons ou meulières ne pourront être formées que de plusieurs rangs placés les uns sur les autres en encorbellement; toutes les parties en seront hourdées et cintrées en joints avec bonne liaison, et seront en outre retenus de soixante-cinq en soixante-cinq centimètres avec des fers. (Développement de l'art. 22 de l'ordonnance royale du 24 décembre 1823, sûreté publique.)

44. Les moulures, soit en bois, soit en plâtre,

(1) D'après la jurisprudence ministérielle, on tolère la construction des tuyaux de cheminée en plâtre et de forme cylindrique de 27 centimètres de diamètre, à condition de leur donner une direction verticale et de ménager sur les toits des abords faciles pour qu'ils puissent être ramonés à la corde.

appliquées contre la saillie masse formant corniche dans un bâtiment en pans de bois, seront toujours fortement assurées avec des fers. (Développement de l'art. 22 de l'ordonnance royale du 24 décembre 1823, sûreté publique.)

SECTION V.

DES OUVRAGES LÉGERS EN MAÇONNERIE DANS L'INTÉRIEUR ET A L'EXTÉRIEUR.

45. L'emploi de la latte blanche est prohibé. (Règlement du maître général des bâtiments du 1er juillet 1712.)

46. Les lattes des façades en pans de bois, des cloisons en charpente et des cloisons légères, ne seront pas espacées de plus de quinze centimètres, mesurés de milieu en milieu de la largeur des lattes. Le remplissage sera hourdé en plâtre. (Autres règlements des 28 avril 1719 et 13 octobre 1724; ordonnance de police du 18 août 1667.)

47. Les lattes des planchers hourdés plein ou à auget, ainsi que celles des lambris des combles, ne seront pas espacées de plus de onze centimètres, mesurés de milieu en milieu de la latte.

48. Les aires des planchers de tous étages, lorsqu'elles seront posées sur lattis ou sur bardeau, auront au moins huit centimètres d'épaisseur; les lattes et bardeaux seront jointifs.

49. Les ravalements sur pans de bois seront retenus avec lattes et clous ou rappointis. Il est

défendu d'y suppléer en faisant dans le corps du bois des entrailles et dentelures. (Ordonnance de police du 18 août 1667.)

SECTION VI.

DES BALCONS.

50. Les grands balcons, lorsqu'il y aura lieu de les permettre, porteront sur des pierres de taille faisant parpaing dans les murs de face, et seront en outre soutenus par des supports. (Développement de l'art. 10 de l'ordonnance royale du 24 décembre 1823, sûreté publique.)

51. La saillie de la pierre portant grand balcon, n'excédera pas, savoir : cinquante centimètres dans les rues de dix mètres de largeur jusqu'à douze mètres, et soixante-dix centimètres dans les rues de douze mètres de largeur et au-dessus ; le tout mesuré du nu du mur au point le plus saillant de la pierre. (Art. 3 de la même ordonnance.)

52. La saillie de la pierre portant petit balcon n'excédera pas vingt centimètres, mesurés comme il est indiqué dans l'article précédent. (Art. 3 de la même ordonnance.)

SECTION VII.

DE LA CHARPENTE.

§ Ier. *Des bois employés dans les murs en maçonnerie.*

53. Les poitrails auront autant d'épaisseur

que les murs qu'ils devront supporter. Leur hauteur en œuvre ne sera pas moindre de quarante-quatre centimètres. Les linteaux qui auront plus de deux mètres vingt-sept centimètres de longueur seront réputés poitrails.

54. Les portées des poutres, poutrelles et poitrails reposeront sur des points d'appui en pierre, dont chaque assise comportera toute l'épaisseur du mur sur quarante centimètres au moins de largeur.

La longueur de la portée sera de trente-deux centimètres au moins.

55. Dans toute construction neuve, il est défendu d'établir des cours de plates-formes servant de linteaux.

§ II. *Des pans de bois.*

56. Les dimensions des pièces de bois de charpente, employées dans la construction des pans de bois, sont déterminées suivant leur degré d'importance, soit comme pièces principales, soit comme pièces de remplissage. Sont considérées comme pièces principales : 1° les poteaux d'angle ou poteaux corniers; 2° les sablières; 3° les poteaux montants; 4° les poteaux de décharge. Sont considérées comme pièces de remplissage : 1° les linteaux et les appuis de baies; 2° les potelets et tournisses.

57. Les pièces principales employées à des pans de bois de face, ou à des cloisons de refend,

auront au moins seize centimètres d'épaisseur sur vingt-deux centimètres de largeur.

Les poteaux corniers auront au moins trente-deux centimètres carrés.

58. Les pièces de remplissage auront au moins de quatorze à quinze centimètres, tant en largeur qu'en épaisseur.

59. L'écartement des pièces principales et des pièces de remplissage n'excédera pas vingt-et-un centimètres d'une pièce à l'autre. (Règlement du 13 octobre 1724.)

60. Chaque poteau d'angle ou poteau cornier sera d'un seul morceau dans les bâtiments d'un seul étage. Dans les bâtiments de plusieurs étages chaque morceau dont se composera le poteau d'angle ou poteau cornier, comportera au moins la hauteur de deux étages.

61. Dans l'intérieur des propriétés, les sablières du bas, ainsi que les pieds des poteaux corniers, à l'étage de rez-de-chaussée, seront établis sur un cours de parpaing élevé de soixante-cinq centimètres au moins au-dessus du sol.

62. Les poteaux montants et servant de point d'appui seront établis sur assises ou dés en pierre dure avec fondation. La hauteur des assises ou dés sera au moins de cinquante centimètres.

63. Les pièces de bois destinées à recevoir des corniches d'entablement devront, outre l'épaisseur du pan de bois, former saillie-masse.

64. Dans les pans de bois comme dans les cloisons de refend en charpente, la longueur de

portée pour toute pièce de bois sera égale à l'épaisseur du pan de bois ou de la cloison du refend.

§ III. *Des bois employés dans la construction des planchers.*

65. Les chevêtres n'auront pas plus de deux mètres quarante-cinq centimètres de longueur, lorsqu'ils seront assemblés entre deux solives, ni plus de trois mètres lorsqu'une de leurs extrémités sera portée dans le mur; le tout mesuré dans œuvre.

66. La grosseur des plus courtes solives de remplissage ou de travées ne sera pas moindre de onze centimètres sur dix-neuf.

67. Les pièces principales ne seront pas assemblées dans les poutres, poutrelles ou poitrails.

68. Les solives de remplissage ne seront ni scellées dans les murs ni assemblées dans les poutres, poutrelles ou poitrails.

69. La portée des solives d'enchevêtrure et des sablières sera de vingt-cinq centimètres dans les murs en moellons ou meulières, et de seize centimètres dans les murs en pierre de taille; la portée des solives de remplissage sera de seize centimètres dans les murs de toute nature.

70. Les solives d'enchevêtrure, les chevêtres et linçoirs et les sablières pourront avoir leurs portées sur des poutres, poutrelles ou poitrails.

Dans ce cas, la longueur de la portée sera de seize centimètres au moins.

71. L'espacement des solives ne sera pas de plus de quatre à la latte.

72. Les chevêtres au devant d'une trémie de cheminée seront toujours placées à un mètre de distance au moins du nu du mur. La largeur dans œuvre de la trémie ne sera pas moindre d'un mètre quinze centimètres. (Ordonnance du Châtelet, du 16 janvier 1672, et du 16 février 1735.)

73. L'usage des liernes avec entailles et mortaises, pour recevoir des solives de travées de planchers, est prohibé.

74. Le bois de sapin ne sera employé, dans la construction des planchers, qu'en brin et à pécouvert par-dessous.

75. Tout plancher bas, à l'étage de rez-de-chaussée, ne sera établi qu'à un mètre au moins du niveau du sol le plus élevé.

§ IV. *Des bois employés dans la construction des combles.*

76. Les plates-formes au pied des combles, lorsqu'elles seront composées de plusieurs morceaux, seront assemblées à queue d'hironde.

77. Les plates-formes des combles auront au moins vingt-sept centimètres de largeur sur onze centimètres d'épaisseur. Elles seront bien équarries en tous sens, avec ou sans entailles, pour recevoir les chevrons.

78. Les fermes de comble seront disposées

et assemblées de façon qu'elles se maintiennent par elles-mêmes sur leurs points d'appui.

79. Il ne sera fait ni délardement ni démaigrissement dans les arbalétriers.

80. Les chevrons seront chevillés sur les pannes et sur les faîtages.

§ V. *De la portée et de l'assemblage des pièces de charpente.*

81. Les extrémités de toutes les pièces de bois de charpente portant, soit dans les murs, soit sur des poutres, poutrelles ou poitrails, seront pleines, sans chanfrein ni délardement, et parfaitement équarries en tous sens.

82. Tout assemblage qui ne serait retenu qu'avec des clous ou des rappointis est prohibé.

SECTION VIII.

DES FERS.

83. Tous les murs de face, de refend et mitoyens seront liés entre eux par des chaînes, dont l'une sera placée à la hauteur du plancherhaut, du rez-de-chaussée, et un autre au moins dans la hauteur des étages supérieurs.

84. Les poitrails, poutres, poutrelles, entraits et sablières qui auront leurs portées dans un mur, y seront fixés, à chaque extrémité, avec des ferrements tels que tirants et harpons.

85. Au droit de chaque étage, de même qu'au

droit des sablières hautes et basses, les principales pièces de pans des bois de face et des cloisons de refend en charpente, seront liées, retenues ou agrafées, tant entre elles qu'avec des pans de bois ou cloisons, au moyen de tirants, harpons, plates-bandes ou équerres.

86. Aux chevêtres recevant plus de trois solives de remplissage, ou recevant l'assemblage d'une solive d'enchevêtrure boiteuse, il sera posé des étriers. (Sûreté publique.)

87. Les lambourdes appliquées aux poutres et poutrelles y seront retenues par des étriers et par des chevillettes dentelées. (Sûreté publique.)

88. Les limons, au droit des assemblages, seront retenus par des boulons et des plates-bandes en fer; l'écartement des marches sera prévenu par des boulons.

89. Les poitrails, poutres et poutrelles, composés de plusieurs pièces de bois appliquées les unes contre les autres, seront liés par des fers.

90. Dans la vue de faciliter le service des couvreurs et celui des pompiers, il sera toujours adapté aux combles circulaires en ogive des crochets de fer qui ne seront pas distants entre eux de plus de deux mètres cinquante centimètres, et qui seront fixés sur les chevrons avec des boulons à écrou. (Sûreté publique.)

SECTION IX.

DE LA COUVERTURE.

91. Les tuiles plates porteront sur des lattis, et les ardoises sur des voliges. Les lattis et voliges seront attachés à la charpente des combles, tant à leurs extrémités que sur chaque chevron, savoir, la latte avec un clou et la volige avec deux clous.

92. Dans les couvertures de bâtiments d'habitation, les tuiles, de même que les ardoises, seront jointives, posées en recouvrement et en liaison. Le pureau, même celui des égouts, ne pourra excéder le tiers de la longueur de la tuile ou de l'ardoise.

93. Le rampant des mansardes ne pourra être couvert en tuile. (Sûreté publique.)

94. L'ardoise sera fixée sur la volige avec deux clous.

95. Les égouts ne pourront avoir en saillie plus de deux pureaux. (Sûreté publique.)

SECTION X.

DES RÉPARATIONS AUX BATIMENTS NON ALIGNÉS.

96. Il pourra être permis d'exécuter aux bâtiments et murs, non plantés sur l'alignement, des travaux tels que ceux dont l'indication suit, pourvu toutefois que, dans les divers cas où l'autorisation de les exécuter sera demandée, l'état

des constructions soit tel que ces travaux ne puissent pas produire de confortation; savoir:

Exhaussement et débouchement de baies, sans restauration des pieds-droits et jambages;

Pose de poteaux à rez-de-chaussée et ne formant pas des points d'appui;

Un seul poteau de remplissage, au premier et au dernier étage, par six mètres de face;

Substitution d'un simple poteau de charpente à un point d'appui construit en maçonnerie et reconnu en bon état;

Bouchement de crevasses sans lancis;

Réfection d'entablements, corniches et plinthes;

Ravalements;

Renformis sans lancis ni reprises;

Soubassement en dalles n'excédant pas cinq centimètres d'épaisseur;

Exhaussement d'un poitrail sans reconstruction supérieure et sans changement d'autre plancher que celui de l'étage du rez-de-chaussée;

Percement de baies nouvelles, avec raccordement de seize centimètres au plus;

Rétrécissement, raccourcissement et bouchement de baies, le tout en constructions légères;

Percement de portes cochères ou charretières, en établissant les pieds-droits ou jambages et le poitrail avec les montants et traverses en charpente;

Renouvellement pour les pans de bois, soit de la sablière haute, portant saillie d'entablement ou de corniche, soit de la saillie au droit du plancher haut du rez-de-chaussée;

Renouvellement de poitrail sans restauration des points d'appui;

Renouvellement des bois avariés dans un plancher sans que les points d'appui soient changés ou réconfortés;

Pose d'une seule ancre de fer avec simple tirant, par dix mètres courants de face, et par façade au-dessus de dix mètres;

Remplacement de l'assise supérieure d'une jambe étrière, d'un pied-droit ou d'une chaîne à l'étage de rez-de-chaussée lorsque la dégradation provient de fracture et non de vétusté, et sous la condition de ne déposer qu'une des assises inférieures;

Reprise en moellons, mais sur un mètre au plus de largeur, d'un mur en fondation, et pourvu que le mur en élévation soit d'ailleurs en bon état dans toutes ses parties;

Substitution d'un fort poteau de charpente, ou aux jambes étrières, ou aux pieds-droits, ou aux chaînes, ou aux trumeaux en mauvais état, ou lorsque les fondations ne seront pas reconnues en bon état.

L'administration est juge des cas où chacune de ces réparations peut être permise.

SECTION XI.

DISPOSITIONS GÉNÉRALES.

97. Les ouvrages exécutés contre les principes de l'art de bâtir, en matériaux reconnus de mauvaise qualité, ou en contravention aux dispositions précédentes, donnent lieu à des poursuites en démolition. (Ordonnance royale du 4 juillet 1827, et plusieurs autres.)

98. Toutes réparations ou reconstructions à mi-épaisseur de mur sont prohibées. (Sûreté publique.)

99. Lorsque l'exécution des travaux autorisés exigera qu'il soit établi sur la voie publique des étais, chevalements, échafauds ou barrières, la permission fixera le temps pendant lequel ils devront subsister, et déterminera l'espace qu'ils pourront occuper en largeur sur la voie publique.

100. Il est défendu de porter des étais sur des planchers ou des voûtes, à moins qu'ils ne soient eux-mêmes étayés de fond. (Sûreté publique.)

101. Toute permission pour travaux de grande voirie n'est valable que pendant un an, à compter du jour de sa date.

102. Tous propriétaires qui auront à faire exécuter, même hors de la voie publique et dans l'intérieur de leurs bâtiments, des travaux de grosses constructions ou grosses réparations, telles que voûtes de cave, fouilles, excavations,

reprises de gros murs ou de murs de refend, pans de bois portant plancher, etc., travaux en sous-œuvre ou autrement, sont tenus d'en faire préa-lablement, et trois jours au moins avant de commencer les travaux, leur déclaration à la préfecture du département de la Seine, et d'in-diquer les noms des entrepreneurs ou ouvriers qu'ils entendent employer auxdits travaux, et les noms des architectes chargés de les diriger. (Sûreté publique.)

103. Les demandes qui ont pour objet d'obtenir la permission de bâtir doivent toujours être ac-compagnées d'un plan indicatif des travaux à faire. (Art. 3 de la déclaration du roi du 10 avril 1783.)

104. Les gouttières en saillie sur la voie pu-blique sont prohibées. (Ordonnance royale du 24 décembre 1823.)

105. Tout tuyau de chute doit être isolé de six centimètres au moins des murs ou pans de bois en élévation.

106. Les étages en attique et en retraite au-des-sus de l'entablement ne peuvent être établis qu'en pan de bois et non en pierre, quand la face en maçonnerie a déjà atteint la hauteur légale. (Ordonnance du 22 avril 1834.)

CHAPITRE III.

DE LA PETITE VOIRIE.

Il s'agit principalement ici de l'exécution de l'article 3 de la loi du 16-24 août 1790, qui confère à l'autorité municipale la fonction de *veiller à tout ce qui intéresse la sûreté et la commodité du passage dans les rues, quais, places et voies publiques.* On a vu que, dans le système d'administration adopté pour Paris, cette partie de l'édilité appartient au préfet de police. Un architecte-commissaire de la petite voirie et plusieurs architectes-inspecteurs sont chargés, sous l'autorité de ce magistrat, de veiller à la conservation des monuments et édifices publics, à l'observation des règlements sur la police des constructions particulières, aux bâtiments en péril, et en général à tout ce qui peut présenter inconvénient ou danger pour l'usage de la voie publique. Ils donnent leur avis sur les demandes relatives aux dépôts de matériaux dans les rues et places de la ville, sur les saillies, étalages, placement d'échoppes et autres objets qui intéressent la viabilité; surveillent l'exécution des ouvrages autorisés, afin de prévenir les abus, etc

Ils exercent enfin l'action attribuée à la police en matière de voirie, comme l'indique l'arrêté du gouvernement du 12 messidor an VIII (1), à l'effet de pourvoir à la sûreté, à la viabilité et à la salubrité des rues, places, quais et autres passages publics.

Les dispositions qui régissent ces divers cas seront ci-après rapportées à leur ordre.

SECTION PREMIÈRE.

DE LA SURETÉ DE LA VOIE PUBLIQUE.

Au nombre des règlements qui intéressent la sûreté publique dans l'intérieur des villes, doivent être compris ceux qui ont été rapportés dans le précédent chapitre, relativement au mode de construction des bâtiments, tant par rapport à la solidité, qu'afin de prévenir le danger des incendies. Il conviendra donc de se référer à ce chapitre pour tout ce qui concerne

(1) Un arrêté consulaire, du 25 juin 1802 (6 messidor an X), décide, art. 1er, que le conseil de préfecture, présidé par le préfet de la Seine, connaîtra, dans ses séances des lundis, mercredis et samedis, des affaires contentieuses administratives qui sont dans les attributions du préfet du département; et, art. 2, que ce même conseil, présidé par le préfet de police, connaîtra, dans une séance du vendredi de chaque semaine, des affaires contentieuses, qui sont dans les attributions de ce dernier magistrat.

Les fonctions de secrétaire sont, dans les deux cas, remplies par les secrétaires généraux de la préfecture du département et de la préfecture de police.

la police des constructions proprement dite, en ce qui est soumis la juridiction du préfet de police.

Edit

De décembre 1607.

(*Voir* au chap. III, sect. Ire , Ire partie.)

Ordonnance du lieutenant de police, qui enjoint aux habitants de Paris de relever les neiges.

Du 4 janvier 1670.

« Ordonnons à tous bourgeois, propriétaires, habitants ou principaux locataires des maisons de cette ville et faubourgs, chacun en droit soi, de relever incessamment, dans les vingt-quatre heures, les neiges qui sont au-devant et en toute la face de leurs maisons, et de les mettre par tas et monceaux le plus serrés que faire se pourra, comme aussi de rompre et casser les glaces qui seront au-devant de leurs maisons et dans le ruisseau. Faisons très-expresses défenses à toute sorte de personnes de jeter dans la rue la neige de leurs cours et jardins, qui sera néanmoins relevée et rangée en plusieurs monceaux, afin que la fonte en soit plus lente : le tout à peine de cinquante livres d'amende en cas de contravention. »

Ordonnance de police concernant les échelles employées sur la voie publique et les ouvriers travaillant sur les toits.

Du 29 avril 1704.

« Il est enjoint à tous marchands, propriétaires, ouvriers, artisans et autres personnes qui poseront ou feront poser des échelles dans les rues, soit pour pendre des enseignes, rétablir ou raccommoder des auvents, ou pour quelqu'autre ouvrage que ce puisse être, de faire en sorte qu'il y ait toujours au pied desdites échelles quel-

ques manœuvres ou domestiques, pour empêcher qu'il
n'y arrive aucun accident, à peine de cent livres d'a-
mende et de tous dépens, dommages et intérêts.

» Les ouvriers travaillant sur les toits doivent faire
pendre sur la voie publique un signe qui annonce aux
passants qu'il y a danger à passer de ce côté de la rue ; on
peut même exiger d'eux que quelqu'un reste sur la voie
publique pour avertir par cris de ce danger. »

Ordonnance de police portant défenses de jeter des bottes de foin et de paille par les fenêtres à des heures indues.

Du 3 juillet 1728.

« Ordonnons aux cochers, palefreniers et domestiques qui serviront dans des maisons où il n'y aura point
de fenêtres au dedans par lesquelles ils puissent jeter le
foin et la paille dans l'intérieur desdites maisons, de n'en
jeter pendant les mois d'octobre, novembre, décembre, janvier, février et mars, que depuis sept heures du
matin jusqu'à neuf, et pendant les mois d'avril, mai,
juin, juillet, août et septembre, depuis cinq heures du
matin jusqu'à sept seulement. Et seront en outre lesdits
cochers, palefreniers et domestiques qui jetteront du
foin et de la paille pendant les heures ci-dessus marquées,
tenus de faire rester dans les rues, vis-à-vis les fenêtres
et ouvertures des greniers, des gens qui avertissent ceux
qui passeront, ainsi et de la manière qu'il se pratique à
l'égard des démolitions des maisons, et ce, sous les mêmes
peines de deux cents livres d'amende, dont les maîtres
demeureront pareillement responsables. »

Ordonnance du bureau des finances,

Du 12 décembre 1747.

« Ordonnons que les articles 8 et 9 de l'édit de décembre 1607, les ordonnances du bureau des 4 février 1683,

15 mars 1686 et 1ᵉʳ avril 1697, ensemble les autres édits, déclarations, arrêts, ordonnances et règlements de la voirie, seront exécutés selon leur forme et teneur : en conséquence, faisons défenses à tous propriétaires de maisons, maçons, charpentiers, couvreurs, manœuvres et autres ouvriers, de plus à l'avenir jeter ni souffrir qu'il soit jeté par les fenêtres de maisons aucuns gravois, moellons, tuiles, briques ou bois, à peine de demeurer garants des accidents et périls, et de trois cents livres d'amende solidaire entre les propriétaires, locataires qui auront ordonné les ouvrages, et les ouvriers qui auront jeté les démolitions par lesdites fenêtres.

» Faisons pareillement défenses à tous maçons, charpentiers, plombiers et autres ouvriers, de faire aucun arrachement dans le pavé pour y ouvrir des tranchées, enfoncer des pieux, établir des échafauds et poser des étaies ou échevalements ; comme aussi de faire aucun ravalement ou réparation aux faces des maisons donnant sur la voie publique, sans la permission du bureau, à peine de démolition et de cent livres d'amende. Ordonnons que dans un mois, à compter de ce jour, tous les propriétaires de maisons où il y a éviers au-dessus du rez-de-chaussée de la rue, seront tenus de les faire couvrir jusqu'au niveau du pavé, à peine de cinquante livres d'amende. » (*Voir* l'art. 19, sect. X de l'ordonnance royale du 24 décembre 1823, au chap. précédent.)

Ordonnance de police du 1ᵉʳ décembre 1755, renouvelée

Le 28 janvier 1786.

« ART. 9. Enjoignons..... aux maîtres couvreurs, faisant travailler aux couvertures des maisons, de faire pendre au-devant d'icelles deux lattes en forme de croix au bout d'une corde, et d'attacher auxdites lattes un morceau de drap d'une couleur voyante ; leur enjoignons aussi et à tous autres qui font travailler dans le haut des maisons, lorsqu'il y aura le moindre danger pour les passants, de faire tenir dans la rue un homme pour avertir du travail et prévenir les accidents de pierres, plâtres, tuiles et autres matériaux qui pourraient échapper dans le cours de leurs travaux. »

Ordonnance de police concernant les caisses, pots à fleurs et autres objets dont la chute peut causer des accidents.

Du 18 mars 1819.

« Considérant que la sûreté publique est journellement compromise par les caisses, pots à fleurs et autres objets exposés sur les entablements, corniches, croisées, auvents et lieux élevés des maisons de Paris; que beaucoup de particuliers établissent en saillie des préaux et jardins, au moyen de faibles planches mal assujetties.

» Considérant que cet oubli des règlements a déjà eu des suites funestes, et que les accidents qui ont eu lieu tous les ans se renouvelleraient encore si l'autorité chargée de veiller à la sûreté publique ne faisait cesser un abus si dangereux :

» Vu l'édit du mois de décembre 1607, les ordonnances des 1ᵉʳ avril 1697, 26 juillet 1777, la loi des 16—24 août 1790, et les articles 319, 320 et 471 du Code pénal,

» Ordonnons ce qui suit :

» Art. 1ᵉʳ. Il est défendu à tous propriétaires et locataires de maisons situées dans la ville de Paris, de déposer sous aucun prétexte et de laisser déposer sur les toits, entablements, gouttières, terrasses, murs et autres lieux élevés des maisons, des caisses, pots à fleurs, vases et autres objets pouvant nuire par leur chute.

» On ne pourra former de dépôts de cette espèce que sur les grands balcons et sur les appuis des croisées gar-

nies de petits balcons en fer, ou de barres de support en
fer avec grillage en fil de fer maillé.

» Art. 3. Les contraventions seront constatées par les
commissaires de police, qui en dresseront des procès-
verbaux, qu'ils transmettront directement au tribunal
de police municipale.

» Il sera pris en outre les mesures nécessaires pour
prévenir les accidents : à cet effet, les commissaires de
police feront retirer et supprimer sur-le-champ les objets
exposés en contravention.

» Art. 4. Il n'est pas dérogé aux dispositions des règlements à l'égard des particuliers qui conserveraient des
caisses et pots à fleurs dans le cas prévu par le second
paragraphe de l'article premier, et qui, par négligence
ou autrement, laisseraient couler l'eau sur la voie publique en arrosant les fleurs. »

Cette ordonnance a été publiée de nouveau à
la date du 15 juillet 1833.

SECTION II.

DE LA VIABILITÉ.

§ Ier. *Des saillies.*

*Ordonnance du prévôt de Paris ou son lieutenant civil
sur la police de la voirie.*

Du 22 septembre 1600.

« Art. 6.... Défenses sont faites..... à tous charpentiers, menuisiers et serruriers, de ne faire asseoir ni
ferrer ci-après aucune fermeture de boutiques étant en
avant ou saillie sur la voirie, soit par le pied ou goussets
par le haut, ni de deux assemblages brisés, ou s'ouvrant
par le milieu en forme de trappes, l'une se soutenant par
le haut, l'autre s'abattant par le bas : ains seront assis et

plantés d'un droit alignement après les pans de murs,
jambes ou poteaux étriers, et la fermeture en fenêtre et
coulisse pour la commodité publique. Et ordonnons qu'à
l'avenir tous les établis que les marchands et autres personnes désirent avoir au-devant de leurs maisons et boutiques pour étaler et faire montre des marchandises étant
en icelles, seront faites ou construites d'un ais ou mem-
brure, qui servira de coulisse à la fermeture desdites boutiques, sans aucune avance ou saillie par le pied, ni
goussets par le haut, comme ci-dessus est dit, et en icelles des contr'avances en forme de brillants brisés, ferrés
ou emboîtés, afin qu'ils se puissent renverser ou ôter à
toutes occasions que le public se trouvera oppressé ou in-
commodé au passage ès endroits où ils seront posés et assis.

» ART. 7. Et ne pourra néanmoins, ledit voyer ou
son commis, donner ses alignements et permissions à
savoir ès plus grandes et plus larges rues desdites ville
et faubourgs, pour les ais et membrures qui serviront
de coulisse à la fermeture des boutiques, comme dessus est dit, que deux pouces, pour seulement servir de
liaison et maintenir lesdites fermetures de boutiques, et
les battants et contr'avances qui seront mis en icelles
membrures ou ais, comme dit est, de cinq à six pouces.
Les établis ou écoffrois ne pourront être attachés à fer
ni à clous, et les auvents seront de dix à douze pieds de
longueur, deux pieds et demi de châssis en largeur, et
affichés de douze pieds de hauteur du rez-de-chaussée,
et aux petites rues à l'équipolent et selon qu'il jugera
pour la commodité du public.

» ART. 13. Défenses sont aussi faites à tous teinturiers, foulons, tondeurs, fripiers et tous autres, de ne
mettre sécher sur perches, soit ès fenêtres de leurs greniers ou autrement, sur rues et voies, aucuns draps,
toiles ou autres choses qui puissent incommoder ou empêcher le public, ou offusquer les rues, à peine de dix
écus d'amende. »

*Ordonnance du bureau des finances portant règlement
sur les saillies et étalages.*

Du 1ᵉʳ avril 1697.

« Nous avons ordonné, conformément à icelles (*les
ordonnances antérieures, notamment du* 26 *octobre* 1666
et du 4 *février* 1683, *dont celle-ci est le renouvellement*),
que tous propriétaires et locataires de maisons, marchands, artisans et autres, de quelque qualité et condition qu'ils soient, de cette ville et faubourgs, seront tenus, dans huitaine du jour de la publication de notre présente ordonnance, de faire réformer les pas de pierre,
seuils de portes, marches, bornes et autres avances étant
le long et au-devant de leurs maisons et boutiques, excédant huit pouces de saillie du corps du mur, à peine d'y
être mis des ouvriers à leurs dépens et de vingt livres d'a-
mende; comme aussi que les établis qui sont au-devant
desdites boutiques, excédant deux pouces, seront pareillement réformés, les auvents réduits à la hauteur de dix
à douze pieds à prendre du rez-de-chaussée, et à la largeur de deux pieds et demi de châssis, sous les mêmes
peines.

» Tous marchands et artisans seront tenus de retirer,
dans ledit temps, leurs serpillières, étalages, montres,
comptoirs et bancs, au niveau des jambes étrières de
leurs boutiques; à faute de quoi faire, seront lesdites
serpillières, montres, étalages, grilles, bancs et autres
avances de quelque nature qu'elles soient, ôtées et arra-
chées aux frais et dépens des délinquants : pour raison de
quoi, sera délivré exécutoire, et outre condamnés chacun en vingt livres d'amende..... » (*Voir* au chapitre précédent.)

Les dispositions qui suivent, concernant les
enseignes, ont été modifiées par l'ordonnance

royale du 24 décembre 1823, section VI. Elles ne sont en conséquence maintenues en vigueur que relativement aux points où l'ordonnance nouvelle n'y déroge pas.

Ordonnance du bureau des finances, rendue en conformité d'un arrêt du conseil d'état, du 19 novembre 1669, relatif aux enseignes.

Du 25 mai 1761.

« Les enseignes seront à la hauteur de quinze pieds (*cinq mètres*) au moins, depuis le pavé de la rue jusqu'à la partie inférieure du tableau.

» Les enseignes n'auront au plus que trois pieds (*un mètre*) de saillie du nu du mur dans les rues de seize pieds (*cinq mètres*) et plus de large, plus de deux pieds (*sept décimètres*) de largeur, sur trois pieds (*un mètre*) de haut, y compris la potence de fer, l'écriteau et les étalages y pendants; et dans les petites rues, plus de dix-huit pouces (*cinq décimètres*) de largeur et deux pieds et demi (*huit décimètres*) de haut.

» Tous massifs et reliefs servant d'enseignes seront supprimés. »

Ordonnance du lieutenant de police concernant les enseignes.

Du 17 décembre 1761.

« Ordonnons que dans un mois . . . .
. . . . Tous marchands et artisans, de quelque condition qu'ils soient, ci généralement toutes personnes qui se servent d'enseignes pour l'exercice et l'indication de leur commerce dans cette ville et faubourgs de Paris, seront tenus de faire appliquer leursdites enseignes en forme de tableaux contre le mur des boutiques, lesquelles enseignes ne pourront avoir plus de quatre pouces de sail-

lie ou d'épaisseur du nu du mur, en y comprenant les bordures ou tels autres ornements que le propriétaire jugera à propos d'y ajouter, tant pour la décoration de ladite enseigne ou tableau, que pour l'indication de son commerce.

» Ordonnons également que tous les étalages servant à indiquer tel commerce ou telle profession, et qui seront posés au-dessus des auvents ou au-dessus du rez-de-chaussée des maisons qui n'auront pas d'auvents, seront également supprimés et réduits à une avance de quatre pouces du nu du mur; comme aussi que tous massifs et toutes figures en relief servant d'enseignes seront supprimées, sauf aux particuliers, marchands ou artisans qui les auront, à réduire lesdites figures et massifs à un tableau qu'ils feront de même appliquer aux façades des boutiques et maisons par eux occupées; à la charge par lesdits particuliers, marchands ou artisans, d'observer la forme et la réduction ci-dessus prescrites pour les autres enseignes ou tableaux; ordonnons en outre que lesdits tableaux servant d'enseignes, ainsi que les massifs, étalages et figures en relief dont nous avons ordonné la suppression pour être réduits en tableaux, seront attachés avec crampons de fer haut et bas, scellés en plâtre dans le mur, et recouvrant les bords du tableau ou des susdits étalages, et non accrochés ou suspendus; que tous particuliers seront tenus, dans ledit temps par nous prescrit, d'ôter et d'enlever en totalité les potences de fer qui servaient à suspendre leurs enseignes, ou à soutenir leurs massifs et figures en relief; et que notre présente ordonnance aura lieu pour toutes enseignes qui se trouvent suspendues dans tous les endroits qui servent de voie ou de passage......, à peine contre les contrevenants d'être assignés...... et condamnés à l'amende si le cas y échet. »

Ordonnance du bureau des finances concernant la suppression des enseignes et étalages en saillie sur les routes de traverse.

Du 10 décembre 1784.

« Art. 1er. Tous particuliers, marchands, artisans, aubergistes, cabaretiers et autres généralement quelconques, ayant sur les places et rues de traverse des villes, faubourgs, bourgs et villages de la généralité de Paris, et généralement sur toutes autres rues, places, carrefours et passages publics, dont le pavé a été ordonné par sa majesté et est entretenu à ses frais, des enseignes en saillie suspendues au bout d'une potence de fer ou autre matière, seront tenus...... de faire retirer et supprimer lesdites enseignes, sauf à eux à les faire appliquer sur le nu des murs de face de leurs maisons, magasins et boutiques.

» Art. 2. Les enseignes ou tableaux ainsi appliqués ne pourront avoir, sous quelque prétexte que ce soit, plus de six pouces d'épaisseur ou de saillie du nu desdits murs de face, y compris les bordures, chapiteaux et tous autres ornements indicatifs de l'état ou profession de ceux qui les feront poser.

» Art. 3. Tous étalages désignant leur commerce ou profession, qui seront placés au-dessus des auvents ou au-dessus du rez-de-chaussée des maisons situées sur lesdites rues, places et carrefours, seront également supprimés ou appliqués sur le mur, sans pouvoir excéder la saillie de six pouces du nu du mur de face.

» Art. 4. Toutes figures en relief formant massifs en fer, bois, pierres ou toute autre matière servant d'enseigne, seront entièrement supprimées, sauf aux particuliers à les remplacer par des tableaux de la forme et dimension prescrites par l'art. 2 de la présente ordonnance.

» Art. 5. Lesdits tableaux et étalages ci-desssus prescrits seront attachés avec crampons de fer haut et bas, scellés en plâtre dans le mur, et recouvrant les bords desdits tableaux et étalages, et non simplement accrochés ou suspendus.

» Art. 7. Faute par les propriétaires, marchands, artisans, cabaretiers et tous autres, de satisfaire aux dispositions de la présente ordonnance........., il y sera pourvu à leurs frais......., et les contrevenants seront condamnés en vingt livres d'amende, et à plus forte peine en cas de récidive.... »

Ordonnance de police concernant les auvents, appentis et autres saillies sur les boulevarts intérieurs.

Du 29 prairial an XII (18 juin 1804), approuvée par le ministre de l'intérieur le 12 fructidor suivant et renouvelée le 24 frimaire an XIV.

« Art. 1er. Tous auvents, appentis, plafonds, barraques et échoppes, construits sans autorisation sur les boulevarts intérieurs de Paris, depuis le 3 floréal an VII, seront supprimés.

» Art. 2. Les propriétaires ou locataires de maisons qui ont outre-passé les dimensions de leurs permissions, seront tenus de se réduire et de s'y conformer sans délai.

» Art. 4. . . . . Les auvents qui ont plus de quatre-vingt-un centimètres (deux pieds et demi), seront réduits.

» Néanmoins, il devra être observé entre les auvents et les arbres une distance de trente centimètres (un pied).

» Il est défendu d'en réparer ou d'en rétablir aucun sans une permission du préfet de police.

» Art. 5. Les autres objets, tels que tableaux servant d'enseignes, devantures de boutiques, étalages de marchands en boutiques et autres de ce genre, seront autorisés suivant les saillies d'usage. »

Voir les sections IV, V et VI de l'ordonnance royale du 24 décembre 1823 au chap. précédent.

Décret concernant les auvents des spectacles et de l'esplanade du boulevart du Temple. (Voyez l'art. 25 de l'ordonnance royale du 24 décembre 1823.)

Du 13 août 1810.

« ART. 1er La réparation ou l'établissement des auvents que les propriétaires ou locataires des maisons bordant l'esplanade du boulevart du Temple, sont dans l'usage de pratiquer au-devant desdites maisons, seront permis sur les alignements qui seront donnés conformément aux lois.

» ART. 2. Lesdits auvents seront assimilés aux baldaquins, et comme tels assujettis au droit fixe, de petite voirie, de cinquante francs au lieu de quatre francs que payent les auvents ordinaires, d'après le tarif annexé à notre décret du 27 octobre 1808.

» ART. 3. Les auvents de la nature de ceux indiqués en l'article 1er, qui pourraient être permis dans l'intérieur de Paris, notamment pour descendre à couvert aux portes des spectacles, sont également assujettis à un droit fixe de cinquante francs. »

Ordonnance de police rendue pour l'exécution de l'ordonnance royale du 24 décembre 1823 sur les saillies.

Du 9 juin 1824.

« Nous préfet de police,

» Vu 1° l'ordonnance royale du 24 décembre 1823, concernant les saillies sur la voie publique dans la ville de Paris;

» 2° La loi des 16-24 août 1790, titre XI, article 3, § Ier.;

» 3° L'article 471 du Code pénal, §§ 4, 5, 6 et 7;

» 4° Les règlements généraux relatifs à la petite voirie;

» 5° L'article 21 de l'arrêté du gouvernement du 12 messidor an VIII (1er juillet 1800);

» Attendu qu'il importe pour l'exécution de l'ordonnance du 24 décembre de prescrire les formalités particulières auxquelles doit donner lieu sa publication;

» Ordonnons ce qui suit :

» SECTION Ire. ART. 1er. L'ordonnance du roi du 24 décembre dernier, portant règlement sur les saillies, auvents et constructions semblables à permettre dans la ville de Paris, sera imprimée et affichée.

» SECTION II. *Saillies à établir.*

» ART. 2. Il est défendu à tous propriétaires, locataires, entrepreneurs et autres, d'établir, ni de faire établir, aucun objet en saillie sur la voie publique, sans en avoir obtenu la permission du préfet de police, pour ce qui concerne la petite voirie.

» ART. 3. Les permissions seront délivrées sur les demandes des parties intéressées, après que les droits de petite voirie auront été acquittés.

» L'espèce, le nombre et les dimensions des objets à établir devront, autant que faire se pourra, être indiqués dans les demandes. On sera tenu d'y joindre les plans qui seront jugés nécessaires.

» ART. 4. Il est défendu d'excéder les limites et les dimensions fixées par les permissions, et d'établir d'autres objets que ceux qui y seront spécifiés.

» Il est enjoint, en outre, de remplir exactement les conditions particulières qui seront exprimées dans les permissions.

» ART. 5. Les emplacements affectés à l'affiche des lois et actes de l'autorité publique ne devront être couverts par aucune espèce de saillie.

» ART. 6. Il est défendu de dégrader ni masquer les inscriptions indicatives des rues et des numéros des maisons.

» Dans le cas où l'exécution des ouvrages nécessiterait momentanément la dépose des inscriptions de rues, il ne pourra y être procédé qu'avec l'autorisation de M. le préfet de la Seine.

» Les numéros des maisons qui auront été effacés ou dégradés à l'occasion des mêmes ouvrages seront rétablis, en se conformant aux règlements sur la matière.

» ART. 7. Il est également défendu de dégrader ni déplacer les tentures et boîtes des réverbères de l'illumination publique, ni de rien entreprendre qui puisse empêcher ou gêner le service de l'allumage.

» Si l'établissement des saillies nécessitait le déplacement desdites tentures ou boîtes, ce déplacement ne pourra être fait que par l'entrepreneur général de l'illumination et d'après l'autorisation du préfet de police.

» ART. 8. Toute saillie, qui ne reposerait pas sur le sol, sera fixée et retenue de manière à prévenir toute espèce d'accident.

» ART. 9. Il sera procédé à la vérification et au récolement des saillies par les commissaires de police des quartiers respectifs, ou par l'architecte commissaire, et les architectes inspecteurs de la petite voirie, qui dresseront, à ce sujet, des procès-verbaux ou rapports qu'ils nous transmettront.

» SECTION III. *Saillies établies.*

» ART. 10. Toute saillie établie en vertu d'autorisation ne pourra être renouvelée ni réparée sans la permission du préfet de police, en ce qui concerne la petite voirie.

» Les permissions seront délivrées, ainsi qu'il est dit à l'article 3 de la présente ordonnance, et à la charge de se conformer aux dispositions des articles 4, 5, 6, 7 et 8; ce qui sera constaté de la manière prescrite en l'article 9.

» ART. 11. Les propriétaires seront tenus de faire enlever toutes les saillies actuellement existantes qui masquent les inscriptions des rues et les numéros des maisons.

» Le remplacement de ces saillies sur d'autres points ne pourra avoir lieu sans une autorisation de la préfecture de police.

» Art. 12. Toute saillie, actuellement existante et non autorisée, sera supprimée, si mieux n'aiment les propriétaires ou locataires se pourvoir de la permission nécessaire pour la conserver.

» Les permissions ne seront accordées que suivant les formalités, et aux mêmes charges et conditions que celles indiquées en la deuxième section de la présente ordonnance.

» Art. 13. Il est défendu de repeindre, ni faire repeindre aucune saillie, sans déclaration préalable au commissaire de police du quartier. A défaut de déclaration, les saillies repeintes seront considérées comme saillies nouvelles, s'il n'y a preuve contraire, et, comme telles, sujettes au droit.

» Section IV. *Dispositions particulières concernant certaines saillies.*

» *Perches.*

» Art. 14. Les perches dont l'établissement sera autorisé, seront supprimées sans délai, dans le cas où les impétrants changeraient de domicile ou renonceraient à la profession qui exigeait l'usage de cette saillie.

» Il est défendu de déposer sur les perches des linges, étoffes et autres matières tellement mouillées que les eaux puissent tomber dans la rue.

» *Lanternes ou transparents.*

» Art. 15. A l'avenir, les lanternes ou transparents ne pourront être suspendus à des potences au moyen de cordes et poulies. Ils seront accrochés aux potences par des anneaux et crochets en fer, ou supportés par des tringles en fer contenues dans des coulisses et arrêtées avec serrure ou cadenas.

» Les transparents actuellement munis de cordes et

poulies seront établis conformément aux dispositions ci-dessus, lorsqu'ils seront renouvelés.

» ART. 16. Les transparents ne seront mis en place que le soir, et seront retirés aux heures où ils cessent d'éclairer.

» ART. 17. Il est défendu de suspendre, pendant le jour, aux cordes des transparents, des pierres, plombs ou autres matières pouvant, par leur chute, blesser les passants.

» *Bannes.*

» ART. 18. Les bannes ne seront mises en place qu'au moment où le soleil donnera sur les boutiques qu'elles sont destinées à abriter. Elles seront ôtées aussitôt que les boutiques ne seront plus exposées aux rayons du soleil.

» Néanmoins les bannes placées au-devant des bouti-ques sur les quais, places et boulevarts intérieurs, pour-ront être conservées dans le cours de la journée, s'il est reconnu qu'elles ne gênent point la circulation.

» *Étalages.*

» ART. 19. Les crochets, tringles, planches et toute saillie servant aux étalages de viandes, formés par les marchands bouchers, charcutiers et tripiers, seront en-levés dans le délai d'un mois à compter de la date de la présente ordonnance.

» ART. 20. Les étalages formés de tonneaux, caisses, tables, bancs, châssis, étagères, meubles, et autres objets journellement déposés sur le sol de la voie publi-que au-devant des boutiques, sont expressément in-terdits.

» *Décrottoirs.*

» ART. 21. Il est défendu d'établir en saillie, sur la voie publique, des décrottoirs au-devant des maisons et boutiques.

» Ceux actuellement existants seront supprimés dans le délai de huit jours.

» SECTION V. *Dispositions générales.*

» ART. 22. Le pavé de la voie publique dégradé ou dérangé à l'occasion des établissements, réparations, changements ou suppressions de saillies, sera rétabli aux frais des propriétaires, locataires ou entrepreneurs, par l'un des entrepreneurs du pavé de Paris, et non par d'autres, sous la direction de l'ingénieur en chef, chargé de cette partie.

» ART. 23. Les permissions de petite voirie seront délivrées sans que les interprétants puissent en induire aucun droit de concession de propriété, ni de servitude sur la voie publique, mais à la charge au contraire de supprimer ou réduire les saillies au premier ordre de l'autorité, sans pouvoir prétendre aucune indemnité, ni la restitution des sommes payées pour droit de petite voirie.

» ART. 24. Les saillies autorisées devront être établies dans l'année à compter de la date des permissions. Dans le cas contraire, les permissions seront périmées et annulées, et l'on sera tenu d'en prendre de nouvelles.

» ART. 25. Les contraventions aux dispositions de la présente ordonnance seront constatées par des procès-verbaux ou rapports qui nous seront transmis, pour être pris telle mesure qu'il appartiendra.

» ART. 26. Les propriétaires, locataires et entrepreneurs sont responsables, chacun en ce qui le concerne, des contraventions au présent règlement.

» ART. 27. Les ordonnances de police contenant dispositions relatives aux saillies sous les galeries du Palais-Royal et des rues Castiglione et Rivoli, sous les piliers des halles et dans tous les passages ouverts au public sur des propriétés particulières (*Voir* à la suite), continueront d'être observées.

Ordonnance de police concernant les cheneaux et gout-
tières destinés à recevoir les eaux pluviales sous l'é-
gout des toits.

du 30 novembre 1831.

« Nous, préfet de police,

» Considérant qu'un grand nombre de maisons riveraines de la voie publique sont dépourvues de cheneaux
ou de gouttières et de tuyaux de descente, destinés à recevoir et à conduire jusqu'au pavé de la rue les eaux pluviales provenant de leurs toitures; que ces eaux, en tombant directement sur le sol, incommodent les passants,
dégradent le pavé et enlèvent à la circulation des piétons
une partie de largeur des rues, et notamment des trottoirs;

» Considérant qu'il importe de remédier à un état de
choses si contraire à la commodité de la circulation;

» Considérant d'ailleurs que si l'établissement des cheneaux ou gouttières et tuyaux de conduite des eaux pluviales, doit occasionner quelques dépenses aux propriétaires des maisons qui en sont dépourvues, ces dépenses,
réclamées dans un intérêt public, tourneront au profit de
leur intérêt particulier, en prévenant les dégradations
notables qu'éprouvent les murs, les devantures de boutique, et autres parties de la façade des maisons par la chute
des eaux pluviales qui s'écoulent des toits et rejaillissent
sur les auvents;

» Vu la loi des 16-24 août 1790, titre XI, art. 3, et
l'article 471 du Code pénal;

» En vertu de l'article 22 de l'arrêté du gouvernement
du 12 messidor an VIII (1er juillet 1800);

» Ordonnons ce qui suit:

» ART. 1er. Dans le délai de quatre mois, à partir de
la publication de la présente ordonnance, les propriétaires des maisons bordant la voie publique, et dont les
eaux pluviales des toits y tombent directement, seront

tenus de faire établir des cheneaux ou des gouttières sous l'égout de ces toits, afin d'en recevoir les eaux, qui seront conduites jusqu'au niveau du pavé de la rue au moyen de tuyaux de descente appliqués le long des murs de face, avec 16 centimètres au plus de saillie. (Art. 3, titre 11 de la loi des 16-24 août 1790.)

» Les gouttières ne pourront être qu'en cuivre, zinc ou tôle étamée, et soutenues par des corbeaux en fer.

» Les tuyaux de descente ne pourront être établis qu'en fonte, cuivre, zinc, plomb ou tôle étamée, et retenues par des colliers en fer à scellement.

» Une cuiller en pierre devra être placée sous le dauphin de ces tuyaux.

» Art. 2. Il ne sera perçu aucun droit de petite voirie pour les cheneaux, gouttières, tuyaux de conduite ou cuiller destinés à l'écoulement des eaux pluviales, et qui seront établis dans le délai fixé par l'article précédent, conformément à la délibération du conseil municipal de la ville de Paris, en date du 25 de ce mois.

» Art. 3. Lors de la construction des nouveaux trottoirs, il sera pris les mesures nécessaires pour que les eaux pluviales s'écoulent sous ces trottoirs au moyen de gargouilles pratiquées à cet effet.

» Art. 4. Les propriétaires qui ont fait construire des trottoirs, sans avoir pris la mesure prescrite par l'article précédent, seront tenus de s'y conformer dans le délai de quatre mois.

» Art. 5. Les contraventions seront constatées par des procès-verbaux ou rapports, et poursuivies conformément aux lois et règlements. »

On sait que la question de droit soulevée par l'ordonnance qui précède a été l'objet de contestations assez vives entre l'autorité et les propriétaires qui ont refusé longtemps de s'y soumettre. Diverses condamnations prononcées par le tribunal de police, et confirmées par le tribunal correctionnel, ayant donné lieu à un pourvoi en cassation, la cour régulatrice a statué en ces termes par un arrêt du 21 novembre 1834.

« Attendu, en droit, que l'art. 16 de la loi du 28 pluviôse an VIII, qui ne charge les maires de la ville de Paris que de la partie administrative et des fonctions relatives à l'état civil, attribue exclusivement la police au préfet qu'elle a institué pour l'exécuter ; — Qu'il suit de cette disposition, *combinée* avec la section 3 de l'arrêté du gouvernement du 12 messidor an VIII, et notamment avec l'art. 21 de cette section, intitulée : *Police municipale*, que le préfet de police est investi en cette matière du pouvoir conféré aux corps municipaux par les art. 3 et 4, titre 11 de la loi des 16-24 août 1790, et 46, tit. 5 de celle des 19-22 juillet 1791 ; — Qu'il peut donc, comme les maires des autres villes du royaume, prescrire les mesures qui rentrent dans l'exercice régulier de l'autorité municipale, et que les ordonnances qu'il rend, pour l'exécution des articles ci-dessus rappelés de ladite loi de 1790, sont de plein droit obligatoires, d'après l'article 21 dudit arrêté du 12 messidor an VIII, tant qu'elles n'auront pas été modifiées ou réformées par l'administration supérieure; — Et attendu, en fait, que le préfet de police, afin d'empêcher « que les eaux » pluviales, provenant des toitures des maisons rive- » raines de la voie publique, en tombant directement » sur le sol, incommodent les passants, dégradent le » pavé et enlèvent à la circulation des piétons une partie » de la largeur des rues, et notamment des trottoirs », a prescrit aux propriétaires de ces maisons de faire établir des cheneaux ou des gouttières sous l'égout de leurs toits, et d'en conduire les eaux jusqu'au niveau de la rue au moyen de tuyaux de descente appliqués le long du mur de face ; — Que cette ordonnance du 30 novembre 1831, approuvée par le ministre au département du commerce et des travaux publics a pour objet d'assurer l'exécution de l'art. 3, n° 1er, tit. 11 de la loi des 16-24 août 1790 ; — Que l'ordonnance du lieutenant de police, du 3 juillet 1764, celle du bureau des trésoriers de France, celle de la généralité de Paris, du 1er septembre 1769, l'art. 3 de l'arrêté du préfet de police, du 26 brumaire an XI, et l'art. 23 de l'ordonnance du roi, du 24 décembre 1823, qui ne concerne que la suppression des gouttières saillantes, s'opposaient d'autant moins à la mesure en question, qu'elle en est la suite et le complément nécessaire pour la commodité du passage dans les rues et les places publiques ; — Que cette mesure n'est pas non plus une violation de l'art. 681 du Code civil, puisque régler dans cet intérêt l'exercice de la servitude par lui déclarée, ce n'est pas empêcher l'effet de celle-ci ; — Qu'en confirmant dès lors la condamnation prononcée par le tribunal de simple police de Paris, le jugement du tribunal correctionnel de la Seine n'a fait que se conformer aux principes de la matière, et assurer légalement l'exécution de l'ordonnance dont il s'agit ; — La cour rejette le pourvoi, etc. »

§ II. *Des embarras de la voie publique.*

Ordonnance du lieutenant de police portant règlement général sur la voirie.

Du 22 septembre 1600.

« ART. 12. Défense sont faites à toutes personnes, même aux charrons, sculpteurs, marchands de bois, charpentiers et tous autres, de mettre ni tenir sur les chemins, rues, voies et voiries, soit au-devant de leurs maisons, sur les quais, chemins, rivages, bordages et avenues

des rivières, ou autres lieux, places et voies publiques,
aucuns carrosses, coches, charrettes, chariots, troncs
et pièces de bois, ou autres choses qui puissent encombrer ou empêcher les chemins et voies. . . . .
auront granges, chantiers, cours ou autres lieux commodes pour les y retirer; le tout à peine de dix écus
d'amende et de confiscation des choses susdites qui y seront trouvées.

» ART. 14. Les propriétaires qui feront bâtir sur les
rues et voies, comme aussi les ouvriers qui entrepren-
dront à faire lesdits bâtiments, ne pourront tailler leurs
pierres ès dites rues, ni tenir matériaux plus de vingt-
quatre heures; ains se retireront dans les places à bâtir,
comme aussi ne pourront mettre en icelles rues et voies
aucune vidange, soit de gravois, terres ou autres qui
les puissent encombrer, sinon lors et à l'instant que les
tombereaux les pourront charger et enlever desdits
lieux, à peine de dix écus d'amende.

» ART. 18. Défenses sont aussi faites à tous propriétaires ou locataires, et autres qui ont maisons assises ès
places, marchés et autres lieux publics où il est accoutumé
de tenir foires ou marchés ès dites villes et faubourgs, et
au dedans desquelles se vendent et étalent marchandises
ou denrées par marchands forains et autres, de n'empêcher lesdits marchands forains et autres, au placement
qui leur sera donné par le voyer ès dits lieux, ni en la
vente de leurs marchandises ou denrées, ni même en
prendre et exiger aucune chose, sous prétexte qu'ils
pourront alléguer en recevoir incommodité, à peine de
vingt écus d'amende et de prison.

» ART. 19. Autres défenses sont aussi faites à tous artisans et gens de métiers, de poser leurs établis, selles
ou billots ès dites rues et voies, contre et au-devant des
maisons particulières ou autrement, sans le gré des propriétaires ou locataires, et sans qu'au préalable le lieu
auquel ils désireront se placer et mettre leursdites mar-

chandises, établis, selles ou billots, n'ait été vu et visité
par le voyer ou son commis, sur la commodité ou incommodité du public, et n'aient de lui pris permission et
congé, à peine de confiscation desdits étaux, marchandises et denrées, et d'amende arbitraire. »

Ordonnance du bureau des finances.

Du 1ᵉʳ avril 1697.

« Faisons défenses......... de faire relever le pavé des
devantures de maisons plus haut que l'ancien pavé de la
rue........

» Faisons pareillement défenses à tous maçons, charpentiers et autres ouvriers, de mettre ou faire mettre
des étrésillons, étaies et échevalements dans les rues,
places et voies publiques, sans notre permission ; auquel
cas, leur enjoignons de faire rétablir et réparer les trous
des dégradations du pavé procédant de l'apposition desdites étaies et échevalements, par l'entrepreneur du
pavé du quartier, à peine d'y être mis ouvriers à leurs
frais et dépens, et de dix livres d'amende.

» Comme aussi faisons défenses à toutes personnes, de
quelque qualité et condition qu'elles soient, de faire
mettre aucuns poteaux, pieux et bûches au travers lesdites rues dans le pavé d'icelles ; d'y faire faire aucunes
barrières, ni d'en rétrécir le passage pour quelque cause
et occasion que ce soit, ni faire faire aucune tranchée et
ouverture de pavé, qu'après en avoir pris la permission de
nous, et qu'à la charge de les faire rétablir par les entrepreneurs du pavé de cette ville, aussi à peine de vingt
livres d'amende.

» Enjoignons à tous rôtisseurs qui vendent à la main,
lesquels ont des âtres faisant saillie sur la voie publique, de les mettre incessamment au même alignement
des jambes étrières de leurs maisons, sur les mêmes
peines.

» Faisons défenses aux boulangers et pâtissiers, de fendre ou faire fendre leur bois sur le pavé desdites rues ; ains sur des billots de bois, conformément aux ordonnances, à peine de vingt livres d'amende, comme aussi à tous charrons, embatteurs de roues, sculpteurs, menuisiers et charpentiers, et tous autres, de ne tenir au-devant de leurs boutiques et maisons aucunes pièces de bois, marbres et pierres, trains de carrosses, chariots et charrettes dans lesdites rues ; ains de les retirer dans leurs boutiques et cours, à peine de confiscation et de vingt livres d'amende ; et auxdits embatteurs de roues de faire aucun trou dans ledit pavé, sur peine de pareille amende.......

» Comme aussi aux marchands de fer, épiciers, cabaretiers et tous autres, de laisser leurs tonnes, tonneaux, muids et emballages ès dites rues, et pareillement à toutes personnes de quelque qualité et condition qu'elles soient, de laisser sur la voie publique au-devant de leurs maisons aucuns décombres, terreaux ni fumiers, sur les mêmes peines.

» . . . . . . Leur enjoignons (*aux ouvriers en bâtiments*) de faire incessamment ôter et enlever les décombres desdits bâtiments, avec défense à eux d'empêcher le passage et voie publique par les matériaux destinés pour les bâtiments ou autres, en quelque sorte et manière que ce soit, sur les mêmes peines ; leur permettons néanmoins d'en mettre sur l'un des revers desdites rues, et à trois pieds de distance du ruisseau, avec défense d'outre-passer ; aussi à peine de vingt livres d'amende, et d'être lesdits matériaux acquis et confisqués, et portés au chantier du roi, et les décombres enlevés à leurs frais. »

Ordonnance de police concernant les dépôts de maté-
riaux, terres et autres objets sur la voie publique.

Du 1er septembre 1769.

« ART. 6. Ne pourront lesdits entrepreneurs de bâtiments, maîtres maçons et propriétaires de maisons, qui
feront travailler par économie et autres, rassembler des
matériaux au delà de ce qu'ils peuvent en employer dans
l'espace de huit jours, à peine de confiscation et de trois
cents livres d'amende, si ce n'est pour les églises et mo-
muments publics, à l'égard desquels la présente restriction n'aura pas lieu.

» ART. 7. Leur faisons défenses, sous les mêmes peines, d'embarrasser les rues et entrées des maisons par
leurs matériaux, et à cet effet ils ne pourront les placer
que dans les endroits qui leur seront indiqués par les
commissaires de chaque quartier : leur enjoignons de
veiller à ce que les voituriers qui leur amèneront des
pierres et moellons, ne les déchargent que dans les emplacements assignés par le commissaire. Enjoignons pareillement aux voituriers desdites pierres et moellons et
à leurs charretiers, de ne les décharger sur les ateliers
qu'après avoir averti les entrepreneurs, leurs commis
ou chefs d'ateliers, afin qu'ils leur indiquent les places
permises par les commissaires : le tout conformément à
l'ordonnance du 28 novembre 1750, et à notre sentence du 25 avril 1766.

» ART. 8. Ne pourront lesdits entrepreneurs, maîtres
maçons et autres laisser séjourner dans les rues, plus de
vingt-quatre heures, les terres, décombres, gravois, et
autres immondices provenant des démolitions et des fouilles, ni en sortir une trop grande quantité, de façon que
le passage des rues en soit embarrassé ; leur enjoignons,
ainsi qu'aux salpêtriers qui voudront prendre lesdits décombres et gravois, de les enlever dans le jour, et au
plus tard dans les vingt-quatre heures, et de les faire

porter aux décharges et voiries à ce destinées, ou dans les ateliers desdits salpêtriers, sans pouvoir les décharger ailleurs, à peine de cent livres d'amende, et sera loisible à l'entrepreneur du nettoiement, après les vingt-quatre heures passées, de faire ledit enlèvement aux frais des maîtres maçons entrepreneurs, aux termes de l'art. 16 de l'arrêt de règlement du 30 avril 1663, sauf leur recours contre les voituriers et gravatiers, dans le cas où lesdits entrepreneurs justifieraient les avoir avertis. »

Ordonnance du bureau des finances concernant les échoppes.

Du 1ᵉʳ février 1776.

« Faisons défenses à tous propriétaires ou locataires des maisons de la ville et faubourgs de Paris, de quelque qualité et condition qu'ils soient, de permettre ou souffrir qu'il soit posé au-devant des maisons qu'ils occupent aucune échoppe de quelque espèce et sous quelque prétexte que ce soit, sans qu'il leur apparaisse d'une permission par écrit d'en établir. Faisons défenses à toutes personnes de poser à l'avenir aucune échoppe, soit sédentaire, soit demi-sédentaire, en aucun endroit de cette ville, à peine de confiscation et de dix livres d'amende. Faisons défenses aux commissaires généraux de la voirie de donner aucune permission d'échoppes sédentaires ou demi-sédentaires, mais seulement d'échoppes entièrement mobiles, et qui se retirent le soir ; leur enjoignons d'énoncer dans les permissions qu'ils accordent, que *les échoppes doivent être entièrement mobiles, et que les propriétaires sont tenus de les retirer tous les soirs*, à peine de nullité desdites permissions. » (*Voir* l'article 12, section IV de l'ordonnance du 24 décembre 1823.)

Ordonnance de police concernant la commodité et la liberté de la voie publique.

Du 28 janvier 1786. (Elle renouvelle une pareille ordonnance du 1er décembre 1755.)

« ART. 1er. Nous ordonnons que les règlements des 3 janvier 1356, novembre 1539, décembre 1607, 19 novembre 1666, 22 mars 1720 et les ordonnances de police, seront exécutés selon leur forme et teneur. Enjoignons aux propriétaires, maîtres maçons, charpentiers et entrepreneurs de bâtiments, de renfermer, tailler et préparer dans l'intérieur desdits bâtiments les pierres et matériaux destinés à iceux, autant que ledit intérieur en pourra contenir, à peine de deux cents livres d'amende.

» ART. 2. Nous faisons très-expresses inhibitions et défenses auxdits propriétaires, maçons, charpentiers, menuisiers, couvreurs et autres entrepreneurs de bâtiments, de faire décharger dans les rues et places de cette ville des pierres de taille, moellons, charpente et autres matériaux destinés aux constructions et réparations des bâtiments, que préalablement ils n'aient fait constater par les commissaires des quartiers qu'il n'est pas possible de les renfermer dans l'intérieur des bâtiments, et qu'ils n'aient obtenu desdits commissaires des emplacements pour lesdits matériaux; comme aussi d'en déposer ailleurs que dans ceux qui leur auront été assignés par lesdits commissaires : le tout sous la même peine de deux cents livres d'amende.

» ART. 3. Seront tenus, sous les mêmes peines, lesdits entrepreneurs de places de retenir dans l'intérieur des bâtiments qu'ils démoliront, les pierres, bois et autres matériaux en provenant : leur défendons de les sortir et déposer dans les rues, sauf à eux à se pourvoir de magasins suffisants pour les contenir.

» ART. 4. Il ne pourra être mis dans les rues et places de cette ville plus grande quantité de pierres, moellons et charpente que ce qui pourra être employé dans le cours de trois jours, ou au plus, de la semaine, et ce dans le cas où il sera estimé par le commissaire du quartier que le passage public n'en sera pas gêné et resserré, à l'exception néanmoins des matériaux destinés pour les édifices publics. (*Voir* l'arrêté ministériel du 13 octobre 1810, à la suite.)

» Art. 5. Les propriétaires, maîtres maçons, charpentiers et autres entrepreneurs, ne pourront faire sortir dans les rues et places les décombres, pierres, moellons, terres, gravois, ardoises, tuileaux et autres matières provenant des démolitions des bâtiments qu'autant qu'ils pourront les faire enlever dans le jour; en sorte qu'il n'en reste pas pendant la nuit, sous peine de deux cents livres d'amende.

» Art. 6. Enjoignons, sous les mêmes peines, auxdits propriétaires, maîtres maçons, charpentiers et autres entrepreneurs de bâtiments, de faire balayer tous les jours, aux heures prescrites par les règlements, les rues le long de leurs bâtiments et ateliers, de faire enlever les recoupes trois fois la semaine, et même plus souvent s'il est nécessaire, de manière que leurs ateliers n'en soient point engorgés; de faire ranger leurs pierres et matériaux destinés aux constructions le long des murs, sans cependant les appuyer contre iceux, et en laissant libre l'entrée des maisons et les appuis au-devant des boutiques : de telle sorte qu'il reste, autant qu'il sera possible, dans les rues un espace de trois toises entièrement libre, afin que deux voitures puissent y passer de front ; et dans le cas où ils ne pourraient pas laisser trois toises entièrement libres, les matériaux seront déposés dans les carrés, entre lesquels on laissera des places vacantes pour ranger, au besoin, de secondes voitures : le tout conformément aux permissions qui auront été délivrées.

» Art. 7. Seront tenus les tailleurs de pierres de ranger les pierres qu'ils travailleront, de manière que les éclats et recoupes ne puissent causer aucune malpropreté dans les rues ni blesser les passants; leur enjoignons en conséquence de tourner la partie qu'ils tailleront du côté du mur le long duquel seront déposés les pierres et matériaux, le tout à peine de cent livres d'amende.

» ART. 8. Ordonnons aux couvreurs d'observer les anciennes ordonnances, en conséquence leur défendons de jeter les recoupes, plâtres et ardoises dans les rues, et leur enjoignons de les descendre ou faire descendre par leurs ouvriers, sous peine de deux cents livres d'amende, même de plus grande peine si le cas y échéait.

» ART. 10. Faisons défenses à tous marchands épiciers, marchands de vins, tonnelliers, fruitiers et à toutes autres personnes quelconques, sous la même peine, d'embarrasser les rues de ballots, tonneaux, ni d'y faire travailler à la réparation d'iceux, comme aussi d'y laisser aucuns paniers vides, ou pleins de marchandises; leur enjoignons de faire décharger et serrer dans leurs magasins et caves les marchandises qui leur arriveront, au fur et à mesure de l'arrivée d'icelles, sans les laisser sur le pavé, et aussi de faire enlever celles qu'ils voudront faire transporter de chez eux au fur et à mesure qu'elles auront été tirées de leurs caves, boutiques et magasins, en sorte que les rues n'en demeurent point embarrassées.

» ART. 11. Faisons défenses, sous les mêmes peines, à tous serruriers, tapissiers, layetiers, chaudronniers, bahutiers et à tous autres, de travailler dans les rues et d'y établir des ateliers et tréteaux.

» ART. 12. Faisons défenses, sous les même peines de deux cents livres d'amende, à tous sculpteurs, marbriers, menuisiers, serruriers, charpentiers, selliers, charrons, marchands de bois, tapissiers, frippiers et autres, de laisser sur le pavé au-devant de leurs maisons, sous quelque prétexte que ce soit, aucuns marbres, trains, carrosses, arbres, poutres, planches et autres choses destinées à être travaillées, ni aucun autre objet de leurs métiers et profession, même pour servir de montre.

» Art. 13. Faisons défenses à tous loueurs de carrosses, charretiers et voituriers, sous les mêmes peines de deux cents livres d'amende, de laisser exposés, tant de jour que de nuit, dans les rues et places de cette ville, aucuns carrosses, chariots, coches et autres voitures.

» Art. 14. Faisons aussi défenses à tous regrattiers et regrattières, à peine de vingt livres d'amende et même de prison, d'établir boutique et étalage dans les rues et places; leur enjoignons de se retirer dans les halles et marchés de cette ville pour y faire le commerce.

» Art. 15. Défendons à tous propriétaires et principaux locataires de maisons de laisser au-devant d'icelles lesdits regrattiers et regrattières et toutes autres personnes avec étalages quelconques, à peine de deux cents livres d'amende.

» Art. 16. L'ordonnance de police, du 31 juillet 1779, portant défenses d'étaler dans les rues et places publiques de la ville de Paris; l'arrêt du parlement, du 16 décembre suivant, portant homologation de ladite ordonnance et les lettres-patentes du mois de mai 1784, enregistrées au parlement le 27 dudit mois de mai, portant suppression des échoppes de la ville de Paris, seront exécutés selon leur forme et teneur, et en conséquence faisons défenses à toutes personnes de faire construire aucune échoppe ni se placer dans aucune rue et place avec planches, tables ou éventaires, à peine de cinquante livres d'amende, et à l'égard des propriétaires ou principaux locataires qui les souffriront devant leurs portes, sous peine de deux cents livres d'amende.

» Art. 17. Faisons défenses à tous marchands et loueurs de chevaux, d'essayer ni faire essayer leurs chevaux dans les rues et places de cette ville; leur enjoignons de se retirer dans le marché public et dans les endroits écartés qui y sont destinés, à peine de deux cents livres d'amende.

» Art. 18. Faisons défenses à tous charretiers de conduire leurs voitures et charrettes étant montés sur leurs chevaux, qu'ils ne pourront en aucun cas faire courir ou trotter; leur enjoignons de les conduire à pied, le tout à peine de cinquante livres d'amende et de prison.

» Art. 19. Faisons défenses à toutes personnes de jouer dans les rues et places publiques au volant, aux quilles ni au bâtonnet, à peine de deux cents livres d'amende.

» Art. 20. Seront les pères et mères, maîtres et maîtresses, propriétaires, entrepreneurs et autres, civilement tenus garants et responsables pour leurs enfants, ouvriers, garçons, serviteurs ou domestiques, de toutes les peines portées par les différents articles de la présente ordonnance. »

Arrêté du ministre de l'intérieur relatif aux matériaux destinés aux grandes constructions dans Paris.

Du 13 octobre 1810.

« Titre Ier. *Des constructions commencées dans la ville de Paris.*

» Art. 1er. D'ici au 1er novembre, tout ingénieur ou architecte chargé d'une grande construction, soit immédiatement par le ministère de l'intérieur, soit par le directeur général des ponts et chaussées, soit par le préfet du département, soit par l'intendance des bâtiments de sa majesté, soit par des associations ou par des particuliers quelconques, ira en faire sa déclaration à la préfecture de police.

» Art. 2. Dans les cinq jours qui suivront cette déclaration, le préfet de police désignera un commissaire-voyer, qui se rendra avec l'ingénieur et l'architecte sur les lieux de la construction et du dépôt des matériaux

» ART. 3. L'ingénieur ou l'architecte et le voyer manderont les entrepreneurs de la construction, et après les avoir ouïs feront un rapport dans lequel ils indiqueront :

» 1° Le théâtre où les matériaux destinés à passer l'hiver devront être renfermés ;

» 2° Le théâtre où devront être déposés, à l'ouverture de la campagne prochaine, les matériaux nécessaires pour cette campagne, au fur et à mesure de leur arrivée et du besoin.

» ART. 4. Partout où la place des abords des grandes constructions doit rendre nécessaire des acquisitions ultérieures de terrains, ces acquisitions seront hâtées, afin que les terrains à acquérir servent au plus tôt de dépôt aux matériaux.

» ART. 5. Lorsqu'il n'y aura point de terrains dont l'acquisition soit prévue, il sera, autant que faire se pourra, loué des emplacements à la proximité des grandes constructions.

» ART. 6. Lorsqu'il n'existera point d'emplacement hors des places ou de la voie publique, et que l'espace le permettra sans qu'il en résulte aucune gêne, on pourra proposer l'établissement de chantiers ou théâtres clos, de manière que le cantonnement des matériaux soit absolument séparé de ce qui restera pour la voie publique.

» ART. 7. Les ingénieurs ou architectes et les commissaires-voyers traceront sur le terrain et sur un plan leurs projets de dépôts ou de cantonnement des matériaux.

» ART. 8. S'il n'y a point d'oppositions, ces plans, approuvés par le préfet de police, régleront définitivement l'emplacement des matériaux ou des théâtres.

» En cas d'oppositions, il en sera référé au ministre de l'intérieur, qui statuera dans la huitaine (1).

(1) Cette disposition suppose nécessairement une information préalable sur le *commodo et incommodo.*

» Art. 9. Passé le 15 novembre prochain, tous les matériaux qui seront hors des enceintes déterminées comme il a été dit ci-dessus, seront enlevés à la diligence du préfet de police, aux frais, risques et périls des entrepreneurs.

» Titre II. *Des constructions à venir.*

» Art. 10. Aucune grande construction ne pourra être commencée sans qu'un plan concerté, comme il a été dit ci-dessus, n'ait déterminé l'emplacement des matériaux et la quantité qui pourra être déposée à la fois à pied-d'œuvre.

» Titre. III. *Des dépôts de matériaux près des carrières.*

» Art. 11. Afin de ne pas retarder l'avancement des grands travaux, les entrepreneurs seront toujours tenus d'avoir des dépôts à proximité des carrières.

» Art. 12. L'emplacement et l'étendue de ces dépôts seront déterminés par l'ingénieur ou par l'architecte chargé de la construction. On les rapprochera le plus possible des grandes routes, sans pouvoir anticiper sur elles. Les dépôts seront formés...... dans la quinzaine de l'adjudication, pour les constructions à venir.

» Art. 13. Ces dépôts seront toujours garnis, de manière que, dans aucun temps, le retard de l'approvisionnement des matériaux ne puisse en apporter dans l'avancement des constructions. »

Ces trois derniers articles, ainsi qu'on en peut juger, concernent plus particulièrement les travaux ordonnés par le gouvernement. Les art. 14, 15 et 16, qui terminent l'arrêté, n'ont pas été rapportés ici, parce qu'ils s'appliquent uniquement aux constructions publiques.

Ordonnance de police concernant les barrières sur les boulevarts intérieurs.

Du 26 août 1816.

« ART. 1ᵉʳ. A compter du jour de la publication de la présente ordonnance, il ne pourra être établi de barrières au-devant des propriétés bordant les contre-allées des boulevarts intérieurs de Paris, si ce n'est pour raison de salubrité publique, et après avoir obtenu la permission nécessaire à cet effet.

» Ces barrières seront établies hors des contre-allées des boulevarts, et à cinquante centimètres au moins du corps des arbres, sans pouvoir néanmoins excéder un mètre cinquante centimètres de saillie, à partir du nu du mur.

» ART. 2. Les barrières actuellement existantes ne pourront être réparées.

» Elles seront supprimées du moment où il y aura nécessité de les réparer, pour être rétablies, s'il y a lieu, à l'alignement déterminé par l'autorité.

» ART. 3. Il est défendu de faire des dépôts, et de former aucun établissement dans l'enceinte des barrières sans une autorisation spéciale.

» ART. 4. Les contraventions seront constatées par des procès-verbaux, qui nous seront adressés.

» ART. 5. Il sera pris envers les contrevenants telles mesures de *police administrative* qu'il appartiendra, sans préjudice des poursuites à exercer contre eux devant les tribunaux. »

Ordonnance de police concernant la liberté et la sûreté de la voie pubique.

Du 8 février 1819.

« ART. 1ᵉʳ. Il est défendu, sous quelque prétexte que ce soit, d'étaler ou déposer en dehors des boutiques, magasins et ateliers, des meubles, voitures, caisses, tonneaux, ni aucune marchandise quelconque.

» ART. 2. Il est enjoint aux marchands épiciers, marchands de vins, tonneliers, fruitiers et à tous autres, de faire décharger et serrer dans leurs magasins et caves les marchandises qui leur arrivent, au fur et à mesure de leur arrivée, sans les laisser sur la voie publique, et aussi de faire enlever celles qu'ils voudront faire transporter de chez eux au fur et à mesure qu'elles auront été tirées de leurs caves, boutiques et magasins, en sorte que les rues n'en demeurent point embarrassées. (Voir l'art. 10 de l'ordonnance du 28 janvier 1786, précédemment rapportée.)

» ART. 3. Les contraventions à la présente ordonnance seront constatées par des procès-verbaux ou rapports, pour être déférées aux tribunaux et poursuivies conformément aux art. 471 et 474 du Code pénal.

» ART. 4. Notre ordonnance du 24 avril 1817, concernant les étalages mobiles sur la voie publique, continuera de recevoir son exécution (1).

Ordonnance de police concernant la sûreté et la liberté de la circulation.

Du 8 août 1829.

« Nous, préfet de police,

» Considérant qu'un grand nombre d'individus compromettent journellement la liberté et la sûreté de la circulation, en travaillant indûment et sans précaution sur la voie publique, en y faisant décharger et stationner des voitures, lorsque l'intérieur des maisons, ateliers et magasins présente des facilités à cet effet; en y dépo-

---

(1) Cette ordonnance n'a pas été rapportée ici, non plus que beaucoup d'autres qui, n'intéressant pas les droits de la propriété privée, sont étrangères au but de ce recueil.

sant ou laissant sans nécessité des matériaux, meubles,
marchandises et autres objets ; en exposant au-devant
des édifices des choses pouvant nuire par leur chute ;
en contrevenant enfin aux règlements qui défendent
d'embarrasser la voie publique.

» Considérant que depuis plusieurs années la circulation a pris une activité toujours croissante, et qu'il est
urgent de réprimer des abus qui occasionneraient les plus
graves accidents ;

» Vu les ordonnances du bureau des finances des 29
mai 1754 et 2 août 1774 ;

» L'ordonnance du prévôt des marchands du 8 avril
1766 ;

» L'ordonnance de police du 28 janvier 1786 ;

» L'arrêté du ministre de l'intérieur du 6 septembre
1806, concernant la police des Champs-Élysées ;

» L'ordonnance du roi du 24 décembre 1823 ;

» Les articles 257, 471 et 484 du Code pénal ;

» En vertu des arrêtés du gouvernement du 12 messidor an VIII (1er juillet 1800) et 3 brumaire an IX
(25 octobre 1800) (1).

(1) Voici le texte de cet arrêté :

SECTION III.

POLICE MUNICIPIALE.

Petite voirie.

» 16. Les commissaires généraux de police seront chargés de
tout ce qui a rapport à la petite voirie, sauf le recours au préfet du département contre leurs décisions.

» Ils désigneront à cet effet un des officiers municipaux
ou commissaires de police, chargés de surveiller, permettre
ou défendre,

» L'ouverture des boutiques, étaux de bouchers et de char-
cuterie ;

» L'établissement des auvents ou constructions du même
genre qui prennent sur la voie publique ;

» Ordonnons ce qui suit :

» CHAPITRE PREMIER. *Constructions, réparations et démolitions de bâtiments riverains de la voie publique.* — *Dépôts de matériaux.*

» L'établissement des échopes ou étalages mobiles ;

» D'ordonner la demolition ou réparation des bâtiments menaçant ruine.

» Ces permissions seront sujettes au visa des commissaires généraux de police.

» 17. Ils procureront la liberté et la sûreté de la voie publique, et seront chargés à cet effet :

» D'empêcher que personne n'y commette de dégradation ;

» De la faire éclairer ;

» De faire surveiller le balayage auquel les habitants sont tenus devant leurs maisons, et de le faire faire, aux frais de la ville, dans les places et la circonférence des jardins et édifices publics ;

» De faire sabler, s'il survient du verglas, et de déblayer au dégel les ponts et lieux glissants des rues ;

» D'empêcher qu'on n'expose rien sur les toits ou fenêtres qui puisse blesser les passants en tombant ;

» Ils feront observer les règlements sur l'établissement des conduites pour les eaux de pluie et des gouttières ;

Ils empêcheront qu'on n'y laisse vaguer des furieux, des insensés, des animaux malfaisants ou dangereux :

» Qu'on n'obstrue la libre circulation en arrêtant ou déchargeant des voitures et marchandises devant les maisons, dans les rues étroites, ou de toute autre manière ;

» Les commissaires généraux de police feront effectuer l'enlèvement des boues, matières malsaines, neiges, glaces, décombres, vases sur les bords des rivières après les crues des eaux ;

» Ils feront faire des arrosements dans la ville, dans les lieux et dans la saison convenables. »

On sait au surplus que, par un arrêt du gouvernement du 10 avril 1814, les commissaires généraux ont été supprimés et leurs fonctions réunies à celles des préfets et sous-préfets.

» SECTION PREMIÈRE. *Constructions et réparations.*

» ART. 1ᵉʳ. Il est défendu de procéder à aucune construction ou réparation des murs de face ou de clôture des bâtiments et terrains riverains de la voie publique, sans avoir justifié au commissaire de police du quartier où se feront les travaux, de la permission qui aura dû être délivrée à cet effet par l'autorité compétente.

» ART. 2. Dans le cas de construction ou de réparation, on ne devra commencer les travaux qu'après avoir établi, à la saillie déterminée par la permission, une barrière en charpente et planches ayant au moins trois mètres de hauteur.

» Dans le cas de simple réparation, on pourra en être dispensé, s'il y a lieu, par le préfet de police.

» ART. 3. Les portes pratiquées dans les barrières devront, autant qu'il sera possible, ouvrir en dedans. Si l'on est forcé de les faire ouvrir en dehors, on sera tenu de les appliquer contre les barrières.

» Elles seront garnies de serrures ou cadenas pour être fermées, chaque jour, au moment de la cessation des travaux.

» ART. 4. Les échafauds servant aux constructions seront établis avec solidité et disposés de manière à prévenir la chute des matériaux ou gravois sur la voie publique.

» Ils devront monter de fond, et, si les localités ne le permettent pas, ils seront établis en bascule à quatre mètres au moins du sol de la rue.

» Il est défendu de les faire porter sur des écoperches ou boulins arc-boutés au pied des murs de face dans la hauteur du rez-de-chaussée.

» ART. 5. Les barrières et les échafauds montant de fond, au-devant desquels il n'existera pas de barrières, seront éclairés aux frais et par les soins des propriétaires et des entrepreneurs.

» L'éclairage sera fait au moyen d'un nombre suffisant

d'appliques, dont une à chaque angle des extrémités, pour éclairer les parties en retour.

» Les heures d'allumage et d'extinction de ces appliques, seront celles prescrites pour les réverbères permanents de l'illumination publique.

» ART. 6. Les travaux seront entrepris immédiatement après l'établissement des échafauds et barrières, et devront être continués sans interruption, à l'exception des dimanches et jours fériés.

» Dans le cas où l'interruption durerait plus de huit jours, les propriétaires et entrepreneurs seront tenus de supprimer les échafauds, et de reporter les barrières à l'alignement des maisons voisines, ou de se pourvoir d'une autorisation du préfet de police pour les conserver.

» ART. 7. Il est défendu aux entrepreneurs-maçons, couvreurs, fumistes et autres, de jeter sur la voie publique les recoupes, plâtras, tuiles, ardoises et autres résidus des ouvrages.

» ART. 8. Tous entrepreneurs-maçons, couvreurs, fumistes, badigeonneurs, plombiers, menuisiers et autres exécutant ou faisant exécuter, aux maisons et bâtiments riverains de la voie publique, des ouvrages pouvant faire craindre des accidents ou susceptibles d'incommoder les passants, seront tenus, s'il n'y a point de barrières au-devant des maisons et bâtiments, de faire stationner dans la rue, pendant l'exécution des travaux, un ou deux ouvriers âgés de dix-huit ans au moins, munis d'une règle de deux mètres de longueur, pour avertir et éloigner les passants.

» ART. 9. Dans les quarante-huit heures qui suivront la suppression des échafauds et barrières, les propriétaires et entrepreneurs feront réparer à leurs frais les dégradations du pavé résultant de la pose des barrières et échafauds, et seront tenus provisoirement de faire et entretenir les blocages et de prendre les mesures convenables pour prévenir les accidents.

» Ils requerront l'entrepreneur du pavé de la ville pour procéder auxdites réparations, lorsque le pavé sera d'échantillon et à l'entretien de la ville.

» Art. 10. Il est défendu de battre du plâtre sur la voie publique, et de l'y faire pulvériser par les chevaux et voitures.

» Section II. *Démolitions.*

» Art. 11. Il est défendu de procéder à la démolition d'aucun édifice donnant sur la voie publique, sans l'autorisation du préfet de police.

» Art. 12. Avant de commencer une démolition, le propriétaire et l'entrepreneur feront établir les barrières et échafauds qui seront jugés nécessaires, et prendront toutes autres mesures que l'administration leur prescrira dans l'intérêt de la sûreté publique.

» Il sera pourvu, pendant la nuit, à l'éclairage des échafauds et barrières, ainsi qu'il est dit en l'article 5.

» Art. 13. La démolition devra s'opérer au marteau, sans abattage, et en faisant tomber les matériaux dans l'intérieur des bâtiments.

» Art. 14. Dans le cas où le barrage de la rue serait indispensable, le propriétaire et l'entrepreneur ne devront point l'effectuer sans l'autorisation du préfet de police.

» Les commissaires de police pourront toutefois, s'il y a urgence, accorder provisoirement les autorisations, à la charge d'en prévenir immédiatement le préfet de police.

» Art. 15. Les matériaux de toute espèce provenant de la démolition ne seront déposés sur la voie publique qu'au fur et à mesure de leur enlèvement, et ne devront, sous aucun prétexte, y rester en dépôt pendant la nuit.

» Art. 16. Les barrières établies au-devant des démolitions seront supprimées dans les vingt-quatre heures qui suivront l'achèvement des travaux.

» Les remblais et nivellements seront faits, dans le même délai, à la charge par les propriétaires et entrepreneurs de prendre les mesures de précaution prescrites par l'article 9.

» Section III. *Dépôts de matériaux.*

» Art. 17. Il est défendu de former sur la voie publique des chantiers ou ateliers pour l'approvisionnement et la taille des matériaux.

» Les chefs des administrations publiques, propriétaires, ingénieurs, architectes, entrepreneurs et tous autres construisant ou faisant construire, devront former leurs chantiers et ateliers dans des terrains particuliers dont ils seront tenus de se pourvoir.

» Il pourra toutefois être accordé des autorisations pour déposer sur la voie publique des matériaux destinés à des constructions d'aqueducs, égouts, trottoirs et autres établissements à faire sur le sol même de la voie publique.

» Art. 18. Les matériaux transportés sur le lieu des constructions seront rentrés dans l'intérieur des emplacements où l'on construit, au fur et à mesure du déchargement, sans qu'on puisse en laisser en dépôt sur la voie publique pendant la nuit.

» Art. 19. Cependant, si, par suite de circonstances imprévues, des matériaux devaient rester, pendant la nuit, sur la voie publique, les propriétaires et entrepreneurs seront tenus d'en donner avis aux commissaires de police des quartiers respectifs, de pourvoir à l'éclairage des matériaux, et de prendre toutes les mesures de précaution nécessaires.

» Art. 20. Il est défendu à tous carriers, voituriers et autres, de décharger ni faire décharger sur la voie publique, après la retraite des ouvriers, aucune voiture de pierres de taille ou moellons.

» Art. 21. Tous chantiers et ateliers actuellement existants sur la voie publique, en vertu de nos autorisations, seront supprimés à l'expiration des délais fixés par les permissions, et même plus tôt, s'il est possible.

» Ceux pour la durée desquels il n'a point été fixé d'autre terme que l'achèvement des constructions auxquelles ils sont destinés, seront supprimés immédiatement après l'emploi des matériaux qui y sont déposés.

» Les uns et les autres ne pourront toutefois être conservés au delà du 1er octobre prochain. A cet effet, il est défendu d'y faire déposer de nouveaux matériaux.

» Art. 22. Tous chantiers et ateliers formés sur la voie publique, sans autorisation, seront supprimés dans les vingt-quatre heures.

» Art. 23. Il est enjoint à tous ceux dont les chantiers et ateliers seront supprimés, en exécution des articles précédents, de faire enlever avec les matériaux les recoupes, gravois et immondices résultants des dépôts, et de faire réparer les dégradations de pavés existant sur les emplacements de ces mêmes dépôts. Si les emplacements ne sont point pavés, les enfoncements seront réparés et le sol rétabli en bon état.

» Art. 24. Il est défendu de scier ni tailler la pierre sur la voie publique.

» La même défense est faite aux scieurs de long pour le sciage du bois.

» Chapitre II. *Entretien 1° du pavé de Paris ; 2° du pavé à la charge des particuliers. — Rues non pavées.*

» Section première. *Pavé de Paris.*

» Art. 25. Les entrepreneurs du pavé de Paris seront tenus de prévenir, au moins vingt-quatre heures d'avance, les commissaires de police des quartiers respectifs, du jour où ils commenceront des travaux de relevé à bout dans une rue.

» Art. 26 Ils ne pourront former leurs approvisionnements de matériaux que le jour même où les ouvrages commenceront.

» Les pavés seront rangés et le sable retroussé, de manière à occuper le moins de place possible.

» Art. 27. Ils seront tenus de faire éclairer pendant la nuit, par des appliques, leurs matériaux et leurs chantiers de travail, de veiller à l'entretien de l'éclairage, et de prendre les précautions nécessaires dans l'intérêt de la sûreté publique.

» Art. 28. Il leur est défendu de barrer les rues et portions de rues autres que celles dont le pavé sera relevé à bout et dont la largeur n'excédera pas dix mètres.

» Toutefois, si des circonstances nécessitaient le barrage de rues ou portions de rues ayant plus de dix mètres de largeur, l'autorisation de les barrer pourra leur être accordée, sur la demande que l'ingénieur en chef du pavé de Paris en fera au préfet de police.

» Art. 29. Lorsqu'il sera fait un relevé à bout dans les halles et marchés, aux abords des salles de spectacles ou d'autres lieux très-fréquentés désignés dans l'état qui en sera dressé annuellement par l'ingénieur en chef du pavé de Paris, et approuvé par le préfet de police, il ne devra être entrepris que la quantité d'ouvrage qui pourra être terminée dans la journée. Dans le cas où il aurait été levé plus de pavé qu'il n'en était besoin, il sera bloqué, en sorte que la voie publique se trouve entièrement libre et sûre avant la retraite des ouvriers.

» Cette mesure s'étendra à tous les relevés à bout sans distinction, la veille des dimanches et jours fériés.

» Art. 30. Les entrepreneurs réserveront, dans les rues ou portions de rues barrées, un espace suffisant pour la circulation des gens de pied. Ils établiront, au besoin, des planches solides et commodes pour la facilité du passage.

» Ils prendront en outre les mesures convenables pour interdire aux voitures du public tout accès dans les rues ou portions de rues barrées. Ils placeront, à cet effet, des chevalets mobiles, qui, en servant d'avertissement au public, laisseront la facilité de faire sortir et entrer les voitures des personnes demeurant dans l'enceinte du barrage.

» Les mêmes précautions seront prises pour les rues latérales aboutissant aux rues barrées.

» Il est défendu aux entrepreneurs de substituer des tas de pavés aux chevalets mobiles.

» Art. 31. Dans les rues qui ne seront point barrées, les entrepreneurs disposeront leurs ateliers de telle sorte qu'ils soient séparés les uns des autres par un intervalle de quinze mètres au moins, et que chaque atelier ne travaille que sur moitié de la largeur de la rue, afin de laisser l'autre moitié à la circulation des voitures.

» Art. 32. Les chantiers des travaux seront complétement débarrassés de tous matériaux, décombres, pavés de réforme, retailles, vieilles formes et autres résidus des ouvrages, dans les vingt-quatre heures qui suivront l'achèvement des travaux, pour les relevés à bout et pavages neufs, et au fur et à mesure de l'exécution des ouvrages, pour les réparations simples et raccordements.

» Art. 33. Il est expressément défendu de troubler les paveurs dans leurs ateliers et de déplacer ou arracher les appliques, chevalets, pieux et barrières établis pour la sûreté de leurs ouvrages.

» Section II. *Pavé à la charge des particuliers.*

» Art. 34. Il est enjoint aux propriétaires des maisons et terrains bordant les rues ou portions de rues pavées, et dont l'entretien est à leur charge, de faire réparer, chacun au-devant de sa propriété, les dégradations de pavé, et d'entretenir constamment en bon état le pavé desdites rues.

» Art. 35. Ces propriétaires et leurs entrepreneurs seront tenus, pour les approvisionnements de matériaux destinés aux réparations, pour l'exécution des ouvrages et l'enlèvement des résidus, de se conformer aux dispositions prescrites en la section précédente, aux entrepreneurs du pavé de Paris.

» Art. 36. Il leur est défendu de barrer ni faire barrer les rues pour l'exécution des travaux, sans y être autorisés par le préfet de police.

» Section III. *Rues et portions de rues non pavées.*

» Art. 37. Il est enjoint à tous propriétaires de maisons et terrains situés le long des rues ou portions de rues non pavées, de faire combler, chacun au droit de soi, les excavations, enfoncements et ornières, enlever les dépôts de fumier, gravois, ordures et immondices, et de faire, en un mot, toutes les dispositions convenables pour que la liberté, la sûreté de la circulation et la salubrité ne soient point compromises.

» Ils sont tenus d'entretenir constamment en bon état le sol desdites rues, et de conserver ou rétablir les pentes nécessaires pour procurer aux eaux un écoulement facile.

» Les rues non pavées qui deviendront impraticables pour les voitures seront barrées de manière que tous accidents soient prévenus.

» Chapitre III. *Trottoirs.*

» Section première. *Construction des trottoirs.*

» Art. 38. On ne pourra construire aucun trottoir, sur la voie publique, sans en avoir obtenu la permission de l'autorité compétente.

» Art. 39. Les entrepreneurs chargés de ces constructions seront tenus de prévenir, au moins vingt-quatre heures d'avance, les commissaires de police des quartiers respectifs, du jour où ils commenceront les travaux, et de leur représenter les autorisations dont ils auront dû se pourvoir.

» Art. 40. La construction de deux trottoirs sur les deux côtés d'une rue ne pourra être simultanément entreprise, à moins que les ateliers ne soient séparés par un intervalle d'au moins cinquante mètres.

» ART. 41. Avant de commencer les travaux, les entrepreneurs feront établir une barrière à chaque extrémité des ateliers, afin d'en interdire l'accès au public.

» ART. 42. Les matériaux destinés aux constructions seront apportés au fur et à mesure des besoins, et seront rangés sur les emplacements destinés aux trottoirs, sans que la largeur en soit excédée.

» ART. 43. Les pavés arrachés, qui ne devront point servir aux raccordements, seront enlevés et transportés, dans le jour, hors de la voie publique, à la diligence des entrepreneurs de la construction des trottoirs.

» ART. 44. Il sera pris les mesures nécessaires pour que les eaux ménagères s'écoulent sous les trottoirs au moyen de gargouilles pratiquées à cet effet.

» ART. 45. Lorsqu'un trottoir sera coupé par un passage de porte cochère, ou qu'il ne sera point prolongé au-devant des maisons voisines, il sera établi des pentes douces aux points d'interruption, pour rendre moins sensible la différence entre le sol du trottoir et celui de la rue.

» ART. 46. Les propriétaires et entrepreneurs feront éclairer, à leurs frais, les ateliers pendant la nuit, en se conformant aux conditions prescrites par l'article 5.

» ART. 47. Aussitôt que la construction d'un trottoir sera terminée, il sera procédé immédiatement au raccordement du pavé par l'entrepreneur du pavé de Paris, sur l'avertissement qui lui en sera donné, à l'avance, par l'entrepreneur du trottoir.

» ART. 48. Les barrières, matériaux, terres, gravois et autres résidus des ouvrages seront immédiatement enlevés aux frais et par les soins du propriétaire ou de l'entrepreneur du trottoir.

» Il est défendu de livrer le trottoir à la circulation avant d'avoir pourvu au recouvrement des gargouilles, et d'avoir pris les mesures convenables pour la sûreté et la commodité du passage.

» Section II. *Entretien des trottoirs.*

» Art. 49. Les dégradations des trottoirs seront réparées aux frais de qui de droit, à la diligence de l'ingénieur en chef du pavé de Paris, dans les vingt-quatre heures de la réquisition qui lui en aura été adressée par le préfet de police.

» Art. 50. Les entrepreneurs qui procéderont aux réparations seront tenus, lorsque les ouvrages ne pourront être faits dans la journée où ils auront été entrepris, de prévenir les commissaires de police des quartiers respectifs, pour les mettre à portée de prescrire les mesures nécessaires, relativement au dépôt des matériaux, à l'éclairage pendant la nuit, et à toutes autres précautions que pourra réclamer la sûreté publique.

» Art. 51. Les propriétaires, principaux locataires et locataires feront balayer, nettoyer et laver les trottoirs au-devant de leurs maisons, au moins une fois par jour, aux heures fixées par le règlement concernant le balayage des rues.

» Section III. *Saillies au-devant des maisons bordées de trottoirs.*

» Art. 52. Quiconque fera construire un trottoir au-devant de sa propriété, sera tenu de faire supprimer, au moment même de la construction, les bornes, pas, marches et bancs en saillies sur le trottoir, et de faire réduire les seuils des devantures de boutiques à l'alignement desdites devantures.

» Il sera permis toutefois, par mesure de tolérance, de conserver les marches que l'administration reconnaîtra ne pouvoir être rentrées dans l'intérieur de la propriété, mais à la charge d'en arrondir les extrémités, ou de les tailler en pans coupés.

» Art. 53. Les propriétaires qui ont fait construire des trottoirs, sans avoir pris les mesures prescrites par l'article précédent, seront tenus de s'y conformer dans le délai d'un mois.

» Art. 54. Il leur est également enjoint, dans le cas
où les eaux ménagères de leurs maisons s'écouleraient
sur le sol de ces trottoirs, de faire cesser cet inconvénient
dans le même délai, en se conformant aux dispositions
de l'art. 44.

» Art. 55. Les hauteurs fixées par l'ordonnance
royale du 24 décembre 1823, pour les bannes, stores,
écussons, enseignes, lanternes et autres saillies, seront
mesurées à partir du sol des trottoirs.

» Chapitre IV. *Fouilles et tranchées sur la voie publi-*
que. — Entretien des conduites des eaux de la ville,
et des conduites d'eau et de gaz appartenant aux par-
ticuliers.

» Section première. *Fouilles et tranchées.*

» Art. 56. Il est défendu à qui que ce soit de faire
aucune fouille ni tranchée dans le sol de la voie publique, sans une autorisation spéciale du préfet de
police.

» Section II. *Entretien des conduites des eaux de la*
ville, et de celles appartenant à des particuliers.

» Art. 57. Les entrepreneurs chargés de l'entretien
des conduites des eaux de la ville, les propriétaires des
conduites particulières d'eau et de gaz, et leurs entrepreneurs seront tenus, dans le cas de rupture des
conduites, et chacun pour ce qui le concerne, de mettre
des ouvriers en nombre suffisant pour que les réparations en soient effectuées dans les vingt-quatre heures
des avertissements qu'ils auront reçus des commissaires
de police, agents d'administration et même de tous
particuliers.

Ils seront tenus provisoirement d'arrêter et faire arrêter sur-le-champ le service desdites conduites, et de
pourvoir à la sûreté de la voie publique, soit en comblant
les excavations, soit en les entourant de barrières, et
les éclairant pendant la nuit, et en y posant, au besoin,
des gardes.

» Art. 58. Ils ne seront point astreints à se munir d'une permission du préfet de police, conformément à l'art. 56, lorsque les travaux, ayant pour objet des établissements, renouvellements ou réparations de conduites, pourront être terminés dans les quarante-huit heures, et qu'il n'y aura pas lieu au barrage des rues. Mais ils devront donner avis aux commissaires de police du commencement de ces travaux.

» Art. 59. Ils feront les dispositions convenables pour que moitié au moins de la largeur des rues où ils travailleront soit réservée à la circulation, et qu'il ne puisse y arriver d'accident.

» Art. 60. Les fouilles et tranchées seront remblayées, autant que faire se pourra, au fur et à mesure de l'exécution des ouvrages.

» Art. 61. Les terres de remblais seront pilonnées avec soin pour prévenir les affaissements, et le pavé sera bloqué de telle sorte qu'il se maintienne partout à la hauteur du pavé environnant.

» Les terres et gravois qui ne pourront être employés dans les remblais seront enlevés immédiatement après le blocage du pavé.

» Art. 62. Les propriétaires et entrepreneurs feront raccorder le pavé dans les quarante-huit heures qui suivront la réparation des conduites, en se conformant aux dispositions de l'art. 9.

» Ils seront tenus néanmoins d'entretenir les blocages en bon état, et de pourvoir à la sûreté publique, jusqu'à ce que les raccordements aient été effectués.

» Chapitre V. *Chargement et déchargement des voitures de marchandises et denrées. — Déchargement et sciage du bois de chauffage. — Dépôts de meubles; marchandises. — Travaux, et jeux sur la voie publique.*

» Section première. *Chargement et déchargement des voitures de marchandises, denrées, etc.*

» Art. 63. Tous entrepreneurs, négociants, marchands et autres, qui auront à recevoir ou à expédier des marchandises, meubles, denrées ou autres objets, feront entrer les voitures de transport dans les cours ou sous les passages de portes cochères des maisons qu'ils habitent, magasins ou ateliers, à l'effet d'y opérer le chargement ou le déchargement desdites voitures.

» Art. 64. A défaut de cours ou de passages de portes cochères; ou bien, si les cours et passages de portes cochères ne présentent point les facilités convenables, on pourra effectuer le chargement et le déchargement sur la voie publique, en y mettant la célérité nécessaire. Dans ce cas, les voitures devront être rangées de manière à ne gêner la circulation que le moins possible.

» Art. 65. Les exceptions mentionnées au précédent article ne s'étendent point aux entrepreneurs de diligences, de messageries, de roulages, aux entrepreneurs de charpente, aux marchands de bois, aux marchands en gros, ni à tous autres particuliers tenant de grandes fabriques, de grands ateliers, ou faisant un commerce qui nécessite de grands magasins. Ils seront tenus, en raison de l'importance de leurs établissements, de se pourvoir de locaux assez spacieux pour opérer et faire opérer, hors de la voie publique, les chargements et déchargements de leurs voitures et de celles qui leur sont destinées.

» Section II. *Déchargement et sciage du bois de chauffage.*

» Art. 66. Le bois destiné au chauffage des habitations ne sera déchargé sur la voie publique que dans la circonstance prévue par l'art. 64.

» Art. 67. Lorsque dans les rues de sept mètres de largeur et au-dessus, le déchargement du bois pourra se faire sur la voie publique conformément à l'article 64, il y sera procédé de manière à ne point interrompre le passage des voitures.

» Dans les rues au-dessous de sept mètres de largeur, il sera toujours réservé un passage libre pour les gens de pied.

» Il est défendu de décharger simultanément deux voitures de bois destinées à des habitations situées l'une en face de l'autre. Celle arrivée la dernière sera rangée à la suite de la première, et attendra que celle-ci soit déchargée et le bois rentré.

» Art. 68. Il est défendu de scier ni faire scier du bois sur la voie publique.

» Cependant, lorsqu'on ne fera venir qu'une voie de bois à la fois, le sciage sera toléré. Dans ce cas, les scieurs se placeront le plus près possible des maisons, afin de ne point accroître les embarras de la voie publique.

» Le bois sera rentré au fur et à mesure du sciage.

» Art. 69. Il est expressément défendu de décharger ni scier du bois sur les trottoirs.

» On ne pourra en fendre ni sur les trottoirs ni sur aucune autre partie de la voie publique.

» Section III. *Dépôts de meubles, marchandises, voitures, etc.*

» Art. 70. Il est défendu de déposer sans nécessité et de laisser sans autorisation sur la voie publique des meubles, caisses, tonneaux et autres objets.

» Art. 71. Les voitures de toute espèce suspendues et non suspendues, chariots, charrettes, haquets, etc., devront être remisés, pendant la nuit, dans des emplacements hors de la voie publique.

» Sont exceptées les voitures des porteurs d'eau qui, pour raison de sûreté publique, continueront à être remisés dans des emplacements désignés par les commissaires de police, sous la condition expresse, pour ceux auxquels elles appartiennent, de tenir les tonneaux pleins d'eau.

» Art. 72. Les voitures, meubles, marchandises et

tous autres objets laissés pendant la nuit sur la voie publique par impossibilité notoire de les rentrer dans l'intérieur des propriétés, seront éclairés aux frais et par les soins de ceux auxquels ils appartiennent, ou auxquels ils auront été confiés, en se conformant à ce qui est prescrit par l'article 29.

» Section IV. *Travaux, jeux, écriteaux.*

» Art. 73. Il est défendu aux maréchaux-ferrants, layetiers, emballeurs, serruriers, tonneliers et autres de travailler ni faire travailler sur la voie publique.

» Art. 74. Il est également défendu aux marchands épiciers, limonadiers et autres, de brûler, ni faire brûler, sur la voie publique, du café et autres denrées.

» Il est accordé un délai de trois mois à ceux qui n'ont point de cour, pour faire, dans leurs habitations, les dispositions convenables à cette opération, ou pour se procurer des emplacements particuliers.

» Art. 75. Les jeux de palet, de tonneau, de siam, de quilles, de volant et tous autres susceptibles de gêner la circulation et d'occasionner des accidents, sont interdits sur la voie publique.

» Art. 76. Les écriteaux servant à faire connaître au public les maisons, appartements, chambres, magasins et autres objets à vendre ou à louer ne pourront être suspendus au-devant des murs de face des maisons riveraines de la voie publique, et devront être attachés et appliqués contre les murs.

» Art. 77. Il est défendu de brûler de la paille sur la voie publique et d'y tirer des armes à feu, des pétards, fusées et autres pièces d'artifice.

» Chapitre VI. *Boulevarts et promenades non closes.*

» Art. 78. Il est défendu de parcourir à cheval ou en voiture, même avec des voitures traînées à bras, les contre-allées des boulevarts intérieurs et extérieurs de la capitale, et généralement toutes les parties des promenades publiques non closes réservées aux piétons.

» Art. 79. Il est permis de traverser les contre-allées à cheval ou en voiture, pour entrer dans les propriétés riveraines, si le sol de la traversée est disposé à cet effet, conformément aux permissions dont les propriétaires auront dû se pourvoir auprès de l'autorité compétente.

» Les chevaux et voitures ne pourront, sous aucun prétexte, stationner dans les contre-allées.

» Art. 80. Il ne sera déposé sur les chaussées ni dans les contre-allées aucune espèce de matériaux, lors même qu'ils seraient destinés à des travaux de construction ou de réparation à exécuter dans les propriétés riveraines.

» Le transport des matériaux à travers les contre-allées qui n'auront point été disposées pour le passage des voitures, ne pourra se faire à l'aide de voitures, camions ou brouettes sans qu'on ait pris les mesures de précaution indiquées dans les permissions dont les propriétaires ou entrepreneurs seront tenus de se pourvoir.

» Art. 81. Il est défendu de faire écouler les eaux ménagères sur les contre-allées et quinconces des boulevarts tant intérieurs qu'extérieurs et de toutes promenades publiques, à moins d'une autorisation spéciale.

» Art. 82. Il est défendu de jeter des pierres ou bâtons dans les arbres, d'y suspendre des écriteaux, enseignes, lanternes et autres objets, d'y tendre des cordes pour faire sécher le linge, des étoffes ou autres choses, d'y attacher des animaux, enfin de rien faire qui soit susceptible de nuire à la liberté et à la sûreté de la circulation et à la conservation des plantations.

» Art. 83. On ne pourra combler sans autorisation les fossés et cuvettes bordant les contre-allées.

» Défenses sont faites d'y jeter du fumier, des débris

de jardinage, ordures, immondices et autres matières,
et d'y faire écouler les eaux ménagères.

» Art. 84. Il est défendu d'arracher ni de dégrader
les barrières, poteaux, dalles, bornes, et généralement
tous objets quelconques établis pour la sûreté, l'utilité,
la décoration et l'agrément des boulevarts et promenades.

» Art. 85. Nul ne pourra établir, sans permission, des
échoppes, barraques, ni faire aucune construction fixe
ou mobile dans les contre-allées et quinconces des boulevarts et promenades.

» Les échoppes, barraques et autres constructions
existant en vertu d'autorisations ne pourront être augmentées ni même réparées sans une permission spéciale.

» Celles pour lesquelles il n'a point été délivré de
permission, seront supprimées dans le délai d'un mois.

Chapitre VII. *Dispositions générales.*

» Art. 86. Au moyen des dispositions ci-dessus,
l'ordonnance de police du 20 mai 1822, contenant les
mesures de précaution à prendre pour garantir la sûreté
de la circulation, est rapportée.

» Art. 87. Il est défendu de dégrader, détruire ou enlever les barrières, pieux, échafauds, réverbères, appliques ou lampions, et tous objets généralement quelconques établis par l'autorité ou par des particuliers, en
exécution de la présente ordonnance.

» Art. 88. Les contraventions seront constatées par
des procès-verbaux ou rapports, et poursuivies conformément aux lois et règlements, sans préjudice de la responsabilité civile.

» Art. 89. Toutes les fois que la liberté et la sûreté
de la voie publique seront compromises, soit par refus
de satisfaire aux obligations imposées, soit par négligence, les commissaires de police prendront administrativement, aux frais des contrevenants, les mesures nécessaires à l'effet de prévenir les accidents.

» Art. 90. Dans le cas où des matériaux et autres objets resteraient déposés sur la voie publique, contrairement à la présente ordonnance, ils seront immédiatement enlevés à la diligence des commissaires de police, et transportés provisoirement aux lieux de dépôt à ce destinés.

» Si les propriétaires sont connus, sommation leur sera faite de retirer lesdits objets dans le délai fixé par la sommation, tous frais faits par l'administration préalablement payés.

» Si les propriétaires sont inconnus, ou s'il n'a pas été déféré aux sommations, les objets seront dès lors considérés comme abandonnés, et seront vendus à la conservation des droits de qui il appartiendra.

» Art. 91. La présente ordonnance sera imprimée et affichée.

» Le commissaire chef de la police municipale, les commissaires de police, les officiers de paix, l'architecte-commissaire de la petite voirie, les inspecteurs généraux de la salubrité et de l'illumination, sont chargés, chacun en ce qui le concerne, d'en surveiller l'exécution.

» Elle sera adressée à M. le colonel commandant de la gendarmerie royale de Paris, pour le mettre à portée de concourir à son exécution.

» Il en sera envoyé des exemplaires à MM. les sous-préfets des arrondissements de Sceaux et de Saint-Denis, pour qu'ils les fassent afficher dans l'intérêt de ceux de leurs administrés qu'elle concerne.

§ III. *Des passages publics.*

L'interdiction des passages à ciel ouvert à Paris résulte d'anciens règlements dont l'administration s'appuie pour exiger de tout propriétaire qui veut ouvrir un passage au public sur son terrain, qu'il se munisse d'une autorisation préalable.

Une déclaration du roi du 29 janvier 1726 entre autres, a disposé en ces termes :

« ART. 2. Suivant les défenses portées par l'art. 4 et par l'art. 10 de notre déclaration du 18 juillet 1724, aucun propriétaire ne pourra percer ni ouvrir aucunes nouvelles rues dans l'étendue de notredite ville de Paris et de ses faubourgs, quand même lesdites nouvelles rues ne seraient ouvertes que par un bout, ou qu'elles n'auraient que des entrées obliques; ni bâtir dans l'intérieur d'un même terrain, quoique enclos de murs ou édifices, un nombre de maisons, quand même elles n'auraient quant à présent aucune issue sur des rues déjà formées, mais seulement sur une rue pratiquée dans l'intérieur dudit terrain ou enclos qui pourrait, par l'ouverture de la clôture dudit terrain, former dans la suite une rue publique, n'entendant néanmoins comprendre dans lesdites défenses les entrées des maisons ou avenues sur des rues déjà formées. »

Ordonnance de police concernant les passages sous les piliers des halles.

Du **18 février 1811**, approuvée par le ministre de l'intérieur le 2 mars suivant.

« Considérant, 1° que partout où le passage est livré au public sur des propriétés particulières, cette faculté résulte, soit d'une servitude imposée aux propriétés, soit du consentement volontaire des propriétaires;

» 2° Que, dans le premier cas, le passage étant de droit la portion de propriété sur laquelle il est réservé, se trouve aussi de droits soumis, sous ce rapport, à tous les règlements concernant la liberté de la voie publique:

» 3° Que, dans le second cas, le passage est toujours accordé au public dans l'intérêt des propriétaires et de leurs locataires;

» Qu'en se dessaisissant ainsi en faveur du public et dans leur intérêt de l'usage d'une partie de leur propriété, en la convertissant, soit temporairement, soit invariablement en voie publique, les propriétaires contractent de fait, envers le public et l'autorité, l'engagement d'en garantir la liberté et la sûreté;

» Qu'à l'instant où cet engagement est violé, l'autorité, dans l'intérêt de la sûreté publique, a droit d'interdire le passage en laissant les propriétaires maîtres de reprendre en entier l'usage et la possession de leurs propriétés.

» Considérant que les propriétaires et locataires des maisons situées sur et en arrière des piliers de la Tonnellerie et des piliers des Potiers d'étain, tout en laissant sous la galerie formée par les piliers une apparence de passage au public, ont, pour la plupart, restreint et obstrué ce passage, de manière que la circulation est très-gênée et que la sûreté publique y est compromise presqu'à chaque pas;

» Considérant que si les arrêts contradictoires du conseil, des 15 janvier 1675 et 2 octobre 1677, abandonnent aux propriétaires desdites maisons la propriété et jouissance des places situées entre les piliers et la façade du rez-de-chaussée, à l'exception de celle de la Cossonnerie, dont la propriété est restée au domaine, aux termes de l'arrêt du 2 octobre 1677, lesdits propriétaires ont néanmoins consenti à livrer au public un passage invariable de jour et de nuit sous lesdites galeries, passage dont il résulte d'ailleurs le plus grand avantage pour eux, attendu la valeur qu'il donne à leurs propriétés;

» Qu'en conséquence des principes précédemment établis, ce passage doit, d'une part, avoir une largeur suffisante pour la circulation, de l'autre, être dégagé de tous les objets qui pourraient en embarrasser l'usage et le rendre dangereux pour le public, faute de quoi l'autorité serait obligée d'en ordonner la clôture, malgré le désavantage qui pourrait en résulter pour les propriétaires.

» Ordonnons ce qui suit :

» Art. 1er. A partir de la rue Saint-Honoré jusqu'à la pointe Saint-Eustache, il sera laissé entre l'alignement des piliers de la Tonnellerie et celui de la façade du rez-de-chaussée des maisons construites sur ces piliers, un espace de trois mètres de largeur pour l'usage du public.

» Art. 2. Cet espace sera mesuré à compter du nu du mur de face du rez-de-chaussée.

» Art. 3. A partir de la pointe Saint-Eustache jusqu'à la rue Pirouette, l'espace compris entre les piliers et la façade du rez-de-chaussée.

» Art. 4. A partir de la rue Pirouette jusqu'à la rue de la Cossonnerie, l'espace compris entre le second rang des piliers et la façade du rez-de-chaussée restera entièrement libre.

» Art. 5. Il est défendu, soit aux propriétaires et locataires des maisons et boutiques situées sous les piliers et sous leurs galeries, soit aux propriétaires, locataires, tenanciers et usagers des places situées entre les piliers, d'anticiper, sous quelque prétexte que ce soit, sur les espaces réservés au passage public, et d'obstruer ce passage de quelque manière que ce soit, sous les peines portées aux lois et règlements en cette partie.

» Art. 6. Les propriétaires, locataires, tenanciers et usagers seront tenus, dans le délai du 1er avril prochain, de supprimer toutes les saillies fixes qu'ils auraient établies sur les espaces réservés au passage public par la présente ordonnance.

» Art. 7. Tout propriétaire qui se refusera à laisser

au public le passage prescrit par la présente ordonnance, sera tenu, dans les vingt-quatre heures de la sommation qui lui en sera faite, d'enclore les travées situées au-devant et au-dessous de sa propriété, sinon il y sera pourvu d'office et à ses frais. »

Ordonnance de police concernant les passages ouverts au public sur les propriétés particulières.

Du 20 août 1811.

« Vu 1° notre ordonnance du 20 novembre 1810, concernant les passages sous les galeries du Palais-Royal;

» 2° Celle du 18 février 1811, relative au passage sous les piliers des halles, approuvée par le ministre de l'intérieur le 2 mars suivant :

» Considérant que les principes qui ont dicté les susdites ordonnances s'appliquent évidemment à tous les passages ouverts au public sur des propriétés particulières; que dans la plupart de ces passages la circulation est entravée par des dépôts de meubles et par des étalages de toutes espèces des marchands et boutiques;

» Considérant que cet abus, qui est surtout très-sensible dans les passages couverts, où il règne toujours plus ou moins d'obscurité, doit être réprimé sans délai;

» Ordonnons ce qui suit :

» ART. 1er. Il est défendu d'établir aucune devanture de boutique *saillante*, de former aucun dépôt de meubles ou effets, ni aucun étalage *fixe ou mobile* de marchandises hors des boutiques situées dans les passages publics *qui ont moins de deux mètres et demi de largeur.*

» Les devantures de boutiques actuellement existantes ne pourront être réparées.

» Les étalages mobiles seront supprimés sur-le-champ.

» Art. 2. Les propriétaires ou locataires de boutiques situées dans des passages de *deux mètres et demi*
à trois mètres de largeur *et au-dessus,* ne pourront,
dans aucun cas, établir d'une manière fixe, même mobile, aucune devanture, fermeture, étalage, enseigne, montre, lanterne, tableau ou écusson, faisant
saillie de plus de seize centimètres en avant du corps du
bâtiment dans lequel sont situées les boutiques.

» Toute devanture actuellement existante, dont la
saillie serait de plus de seize centimètres, ne pourra être
réparée.

» Tout étalage et autres saillies mobiles ayant plus de
seize centimètres seront retirés de suite.

» Art. 3. Il est défendu aux propriétaires ou locataires, de quelque profession qu'ils soient, de gêner ou
embarrasser les passages dont il s'agit, soit par des dépôts de marchandises, soit par des ateliers de travail
autres que ceux nécessaires à la réparation des bâtiments du passage.

» Il est également défendu d'y placer des bancs, chaises, tréteaux, comptoirs et tous autres objets de telle
nature que ce soit, qui pourraient gêner la circulation.

» Art. 4. Les marchands établis dans les passages ne
pourront induire de la présente ordonnance le droit de
faire un étalage à l'extérieur de leurs boutiques, s'ils
n'en ont obtenu l'agrément des propriétaires.

» Dans tous les cas, ils seront tenus de se conformer aux dispositions des articles ci-dessus qui les concernent.

» Art. 5. Les propriétaires ou locataires tiendront
en bon état le sol des passages ; ils auront soin en outre de les faire balayer et éclairer, et de les tenir fermés
le soir aux heures prescrites par les règlements.

» Art. 6. En cas de contravention, les commissaires
de police et l'architecte-commissaire de la petite voirie,

sont autorisés, en vertu de la présente ordonnance, et sans qu'il en soit besoin d'autre, à faire démolir les devantures de boutiques et enlever les étalages et saillies mobiles, et ce aux frais des contrevenants; ils dresseront des procès-verbaux, qu'ils nous transmettront sans retard; le tout sans préjudice des poursuites à exercer devant les tribunaux, conformément au *Code des délits et des peines* et *sauf la fermeture des passages s'il y a lieu.*

» ART. 7. À l'avenir aucun passage ne sera ouvert au public sur des propriétés particulières, qu'en vertu d'une permission du préfet de police »

Ordonnance de police concernant les passages et galeries du Palais-Royal.

Du 16 août 1819.

« Considérant, 1° que les galeries du Palais-Royal sont un passage livré au public;

» Que cette destination est établie par les termes exprès des contrats de vente des maisons situées au pourtour du jardin; qu'en conséquence les propriétaires et locataires de ces maisons sont, de droit, assujettis aux lois et règlements relatifs à la liberté et à la sûreté de la voie publique;

» Qu'indépendamment de ces lois et règlements, ils sont, par leurs contrats, assujettis à des conditions particulières qui tendent au même but;

» Que notamment il leur est interdit d'établir des devantures, étalages, tableaux et autres saillies qui excèdent l'arrière-corps des pilastres;

» De ne faire aucun usage de l'autre face intérieure des galeries;

» Que ces conditions se rattachent aux lois et règlements concernant la petite voirie;

» 2° Qu'au mépris des règlements généraux de police

concernant la liberté et la sûreté de la voie publique, et des conditions énoncées aux contrats de vente, le plus grand nombre des propriétaires ou locataires des boutiques situées sous les galeries et péristyles ou pourtour du jardin, se sont permis de faire des devantures dont la saillie excède considérablement l'arrière-corps des pilastres;

» Que d'autres se sont permis et se permettent journellement d'établir des étalages, montres, tableaux et autres objets, dont la saillie gêne la circulation ou peut occasionner des accidents;

» 3° Que les mêmes inconvénients ont lieu dans les galeries de bois, dans la galerie vitrée, et dans tous les passages aux abords du palais, du Théâtre-Français et du jardin;

» 4° Que le sol des galeries et passages n'est pas balayé avec l'exactitude que prescrivent les règlements, et que l'on néglige la réparation des enfoncements qui s'y forment;

» 5° Que l'on dépose sur les fenêtres des maisons donnant sur les jardins, galeries et passages des pots à fleurs, vases et autres objets pouvant nuire par leur chute;

» 6° Que dans les galeries de bois, les locataires des boutiques ne prennent point les précautions nécessaires pour éviter l'incendie :

» Vu la loi des 16-24 août 1790, titre XI, § 1er et 5;

» L'article 471, § 3, 4, 5 et 6 du Code pénal;

» Les ordonnances de police des 30 avril 1808, 20 novembre 1810 (1) et 20 août 1811, concernant les galeries du Palais-Royal et les passages livrés au public sur les propriétés particulières; celles des 1er avril 1818 et 18 mars dernier, concernant les caisses et pots à fleurs;

---

(1) Nous avons cru inutile de rapporter ces deux actes, dont les dispositions sont entièrement reproduites dans celui-ci.

» Celle du 15 novembre 1781 sur les incendies, maintenue par l'article 484 du Code pénal, etc.,

» Ordonnons ce qui suit :

» *Galeries de pierre autour du jardin.*

» Art. 1ᵉʳ. À l'avenir et à compter du jour de la publication de la présente ordonnance, il est défendu d'établir sous les péristyles et galeries de pierre au pourtour du jardin du Palais-Royal aucune devanture de boutique en saillie sur l'arrière-corps des pilastres.

» Art. 2. Les devantures de boutiques excédant l'arrière-corps des pilastres seront retranchées et réduites à l'alignement prescrit lorsqu'il sera fait une réparation quelconque auxdites devantures ou lorsqu'il y aura changement de locataires.

» Dans aucun cas, elles ne pourront subsister au delà de neuf années, à dater de la promulgation de la présente ordonnance.

» Art. 3. Dans un mois, à dater de la même promulgation, seront retirés tous étalages, tableaux, montres, enseignes et autres saillies mobiles excédant les devantures de boutiques, et qui gênent la circulation ou peuvent occasionner des accidents.

» Seront également supprimés et enlevés, dans le même délai, tous objets quelconques appliqués contre les murs de face des galeries opposées aux boutiques et présentant les mêmes inconvénients.

» *Galerie vitrée, galeries de bois et passages aux abords du palais, du Théâtre-Français et du jardin.*

» Art. 4. Les propriétaires, principaux locataires et sous-locataires des boutiques situées dans les galeries de bois, dans la galerie vitrée et dans tous les passages de deux mètres et demi de largeur pratiqués aux abords du palais, du Théâtre-Français et du jardin, ne pourront, en aucun cas, établir d'une manière fixe ni même mobile des devantures, fermetures, étalages, enseignes, montres, tableaux ou autres objets faisant saillie de plus de seize centimètres en avant du corps de bâtiment dans lequel sont formées lesdites boutiques.

» Il est défendu d'établir aucune devanture de boutique saillante, de former aucun étalage fixe ou mobile hors des boutiques situées dans ceux desdits passages qui ont moins de deux mètres et demi de largeur.

» Art. 5. Les devantures de boutiques actuellement existantes dans les lieux indiqués § 1ᵉʳ de l'article précédent, et faisant saillie de plus de seize centimètres, seront retranchées et réduites à cette saillie lorsqu'il sera fait une réparation quelconque auxdites devantures ou lorsqu'il y aura changement de locataires.

» Les devantures de boutiques actuellement existantes dans les passages indiqués au 2ᵉ § du même article, seront retranchées et retirées au niveau des murs de face, sans aucune saillie, lorsqu'il sera fait une réparation quelconque auxdites devantures ou lorsqu'il y aura changement de locataires.

» Dans aucun cas, les unes ni les autres ne pourront subsister au-delà de neuf années.

» Art. 6. Dans un mois, à dater également de la même promulgation, seront retirés tous étalages, enseignes, tableaux, montres et autres saillies mobiles quelconques excédant de plus de seize centimètres le corps du bâtiment ou les devantures actuellement existantes dans les galeries et passages de deux mètres et demi de largeur et au-dessus.

» Les mêmes objets établis en saillie dans les galeries et passages seront supprimés et enlevés dans le même délai, quelle qu'en soit la saillie.

» Art. 7. Il est expressément défendu aux principaux locataires et sous-locataires des boutiques situées dans les galeries de bois de faire ou souffrir du feu dans lesdites boutiques en quelque saison que ce soit, et d'y placer ou souffrir poêle, fourneau ou foyer d'aucune espèce.

» *Dispositions générales.*

» Art. 8. Il est défendu de faire sous les galeries et péristyles, au pourtour du jardin, sous les galeries de bois et vitrées, et dans les passages aux abords du palais, du Théâtre-Français et du jardin, aucun dépôt de marchandises, d'y faire travailler, si ce n'est aux réparations des bâtiments, d'y placer des tables, chaises ou autres objets qui pourraient gêner la circulation.

» Art. 9 Il est défendu de déposer sur les croisées, terrasses, entablements donnant sur les jardins, galeries et passages, des caisses, pots à fleurs, vases et autres objets qui peuvent nuire par leur chute.

» Art. 10. Les propriétaires, principaux locataires des maisons et boutiques existant sous les galeries et passages ci-dessus indiqués, sont tenus de balayer ou faire balayer tous les jours, chacun en droit soi, et aux heures prescrites par les règlements, le sol desdites galeries et passages, et de porter ou faire porter dans les rues adjacentes les ordures provenant du balayage.

» Art. 11. Les propriétaires de ces maisons seront également tenus, chacun pour ce qui le concerne, de faire réparer avec soin les enfoncements et autres dégradations qui surviendront au sol desdites galeries et passages à l'effet de prévenir les accidents. »

Ordonnance de police relative aux galeries des rues Castiglione et de Rivoli.

15 octobre 1823.

« Considérant, 1° que les galeries des rues Castiglione et de Rivoli sont un passage livré au public ;

» Que cette destination est établie par les termes exprès des contrats de vente des terrains sur lesquels on a construit les maisons riveraines desdites rues ;

» Qu'en conséquence les propriétaires et locataires de ces maisons sont, de droit, assujettis aux lois et règlements relatifs à la sûreté et à la liberté de la voie publique ;

» Qu'indépendamment de ces lois et règlements, ils sont assujettis, par leurs contrats, à des conditions particulières qui tendent au même but ;

» Que notamment il leur est interdit de mettre aucune peinture, écriteau ou enseigne sur les façades ou portiques des maisons, et qu'ils sont tenus de laisser libre et publique, dans tous les temps de l'année, et à perpétuité, la galerie, sans pouvoir, sous aucun prétexte, en interrompre la libre circulation, ni ériger de plancher à la hauteur de ceux de l'entresol ;

» 2° Qu'au mépris des règlements généraux de police concernant la liberté et la sûreté de la voie publique, et des conditions énoncées aux contrats de vente, des propriétaires ou locataires des boutiques situées sous les galeries se sont permis et se permettent d'établir des étalages, montres, tableaux et autres objets en saillie, et que d'autres, occupant les logements supérieurs, ont également établi des tableaux ou autres objets en saillie des murs de face donnant immédiatement sur les rues Castiglione et de Rivoli ;

» Vu la loi du 16-24 août 1790, titre XI, § 1er ;

» L'art. 471, § 3, 4, 5 et 6 du Code pénal ;

» L'ordonnance de police du 20 août 1811 et 16 août 1819, concernant les galeries du Palais-Royal et les passages livrés au public sur des propriétés particulières ;

» En vertu de l'arrêté du gouvernement du 12 messidor an VIII (1er juillet 1800) ;

» Art. 1er. Il est défendu d'établir sous les galeries des rues Castiglione et de Rivoli des devantures de boutiques, tableaux, montres, enseignes, étalages ou autres objets en saillie du nu des murs de face intérieurs des galeries, et d'appliquer contre les murs de face des galeries opposées aux boutiques, aucun objet quelconque pouvant gêner ou restreindre la liberté de la circulation ou occasionner des accidents.

» Il est pareillement défendu d'établir aucun objet en saillie du nu des murs de face extérieurs donnant immédiatement sur les rues de Castiglione et de Rivoli.

» Dans huit jours, à compter de la promulgation de la présente ordonnance, seront supprimés et enlevés toute espèce d'objets en saillie, établis contrairement aux dispositions de l'article précédent.

» Il est défendu de faire sous les galeries dont il s'agit aucun dépôt de marchandises, d'y faire travailler, si ce n'est aux réparations des bâtiments, d'y placer des tables, chaises ou tous autres objets qui pourraient gêner la circulation. »

Les articles qui suivent reproduisent textuellement les dispositions des articles 9, 10 et 11 de l'ordonnance précédente.

Nous devons ajouter ici que, selon la jurisprudence adoptée par le ministère de l'intérieur, tout propriétaire a le droit d'ouvrir un passage sur son terrain, *pour les gens de pied*, en se conformant d'ailleurs aux règlements de police, auxquels ces sortes de communications sont soumises.

SECTION III.

PROPRETÉ ET SALUBRITÉ.

§ Ier. *Du nettoiement des rues.*

Ordonnance de police.

Du 22 septembre 1600.

« ART. 21. Sont faites défenses à tous charretiers menant et conduisant terreaux, vidanges de privés, boues

et autres immondices, de décharger ailleurs qu'ès fosses et voirie à ce destinées, et où il leur sera commandé.....
à peine de confiscation des chevaux, charrettes et harnois, de deux écus d'amende et de prison.

» Art. 22. Comme aussi sont faites défenses à toutes personnes de jeter aucunes eaux, immondices ni ordures par les fenêtres èsdites rues et voies, tant de jour que de nuit, à peine de deux écus d'amende et de prison. »

Arrêt du parlement relatif au nettoiement de la capitale.

Du 30 avril 1663.

« Art. 10. Seront tenus les bourgeois de faire nettoyer et balayer devant leurs portes, lorsque les tombereaux (*des entrepreneurs du nettoiement*) y seront arrêtés, et les voituriers, charretiers et conducteurs chargeront tant lesdites boues et immondices qu'ils trouveront dans les rues, que celles qui leur seront apportées des maisons dans des mannequins, paniers et autres vaisseaux, qu'ils seront tenus de charger dans lesdits tombereaux avant lesdites boues, et afin que lesdits bourgeois soient avertis de l'heure et temps que passeront lesdits tombereaux, seront les entrepreneurs tenus de faire attacher une clochette à chacun de leurs tombereaux, sous peine de cent livres d'amende.....

» Art. 15. A ordonné et ordonne à tous laboureurs, vignerons, jardiniers et autres personnes qui feront charger des fumiers pour les emporter sur chariots, charrettes ou bêtes de somme hors ladite la ville de Paris ou ailleurs, de faire clore et clisser d'osier ou autrement leursdits chariots, charrettes, crochets ou paniers de somme, en sorte qu'il n'en puisse tomber ni être répandu par les rues; et à cette fin chargeront lesdits chariots, charrettes ou paniers de somme, en sorte que lesdits fumiers ne puissent déborder de plus d'un pied au-dessus, et sans en laisser de reste aux lieux où ils les chargeront. Enjoint à eux de nettoyer et balayer la place où ils les auront chargés, et d'emporter les balayures dans leurs chariots, charrettes ou paniers de somme.

» ART. 16. Comme aussi aux propriétaires des maisons, architectes, jurés ès œuvres de maçonnerie et tous autres entrepreneurs de bâtiments, appareilleurs, tailleurs de pierres, couvreurs, charpentiers et toutes autres personnes généralement qui travaillent à la construction de toutes sortes de bâtiments, de faire emporter les vidanges, terres, gravois, vieux plâtres, recoupures et taillures de pierres, ardoises et tuileaux provenant de couvertures, et tous décombrements généralement quelconques, en l'une des décharges qui leur sont ordonnées par chacun quartier hors ou dans ladite ville et faubourgs, vingt-quatre heures après qu'il les aura fait mettre sur le pavé, et ce dans des tombereaux bien clos d'ais, à peine contre les contrevenants de trente livres d'amende, et sera loisible à l'entrepreneur du nettoiement en chacun quartier, les vingt-quatre heures passées, faire emporter aux dépens desdits architectes, jurés ès œuvres de maçonnerie, maîtres maçons, charpentiers, couvreurs ou propriétaires desdites maisons, appareilleurs et tailleurs de pierres, lesdites démolitions, terres, gravois, vieux plâtre, recoupures, taillures de pierres, ardoises et tuileaux, et toutes autres vidanges ; lesquels ouvriers et propriétaires seront contraints, par saisie et vente de leurs biens en vertu du présent arrêt, au payement de ce qu'il aura coûté auxdits entrepreneurs pour lesdites vidanges.

» ART. 18. Tous les bourgeois et habitants de ladite ville et faubourgs de Paris, de quelqu'état, qualité et condition qu'ils soient, tant des grandes et principales rues que des médiocres et petites ruelles et autres chemins et passages qui y ont issue, feront nettoyer au balai devant leurs maisons, suivant leur étendue, tous les jours à leur logis, les boues, ordures et autres immondices, ou bien les mettre dans un panier ou autre chose, en attendant que les tombereaux passent, sans pouvoir faire avaler aucune boue dans le ruisseau en temps de pluie ou autrement; pousser ou faire pousser aval celles qui pourront être poussées dans le ruisseau ou ailleurs, par leurs gens ou domestiques, à peine de vingt-quatre livres parisis d'amende; même, en cas de contravention, permis d'emprisonner lesdits domestiques contrevenants; et seront tenus lesdits bourgeois et habitants faire jeter par chacun jour deux seaux d'eau pour le moins sur le pavé et ruisseau étant devant leurs maisons, afin que lesdits ruisseaux ne soient empêchés ni encombrés à l'endroit de leursdites maisons, et que les immondices ne s'y puissent arrêter, et ce à peine de dix sous d'amende contre chacun bourgeois, lesquelles amendes seront employées pour faire nettoyer lesdites rues au balai par lesdits entrepreneurs.

» ART. 19. A fait inhibitions et défenses à toutes personnes, de quelqu'état et condition qu'elles soient, de jeter, faire ou souffrir jeter dans les rues aucune immondice, cendre de lessive, paille, gravois, terreaux, tuileaux, ardoises, raclures de cheminées, fumiers ni quelques autres ordures que ce soit, sous peine de huit livres d'amende payable....... savoir, moitié aux entrepreneurs du nettoiement desdites rues, et l'autre moitié au dénonciateur, et seront à cette fin bouchés dans huitaine tous les trous des écuries par lesquels on vide le fumier dans les rues à peine...... de vingt-quatre livres d'amende....... défenses de plus à l'avenir donner de permissions de faire lesdites fenêtres et trous à fumier dedans les rues grandes et petites, lors de la construction des bâtiments, à peine de cent livres parisis d'amende, et seront les maîtres des maisons au-devant des-

quelles lesdites ordures auront été trouvées, contraints
au payement de ladite amende, encore que ce fussent
valets, domestiques ou autres qui eussent jeté lesdites
ordures, du fait desquels ils demeureront responsables.

» Art. 20. Enjoint à tous chefs d'hôtel, propriétaires
et locataires de maisons, de faire porter et jeter les ordures de leurs maisons dans les tombereaux lorsqu'ils
passeront par les rues pour les recevoir.

» Art. 21. A fait et fait inhibitions et défenses à toutes personnes de jeter par les fenêtres aucunes urines ou
autres ordures de quelque nature qu'elles soient, ne
garder dans leurs maisons aucunes eaux croupies, gâtées
ou corrompues, aussi leur enjoint d'icelles vider sur le
pavé des rues et y jeter à l'instant un ou deux seaux
d'eau claire.

» Art. 22. Et attendu l'infection et mauvais air que
cause la nourriture des porcs, pigeons et lapins en cette
ville et faubourgs de Paris et les inconvénients qui en
peuvent arriver, ladite cour a fait très-expresses inhibitions et défenses, à toutes personnes de quelque qualité et condition qu'elles soient, d'avoir en leurs maisons
és dite ville et faubourgs aucuns porcs, pigeons et lapins
à peine de trente livres parisis d'amende et de confiscation.

» Art. 23. Enjoint à tous propriétaires de maison,
où il n'y a ni fosse ni retraite, d'y en faire incessamment
et sans délai.

» Art. 24. A fait et fait inhibitions et défenses à tous
pourvoyeurs, cabaretiers, pâtissiers, cuisiniers et autres
personnes, de jeter par les rues aucuns poils, plumes,
tripailles, boyaux et autres vidanges provenant de leur
vocation.

» Art. 25. Fait défenses à tous affineurs, orfèvres,
maréchaux, serruriers, couteliers, taillandiers, armu-
riers, selliers, bourreliers, tailleurs et à tous autres ouvriers généralement quelconques, de jeter dans les rues

aucunes ordures, mâchefer, cendres et autres choses provenant de leurs métiers, ains les jetteront dans les tombereaux lorsqu'ils passeront.

» Art. 26. Tous sculpteurs et faiseurs d'images seront tenus de travailler dans leurs boutiques, au dedans de leurs cours et non dedans les rues, avec défense d'y jeter les recoupes de leurs pierres et marbres, ni de laisser leurs marbres et pierres plus de deux fois vingt-quatre heures, pour ne point empêcher la voie publique, à peine de confiscation d'icelles et de vingt-quatre livres parisis d'amende envers l'entrepreneur du nettoiement.

» Art. 27. Défenses à tous bouchers, tueurs de porcs, harangères, vendeurs de poissons frais, sec et salé, de jeter aucunes tripailles, boyaux, sang de bestiaux, rognure de moules, ni autres choses dans lesdites rues et dans les égouts de la ville, ni même dans les voiries destinées audit nettoiement, ains les porteront ou les feront porter dans les fosses ordonnées pour cet effet; et pareillement a fait défenses à tous jardiniers, fruitiers et autres personnes de jeter dans lesdites rues aucunes écosses de pois ni de fèves. Ains seront tenus de les serrer dans des paniers et mannequins pour les vider dans des tombereaux qui passeront dans lesdites rues, destinés pour le nettoiement d'icelles: le tout à peine de dix livres d'amende..... »

Ordonnance de police qui renouvelle les anciens règlements au sujet des contraventions de police les plus fréquentes.

Du 26 juillet 1777.

« Art. 6. Ordonnons que, pendant l'été et dans les temps de chaleur, les bourgeois et habitants de cette ville et faubourgs arroseront ou feront arroser le devant de leurs portes deux fois par jour: savoir, à dix heures du matin et à trois heures après-midi, en observant toutefois de n'arroser qu'à la distance de deux pieds ou environ des murs de leurs maisons et bâtiments, et de ne pas prendre pour ledit arrosement de l'eau croupissant dans les ruisseaux. »

Ordonnance de police concernant le balayage et nettoiement devant les maisons, cours, jardins et autres emplacements de la ville et des faubourgs de Paris.

Du 8 novembre 1780.

« Art. 1er. Tous les bourgeois et habitants de la ville et faubourgs de Paris, de quelqu'état et condition qu'ils soient, seront tenus de faire balayer régulièrement au-devant de leurs maisons, cours, jardins et autres emplacements dépendant des lieux qu'ils occupent, jusqu'au ruisseau même, moitié des chaussées tous les matins à sept heures en été et avant huit heures en hiver, et de relever les ordures et immondices à côté des murs de leurs maisons, et d'en faire des tas, afin que l'entrepreneur du nettoyement puisse les enlever ; leur défendons de sortir les ordures provenant de leurs maisons et de les déposer sur la rue après le passage des voitures de l'enlèvement ; leur enjoignons, conformément à l'article 18 de l'arrêt de règlement du 30 avril 1663, de faire jeter, après le balayage, deux seaux d'eau au moins sur le pavé et ruisseau étant au-devant de leurs maisons, afin d'entretenir le libre écoulement des ruisseaux.

» Art. 2. Seront pareillement tenus lesdits habitants, dans les temps de neige et de gelée, de relever les neiges, de rompre et casser les glaces qui seront au-devant de leurs maisons et dans le ruisseau, de les mettre par tas le long des murs de leurs maisons, sans pouvoir porter celles de leurs cours dans les rues avant le dégel, et généralement de satisfaire à tout ce qui sera ordonné concernant le nettoiement des rues par des extraits et ordonnances de police indicatifs du genre d'ouvrage que la variété de temps pourra exiger, lesquels extraits seront affichés partout où besoin sera, afin que personne n'en puisse prétendre cause d'ignorance, le tout à peine de cinquante livres d'amende pour chaque contravention au présent article et au précédent, et de plus grande si le cas y écheait; pourront même, dans les cas de contravention, les suisses, portiers et autres domestiques être emprisonnés conformément à la disposition de l'art. 18 dudit arrêt du parlement, du 30 avril 1663.

» Art. 3. Défendons pareillement à tous particuliers, de quelqu'état et condition qu'ils soient, de jeter ni souffrir qu'il soit jeté dans les rues aucune ordure de jardin, feuilles, immondices, cendres de lessive, ardoises, tuiles, tuileaux, raclures de cheminées, gravois, ni d'y mettre ou faire mettre aucun fumier ni autres ordures de quelqu'espèce qu'elles puissent être, à peine de vingt livres d'amende pour chaque contravention, et de plus grande en cas de récidive.

» Art. 6. En ce qui concerne les ateliers des maçons et entrepreneurs de bâtiments, renouvelons les défenses faites de faire porter dans les rues et places de cette ville une plus grande quantité de matériaux que ce qu'ils pourront employer dans le cours de trois jours, ou d'une semaine au plus, ainsi que les précautions de faire balayer les ateliers et relever les recoupes tous les jours et avant la fin du travail des ouvriers, comme aussi de les faire enlever trois fois au moins par semaine, le tout à peine de cinq cents livres d'amende.

» Art. 7. Seront tenus ceux qui auront chez eux des gravois, poteries, bouteilles cassées, verres à vitres, morceaux de glace ou vieilles ferrailles, de les rassembler dans des paniers ou autres ustensiles, pour les porter dans la rue, et les mettre dans un tas séparé de celui des boues, sans pouvoir les mêler avec lesdites boues ni les jeter par les fenêtres, le tout à peine de cent livres d'amende pour la première fois, et de plus grande en cas de récidive.

» ART. 8. Faisons défenses à tous particuliers, de quelqu'état et condition qu'ils soient, de jeter par les fenêtres, tant de jour que de nuit, aucunes eaux, urines, matières fécales et autres ordures, de quelque nature qu'elles puissent être, à peine de trois cents livres d'amende, dont les maîtres seront responsables pour leurs domestiques, et les marchands et artisans pour les apprentis et compagnons. »

Ordonnance de police concernant l'arrosement.

Du 30 juillet 1820. (Elle se renouvelle tous les ans.)

« ART. 1er. A compter de ce jour, et pendant tout le temps que dureront les chaleurs, les habitants de Paris arroseront à *dix heures* du matin et à *deux heures* après midi, la partie de la voie publique au-devant de leurs maisons, boutiques, jardins et autres emplacements en dépendant ; ils feront écouler les eaux des ruisseaux pour en éviter la stagnation.

» ART. 2. Il est défendu de se servir de l'eau stagnante des ruisseaux pour l'arrosement.

» ART. 3. Les sonneurs pour le balayage seront tenus de parcourir, aux deux heures ci-dessus indiquées, les rues des quartiers auxquels ils sont attachés, pour avertir les habitants d'arroser.

» ART. 4. Les commissaires de police dresseront des procès-verbaux de contravention, et feront faire l'arrosement aux frais des contrevenants, qui seront en outre poursuivis conformément aux lois. »

Ordonnance de police concernant le balayage des rues de Paris.

Du 26 janvier 1821.

« ART. 1er. Les propriétaires ou locataires sont tenus de faire balayer régulièrement, *tous les jours*, au-devant de leurs maisons, boutiques, cours, jardins et autres emplacements.

» Le balayage sera fait à partir du ruisseau, *dans les rues à deux pavés ;* les boues et immondices seront mises en tas près des bornes.

» *Dans les rues à chaussées,* le balayage sera fait depuis *le milieu de la chaussée ;* les boues et immondices seront mises en tas *le long des ruisseaux du côté de la chaussée.*

» Nul ne pourra pousser les boues et immondices devant la propriété de ses voisins.

» Art. 2. Le balayage sera terminé tous les jours à huit heures du matin, depuis le 1ᵉʳ octobre jusqu'au 1ᵉʳ mars, et à sept heures depuis le 1ᵉʳ mars jusqu'au 1ᵉʳ octobre.

» Art. 4. Il est défendu de brûler de la paille dans les rues et sur aucun point de la voie publique, à peine d'amende. (Art. 6 de l'ordonnance de police du 15 novembre 1781, maintenu par l'art. 484 du Code pénal.)

» Art. 5. Il est également défendu de déposer dans les rues aucunes ordures et immondices provenant de l'intérieur des maisons, après le passage des voitures de nettoiement, sous les peines portées par les règlements.

» Art. 6. Les verres, les bouteilles cassées, les morceaux de glace, de poterie, de faïence, etc., seront déposés le long des maisons séparément des boues et immondices.

» Art. 7. Il est défendu de rien jeter par les fenêtres et croisées.

» Art. 8. Il est défendu de déposer des terres et gravois au-devant des maisons après deux heures de relevé.

» Les terres et gravois déposés au-devant des maisons devront être enlevés dans le jour.

» En cas de négligence, les commissaires de police les feront enlever aux frais des propriétaires.

» ART. 12. Ceux qui transportent du fumier-litière seront tenus de le contenir sur leurs charrettes par des bannes.

» ART. 13. Dans les temps de neige et de gelée, les propriétaires ou locataires seront tenus de balayer la neige et de casser les glaces au-devant de leurs maisons, boutiques, cours, jardins et autres emplacements, jusques et y compris la moitié de la rue, et ils mettront les neiges et glaces en tas, en se conformant à ce qui est prescrit par l'art. 1er relativement aux boues et immondices.

» En cas de verglas, ils jetteront des cendres, du sable et des gravois.

» ART. 14. Il est défendu de déposer dans les rues aucunes neiges et glaces provenant des cours ou de l'intérieur des habitations, sous les peines prononcées par les règlements.

» ART. 15. Il est défendu aux propriétaires ou entrepreneurs de bains et autres établissements, tels que teinturiers, blanchisseurs, etc., qui emploient beaucoup d'eau, de laisser couler sur la voie publique les eaux provenant de leur établissement pendant les gelées.

» ART. 16. Les concierges, portiers ou gardiens, des établissements publics et maisons domaniales sont personnellement responsables de l'exécution des dispositions ci-dessus, en ce qui concerne les établissements et maisons auxquels ils sont attachés. »

Ordonnance de police concernant le balayage et la propreté de la voie publique.

Du 27 mars 1834.

« Nous, conseiller d'état, préfet de police,

» Vu l'article 3 du titre II de la loi des 16-24 août 1790 ;

» Vu les articles 2 et 22 de l'arrêté du gouvernement du 1er juillet 1800 (11 messidor an VIII);

» Vu l'article 471 du Code pénal;

» Considérant qu'il est utile de rappeler fréquemment aux habitants les obligations qui leur sont imposées pour assurer le maintien de la propreté de la voie publique;

» Ordonnons ce qui suit :

» Art. 1er. Les propriétaires ou locataires sont tenus de faire balayer complétement, chaque jour, la voie publique au-devant de leurs maisons, boutiques, cours, jardins et autres emplacements.

» Le balayage sera fait jusqu'aux ruisseaux, dans les rues à chaussée fendue.

» Dans les rues à chaussée bombée et sur les quais, le balayage sera fait jusqu'au milieu de la chaussée.

» Les boues et immondices seront mises en tas; ces tas devront être placés de la manière suivante, selon les localités :

» Savoir. Dans les rues sans trottoirs, auprès des bornes; dans les rues à trottoirs, le long des ruisseaux du côté de la chaussée, si la rue est à chaussée bombée, et le long des trottoirs, si la rue est à chaussée fendue.

» Nul ne pourra pousser les boues et immondices devant les propriétés de ses voisins.

» Art. 2. Le balayage sera fait entre six heures et sept heures du matin depuis le 1er avril jusqu'au 1er novembre, et entre sept et huit heures du matin depuis le 1er novembre jusqu'au 1er avril.

» En cas de négligence, les commissaires de police et le directeur de la salubrité feront balayer d'office, aux frais des propriétaires ou locataires, sans préjudice des peines encourues

» Art. 3. En outre du balayage prescrit par l'art. 1er, les propriétaires ou locataires sont tenus de faire gratter, laver et balayer chaque jour les trottoirs existant au-devant de leurs maisons, aux heures fixées par l'article précédent.

» Cette disposition est applicable aux dalles établies

dans les contre-allées des boulevarts ; les propriétaires ou locataires sont tenus de les faire gratter, laver et balayer chaque jour ; les boues et ordures provenant de ce balayage seront mises en tas sur la chaussée pavée, le long des ruisseaux.

» Art. 4. Dans les rues à chaussée bombée, chaque propriétaire ou locataire doit tenir libre le cours du ruisseau au-devant de sa maison ; dans les rues à chaussée fendue, il y pourvoira conjointement avec le propriétaire ou locataire qui lui fait face.

» Pour prévenir les inondations par suite de pluies ou de dégel, les habitants, devant la propriété desquels se trouvent des grilles d'égout, les feront dégager des ordures qui pourraient les obstruer. Ces ordures seront déposées aux endroits indiqués à l'article 1er.

» Art. 5. Il est expressément défendu de jeter dans les égouts des urines, des boues et immondices solides, des matières fécales, et généralement tout corps ou matière pouvant obstruer ou infecter lesdits égouts.

» Art. 6. Il est expressément défendu de déposer dans les rues aucunes ordures, immondices, pailles et résidus quelconques de ménage.

» Ces objets devront être portés directement des maisons aux voitures du nettoiement, et remis aux desservants de ces voitures, au moment de leur passage annoncé par une clochette.

» Toutefois, les habitants des maisons qui n'ont ni cour, ni porte-cochère, pourront déposer les ordures, pailles et résidus ménagers, le soir après onze heures, ou le matin avant huit heures, depuis le 1er novembre jusqu'au 1er avril, et le soir après onze heures ou le matin avant sept heures, depuis le 1er avril jusqu'au 1er novembre.

» Ces dépôts devront être faits sur les points de la voie publique désignés en l'article 1er, pour la mise en tas des immondices provenant du balayage.

» ART. 7. Il est également défendu de jeter des eaux sur la voie publique; ces eaux devront être portées au ruisseau pour y être versées de manière à ne pas incommoder les passants. Il est interdit d'y jeter des urines et d'autres eaux infectes.

» ART. 8. Il est généralement défendu de déposer sur la voie publique les bouteilles cassées, les morceaux de verre, de poterie, de faïence, et tous autres objets de même nature pouvant occasionner des accidents.

» Ces objets devront être directement portés aux voitures du nettoiement, et remis aux desservants de ces voitures.

» ART. 9. Il est défendu de rien jeter des habitations sur la voie publique.

» ART. 10. Dans le cas où des réparations à faire dans l'intérieur des maisons nécessiteraient le dépôt momentané de terres, sables, gravois et autres matériaux sur la voie publique, ce dépôt ne pourra avoir lieu que sous l'autorisation préalable du commissaire de police du quartier.

» La quantité des objets déposés ne devra jamais excéder le chargement d'un tombereau, et leur enlèvement complet devra toujours être effectué avant la nuit. Si par suite de force majeure cet enlèvement n'avait pu être opéré complétement, les terres, sables, gravois, ou autres matériaux devront être suffisamment éclairés pendant la nuit.

» Sont formellement exceptés de la tolérance ci-dessus : les terres, moellons ou autres objets provenant des fosses d'aisance; ces débris devront être immédiatement emportés, sans pouvoir jamais être déposés sur la voie publique.

» En cas de contravention, les commissaires de police et le directeur de la salubrité feront faire, d'office et aux frais des contrevenants, l'enlèvement des dépôts, et au besoin l'éclairage, sans préjudice des peines encourues.

» Art. 11. Il est enjoint à tout propriétaire ou locataire de maisons ou terrains situés le long des rues ou portions des rues non pavées, de faire combler, chacun en droit soi, les excavations, enfoncements et ornières, et d'entretenir le sol en bon état, de conserver et de rétablir les pentes nécessaires pour procurer aux eaux un écoulement facile, et de faire en un mot toutes les dispositions convenables pour que la liberté, la sûreté de la circulation et la salubrité ne soient pas compromises.

» Art. 12. Ceux qui transporteront des terres, sables, gravois, fumier-litière et autres objets quelconques, pouvant par leur chute salir la voie publique, devront charger leurs voitures de manière que rien ne s'en échappe, et ne puisse se répandre.

» Le nettoiement des rues ou parties des rues salies par les voitures en surcharge sera opéré d'office, à la diligence des commissaires de police et du directeur de la salubrité, aux frais des contrevenants et sans préjudice des peines encourues.

» Art. 13. Les concierges, portiers ou gardiens des établissements publics et maisons domaniales, sont personnellement responsables de l'exécution des dispositions ci-dessus, en ce qui concerne les établissements et maisons auxquels ils sont attachés.

» Art. 14. Les contraventions aux injonctions ou défenses faites par la présente ordonnance, seront constatées par des procès-verbaux ou rapports qui nous seront adressés. Les contrevenants seront traduits, s'il y a lieu, devant les tribunaux pour être punis conformément aux lois et règlements en vigueur. »

Ordonnance de police concernant l'arrosement.

Du 17 mai 1834.

« Nous, conseiller d'état, préfet de police,

» Considérant qu'il importe de prendre des mesures pour assurer, pendant les chaleurs, l'arrosement de la voie publique ;

» Vu la loi des 16-24 août 1790 ;

» Vu l'arrêté du gouvernement du 11 messidor an VIII (1er juillet 1800) :

» Ordonnons ce qui suit :

» Art. 1er. À compter du jour de la publication de la présente ordonnance, et pendant tout le temps que dureront les chaleurs, les propriétaires ou locataires sont tenus de faire arroser, à onze heures du matin et à trois heures de l'après-midi, la partie de la voie publique au-devant de leurs maisons, boutiques, jardins et autres emplacements en dépendant ; ils feront écouler les eaux des ruisseaux pour en éviter la stagnation.

» Cette disposition est applicable aux propriétaires ou locataires des passages publics et à ciel ouvert, existant sur des propriétés particulières, ainsi qu'aux concessionnaires des ponts pavés ou cailloutés, dont le passage est soumis à un droit de péage.

» Art. 2. Il est défendu de se servir de l'eau stagnante des ruisseaux pour l'arrosement.

» Art. 3. Les concierges, portiers ou gardiens des établissements publics et maisons domaniales sont personnellement responsables de l'exécution des dispositions ci-dessus, en ce qui concerne les établissements et maisons auxquels ils sont attachés.

» Art. 4. Les contraventions aux injonctions ou défenses faites par la présente ordonnance seront constatées par des procès-verbaux ou rapports qui nous seront adressés.

» Les commissaires de police et le directeur de la salu-

brité feront arroser d'office et aux frais des contrevenants, qui en outre seront traduits, s'il y a lieu, devant
les tribunaux, pour être punis, conformément aux lois
et règlements en vigueur. »

Ordonnance de police concernant les neiges et glaces.

Du 7 janvier 1835.

« Nous, conseiller d'état, préfet de police,

» Considérant qu'à l'approche de la mauvaise saison,
il importe de prendre des mesures pour que l'enlèvement
des glaces et neiges s'opère avec célérité et pour assurer
la propreté et la libre circulation de la voie publique;

» Considérant que ces mesures ne peuvent produire
des résultats satisfaisants qu'autant que les habitants
concourent, en ce qui les concerne, à leur exécution,
et remplissent les obligations qui leur sont imposées dans
l'intérêt de tous;

» Vu l'art. 471 du Code pénal;

» Vu les art. 2 et 22 de l'arrêté du gouvernement
du 12 messidor an VIII (1er juillet 1800);

» Ordonnons ce qui suit :

» Art. 1er. Dans les temps de neiges et glaces, les
propriétaires ou locataires sont tenus de faire balayer
la neige et casser les glaces au-devant de leurs maisons,
boutiques, cours, jardins et autres emplacements, jusqu'au milieu de la rue; ils mettront les neiges et glaces
en tas; ces tas doivent être placés de la manière suivante, selon les localités, savoir :

» Dans les rues sans trottoirs, auprès des bornes;
dans les rues à trottoirs, le long des ruisseaux, du côté
de la chaussée, si la rue est à chaussée bombée; le
long des trottoirs, si la rue est à chaussée fendue.

» En cas de verglas, ils doivent jeter au-devant de leurs
habitations des cendres, du sable ou du mâchefer.

» ART. 2. Dans les rues à chaussée bombée, chaque propriétaire ou locataire doit tenir libre le cours du ruisseau au-devant de sa maison, et faciliter l'écoulement des eaux ; dans les rues à chaussée fendue, il y pourvoira conjointement avec le propriétaire ou locataire qui lui fait face.

» Pour prévenir les inondations par suite de pluie ou de dégel, les habitants devant la maison desquels se trouvent des bouches ou des grilles d'égouts, doivent les faire dégager des ordures qui pourraient les obstruer ; ces ordures seront déposées aux endroits indiqués dans l'art. 1er.

» ART. 3. Il est défendu de déposer des neiges et glaces auprès des grilles et des bouches d'égouts.

» Il est également défendu de pousser dans les égouts les glaces et neiges congelées, qui, au lieu de fondre, interceptent l'écoulement des eaux.

» ART. 4. Il est défendu de déposer dans les rues aucunes neiges et glaces provenant des cours ou de l'intérieur des habitations.

» ART. 5. Il est défendu aux propriétaires ou entrepreneurs de bains et autres établissements, tels que teintureries, blanchisseries, etc. ; qui emploient beaucoup d'eau, de laisser couler sur la voie publique les eaux de leurs établissements pendant les gelées.

» Les contrevenants seront requis de faire briser et enlever les glaces provenant de leurs eaux ; faute par eux d'obtempérer à cette réquisition, il y sera procédé d'office et à leurs frais, par le commissaire de police du quartier, ou par le directeur de la salubrité, sans préjudice des peines encourues.

» ART. 6. Les concierges, portiers, ou gardiens des établissements publics et maisons domaniales, sont personnellement responsables de l'exécution des dispositions ci-dessus, en ce qui concerne les établissements et maisons auxquels ils sont attachés.

» Art. 7. Il n'est point dérogé aux dispositions de l'ordonnance du 27 mars 1834, concernant le balayage et la propreté de la voie publique et qui continueront de recevoir leur exécution, et notamment celles qui sont relatives aux dépôts de gravois et de décombres, qui sont interdits sous quelque prétexte que ce soit.

» Art. 8. Les contraventions aux injonctions ou défenses faites par la présente ordonnance, seront constatées par des procès-verbaux ou rapports, qui nous seront adressés, et les contrevenants seront traduits, s'il y a lieu, devant les tribunaux, pour être punis conformément aux lois et règlements en vigueur. »

§ II. *Règlements concernant la rivière de Bièvre.*

(*Voir* l'arrêt du conseil, du 26 février 1732, et la déclaration du 28 septembre 1728, au § 5 du chapitre précédent.)

Arrêté du gouvernement relatif à la police de la rivière de Bièvre.

Du 25 vendémiaire an IX (17 octobre 1800).

« Art. 1er. A commencer de ce jour, la police de la rivière de Bièvre fera partie des attributions des préfets des départements de la Seine, de Seine-et-Oise, et du préfet de police de Paris, chacun suivant la compétence qui lui est réglée par les lois et arrêtés du gouvernement.

» Art. 2. Ils veilleront, chacun en ce qui le concerne, au maintien des dispositions de l'arrêt du conseil du 26 février 1732, relatives à la conservation des eaux de ladite rivière.

» En conséquence, ils donneront des ordres pour qu'il

soit fait un curage général et annuel de ladite rivière ; savoir, pour la partie supérieure, dans le courant de messidor, et pour la partie inférieure, dans le courant de fructidor.

» Ils feront tenir libre le cours des eaux de la rivière, depuis la fontaine Bouvière jusqu'à leur chute dans la Seine, ensemble celui des sources et ruisseaux y affluents, même dans les canaux où elles passent, à l'effet de quoi les saignées et ouvertures qui ont été faites sans titre légal aux berges de ladite rivière, sources et ruisseaux, seront supprimées et tous autres empêchements quelconques, même les arbres qui se trouveront plantés dans leur lit et le long de ladite rivière, dans la distance d'un mètre quatre décimètres de berge, aux frais et dépens de ceux qui auront causé lesdits empêchements et planté lesdits arbres, et ce, quinzaine après la sommation qui leur en aura été faite au domicile de leurs fermiers ou meuniers ; en sorte que des canaux établis par titre, il en sorte autant d'eau qu'il en aura entré ; ce qui sera justifié par les propriétaires desdits canaux ou passages, sinon il sera donné des ordres pour la suppression desdits canaux et passages.

» Ils feront entretenir et fortifier les berges de la rivière par les meuniers, chacun dans son étendue, en remontant d'un moulin à l'autre, de manière que les eaux ne puissent sortir de leur lit ni passer au travers desdites berges pour se répandre dans les prés ou ailleurs.

» Ils renouvelleront des défenses faites à tous les propriétaires riverains de la Bièvre d'ouvrir de nouveaux canaux, de faire aucune saignée ou batardeau, soit au lit de ladite rivière, soit aux sources ou canaux y affluents, et d'établir une blanchisserie dans les prairies adjacentes, conformément aux dispositions de l'arrêt du 26 février 1732.

» Enfin ils maintiendront l'exécution dudit arrêt en

tout ce qui n'est pas contraire aux dispositions du présent arrêté.

» Art. 3. La dépense du curage de la rivière, de l'entretien et de la conservation des eaux, continuera d'être, comme par le passé, à la charge des habitants du faubourg Saint-Marceau, occupant les maisons sises le long de ladite rivière, et des meuniers des moulins désignés dans les arrêts du conseil, sous la dénomination commune des intéressés à la conservation des eaux. »

(Les autres articles règlent le mode de répartition des dépenses, dont le contingent pour chaque intéressé est déterminé, art. 5, d'après la consommation des eaux que la profession qu'il exerce entraîne, le nombre d'ouvriers qu'il emploie, l'étendue des terrains qu'il occupe, et autres données de même nature.)

Ordonnance de police pour l'exécution de l'arrêté qui précède et des règlements antérieurs.

Du 19 messidor an IX (8 juillet 1800).

« Art. 1er. Dans le département de la Seine, le cours des eaux de la rivière de Bièvre et des sources et ruisseaux qui y affluent sera tenu libre, même dans les canaux particuliers où elles passent.

» Les prises d'eau et les saignées ou ouvertures qui ont été faites sans titre légal aux berges de la rivière et des sources et ruisseaux seront supprimées aux frais des propriétaires riverains, dans la quinzaine de la publication de la présente ordonnance.

» Seront aussi supprimés, aux frais des propriétaires et dans le même délai, les arbres, arbustes, et généralement tous les objets qui gêneraient le cours de l'eau. (Art. 19 de l'arrêt du 26 février 1732, et article 2 de l'arrêté de vendémiaire an IX.)

» ART. 2. Il est défendu de jeter dans la rivière des matières fécales, de la paille, du fumier, des gravois, des bouteilles cassées et autres immondices qui pourraient en obstruer le cours, corrompre les eaux ou blesser les personnes qui feraient le curage. (§ V, art. 3, loi du 24 août 1790.)

» ART. 3. Il est défendu de construire des latrines qui auraient leur chute, soit dans la rivière vive ou morte, soit dans le faux ru.

» Les propriétaires qui en auraient fait construire sont tenus de les supprimer dans le mois, à compter de la publication de la présente ordonnance, le tout sous les peines portées par l'art. 36 de l'arrêt de 1732. (Même paragraphe, même article.)

» ART. 4. Il est défendu de jeter les immondices dans les ruisseaux qui se rendent à la rivière de Bièvre et au faux ru, sous les peines portées par l'art. 50 du même arrêt. (*Idem.*)

» ART. 5. Les propriétaires de terrains clos, traversés par la rivière, tiendront leurs grilles dégagées de manière que rien ne forme obstacle au libre passage des eaux. (*Idem.*)

» ART. 6. Il ne pourra être ouvert de canaux ou bassins, ni fait aucune saignée ou batardeau, soit au lit de la rivière, soit aux sources ou canaux y affluents, sous les peines portées par les art. 20 et 21 de l'arrêt de 1732.

» ART. 7. Dans le mois, à compter du jour de la publication de la présente ordonnance, tous propriétaires de canaux et bassins actuellement existants, alimentés par la rivière de Bièvre ou par les fontaines, sources et ruisseaux y affluents, seront tenus de justifier de leurs titres au préfet de police.

» Ce délai passé, seront supprimés les canaux et bassins dont les propriétaires n'auraient pas satisfait à la disposition précédente.

» Ceux mêmes qui auraient produit leurs titres devront faire exécuter tous les changements qui seront jugés nécessaires.

» Leurs canaux et bassins seront entretenus de telle manière qu'ils *rendent le même volume d'eau qu'ils reçoivent*. (Art. 19 de l'arrêt de 1732 et art. 2 de l'arrêté du 25 vendémiaire an IX.)

» Art. 8. Les propriétaires des héritages qui bordent la Bièvre seront tenus de laisser sur chaque rive une berge d'un mètre trente-trois centimètres de plate-forme et de deux mètres d'empattement; elle aura soixante-six centimètres au-dessus des eaux d'été, sinon il y sera pourvu à leurs frais. (Art. 42 de l'arrêt de 1732.)

» Art. 9. Les berges seront entretenues par les meuniers en remontant d'un moulin à l'autre, et fortifiées de manière que dans aucun cas les eaux ne puissent se répandre dans les prés ou ailleurs, sous les peines portées par l'art. 23 de l'arrêt de 1732 et l'art. 2 de l'arrêté de vendémiaire an IX.

» Art. 10. Les appentis établis sur les berges pour l'exploitation des tanneries, mégisseries et autres ateliers, seront entretenus en bon état par les propriétaires. Les pieux ou piliers qui le supportent seront placés à deux décimètres du bord de la rivière.

» Il sera laissé sur la berge un espace libre et suffisant pour pouvoir la parcourir facilement. (Art. 74 de l'arrêt du 28 février 1716.)

» Art. 11. La berge de la rivière au coin du clos Laurenchet et la vanne qui y est établie continueront d'être entretenues aux frais des intéressés à la conservation de la rivière, de façon que cet endroit ne puisse servir d'abreuvoir aux bestiaux et que les eaux ne se répandent pas dans la prairie de Gentilly.

» En conséquence, la vanne sera tenue fermée et ne

pourra être levée que sur l'ordre du préfet de police. (Art. 7 de l'arrêt de 1732.)

» Art. 12. Toutes personnes qui voudront construire ou réconforter soit un bâtiment, soit un mur le long de la rivière, seront tenues de se conformer à l'art. 26 de l'arrêt de 1732.

» Elles ne pourront commencer aucuns travaux sans en avoir obtenu la permission du préfet de police.

» Les propriétaires de bâtiments ou murs actuellement existants qui ne justifieront pas des permissions qui ont dû leur être accordées, seront, s'il y a lieu, poursuivis conformément à l'arrêt précité.

» Art. 13. Les moulins établis sur la rivière de Bièvre dans tout le département de la Seine resteront dans l'état où ils ont été mis, en exécution de l'art. 6 de l'arrêt de 1732.

» S'il a été fait aux vannes, déversoirs ou déchargeoirs quelques changements autres que ceux prescrits, les moulins seront, aux frais des propriétaires, remis dans l'état où ils doivent être, et ce dans le mois à compter de la publication de la présente ordonnance.

» A cet effet, il sera procédé aux vérifications nécessaires pour connaître les changements et innovations qui ont eu lieu.

» Art. 14. Les fausses vannes qui servent de déversoirs aux moulins établis sur la rivière seront armées d'une bande de fer plat rivée, étalonnée et marquée PP dans la hauteur et la largeur des vannes. Le poinçon sera remis à l'inspecteur général de la navigation et des ports pour servir à l'étalonnage; il sera ensuite déposé à la Préfecture de police.

» Tout meunier qui se servirait de fausses vannes non étalonnées, ou qui les surhausserait par un moyen quelconque, sera poursuivi conformément aux lois. (Art. 14 et 15 de l'arrêt de 1732.)

» Art. 33. Les propriétaires et meuniers pourront

faire curer eux-mêmes les parties qui sont à leur charge, mais ils devront, chacun en ce qui le concerne, y faire travailler en même temps que les ouvriers de l'entrepreneur, sans pouvoir entraver ou retarder ses opérations, l'entrepreneur étant chargé de faire tout ce qui ne sera pas fait ou sera mal fait. (§ V, art. 3, loi du 24 août 1790.)

» ART. 35. Il est défendu de jeter dans la rivière les immondices provenant du curage, sous les peines portées par l'art. 47 de l'arrêt de 1732. (*Idem.*)

» ART. 36. Toutes les immondices qui proviendront du curage, tant de la Bièvre hors de Paris, que des ruisseaux qui y affluent, seront mises sur les bords pour les soutenir et les fortifier, de manière cependant qu'elles ne puissent pas retomber dans le lit de la rivière ou des ruisseaux, sous les peines portées par l'art. 43 du même arrêt. (*Idem.*)

» ART. 37. Les habitants du faubourg Saint-Marcel établis le long de la Bièvre seront tenus, chacun en ce qui le concerne, de faire enlever, à la fin de fructidor de chaque année, les immondices qui seront provenues du curage et de les faire transporter aux champs, sous les peines portées par l'art. 46 de l'arrêt de 1732. » (*Idem.*)

Le surplus des articles de cette ordonnance concerne plus particulièrement l'usage des eaux à l'égard des blanchisseurs, tanneurs, amidonniers et autres fabricants.

En exécution d'une ordonnance de police du 26 messidor an X, le curage de la rivière est donné à l'entreprise, sans que les riverains puissent s'immiscer dans ce travail.

§ III. *Des caves, puits et fosses d'aisance.*

Sentence de police qui enjoint de mettre des défenses autour des puits et tonneaux.

Du 18 mars 1701, renouvelée le 4 septembre 1716.

« Avons enjoint à tous bourgeois, jardiniers et autres propriétaires ou locataires de jardins et marais sis en cette ville et faubourgs et lieux adjacents, de faire mettre incontinent autour des puits, fosses ou tonneaux qui seront dans l'étendue desdits marais et jardins, des défenses de pierres et pieux ou des palissades, à peine de deux cents livres d'amende contre chacun des contrevenants ou refusants, et de punition exemplaire s'il y échoit. » (§ V, art. 471 du Code pénal.)

Ordonnance de police concernant l'épuisement des eaux des caves et des puits.

Du 14 mai 1701.

« Ordonnons à tous propriétaires et locataires de maisons de cette ville et faubourgs qui ont de l'eau dans leurs caves, de les faire incessamment vider, ensemble les puits desdites maisons, dont les eaux sont grossies et enflées par celle-là, et à cet effet leur enjoignons d'y mettre des ouvriers dans trois jours après la publication de la présente ordonnance pour y travailler sans discontinuation... à peine de cinq cents livres d'amende et de tous dépens, dommages et intérêts qui pourront être prétendus par les voisins, auxquels les deux plus proches ou à l'un d'entre eux, il est permis de faire vider les eaux des caves de ceux qui auront négligé de le faire, aux frais des négligents, et les locataires qui, au défaut des propriétaires, emploieront et payeront les ouvriers

de leurs salaires justes et raisonnables, les pourront retenir sur les loyers par préférence à toute saisie faite ou
à faire...... »

Ordonnance de police concernant les incendies.

Du 20 janvier 1727.

« Ordonnons que les arrêts et règlements et nos ordonnances de police des 29 janvier et 21 juin 1726 seront
exécutées selon leur forme et teneur, et en y augmen-
tant enjoignons à tous propriétaires ou principaux locataires des maisons où il y a des puits, de les entretenir
de bonnes et suffisantes poulies, et d'avoir soin à ce
qu'elles soient exactement et journellement garnies de
cordes. Enjoignons pareillement auxdits propriétaires et
principaux locataires des maisons, d'avoir en icelle un ou
plusieurs seaux qui puissent servir au besoin et le cas de
feu arrivant : le tout à peine de cent livres d'amende
contre les propriétaires ou principaux locataires qui
auraient négligé de se conformer aux présentes dispositions. » (§ V, art. 3, loi du 24 août 1790.)

Ordonnance du lieutenant général de police sur l'épui-sement des eaux dans les caves.

Du 28 janvier 1741.

« Nous ordonnons aux propriétaires et principaux
locataires des maisons de cette ville et faubourgs qui ont
encore de l'eau dans leurs caves, de les vider deux jours
après la publication de notre présente ordonnance,
même d'en faire enlever les boues et le limon que le
séjour des eaux aura produit. Seront tenus les propriétaires de pourvoir ensuite aux réparations à faire tant
aux voûtes des caves qu'aux voûtes des fosses d'aisance
qui peuvent avoir été endommagées, et aux fondements
des maisons qui menaceraient le moindre danger ; or-

donnons en outre à tous ceux qui auront du bois dans leurs caves ou dans d'autres endroits de leurs maisons où l'eau aura pénétré, de le faire sortir et de le faire sécher à l'air avant de le remettre dans les mêmes dépôts, à peine de deux cents livres d'amende pour chaque contravention. »

Ordonnance de police sur le même sujet.

Du 24 pluviôse an X (13 février 1802).

« Art. 1er...... Les propriétaires feront épuiser l'eau qui serait encore dans les caves et souterrains de leurs maisons; ils feront aussi enlever les vases et limons qui s'y trouveront, le tout à peine de quatre cents francs d'amende. (Ordonnance du 28 janvier 1744.)

(L'article 2 autorise les locataires, à défaut des propriétaires, à faire épuiser l'eau de leurs caves et à retenir sur les loyers le prix de l'épuisement. (Ordonnance du 14 mai 1701, *voyez* pag. 397.)

» Art. 3. Toute fosse d'aisance dégradée sera réparée.

» Art. 4...... Elles (*les réparations*) seront faites sans délai en cas de péril imminent, le tout à peine de quatre cents francs d'amende. » (Ordonnance du 28 janvier 1744.)

Autre ordonnance de police concernant le percement, le curage, la réparation et l'entretien des puits.

Du 8 mars 1815.

« Vu les règlements de police des 18 novembre 1701 et 4 septembre 1716, les ordonnances des 20 janvier, 3 décembre 1727, 13 mai 1734 et 15 novembre 1744, etc.

» § Ier. *Percement des puits.*

» Art. 1er. Aucun puits ne sera percé, aucune opération d'approfondissement, de sondage, de réparations et autres, ne sera entreprise dans Paris sans une déclaration au département de la police.

» L'entrepreneur y désignera l'endroit où l'on a le projet de faire les travaux. (§ V, loi du 24 août 1790 ; § V, art. 471 du Code pénal.)

» Art. 2. Dans un mois à compter de la publication de la présente ordonnance, les entrepreneurs, perceurs, cureurs, sondeurs, et autres ouvriers travaillant à des puits dans le département de la Seine, seront tenus de se faire inscrire à l'administration de la police de Paris. (*Idem.*)

» Art. 3. En exécution de la loi du 22 germinal an XI, les ouvriers sondeurs de puits seront tenus d'avoir des livrets.

» Les cureurs seront pourvus d'une médaille qui leur sera délivrée au département de la police.

» Art. 4. Il est enjoint à tous entrepreneurs de puits de ne se servir que d'ouvriers porteurs de livrets. (*Idem.*)

» Art. 5. Dans un mois à compter de la publication de la présente ordonnance, les puits, quel que soit leur genre de construction, seront entourés de mardelle en maçonnerie ou avec des barres de fer.

» A défaut de mardelle, les puits situés dans les marais seront défendus par une enceinte formée par un mur en maçonnerie ou en terre, d'un mètre de hauteur à un mètre au moins de distance du puits.

» Le tout à peine de l'amende déterminée par les règlements des 18 novembre 1701 et 3 décembre 1727, maintenus par l'art. 484 du Code pénal.

» § II. *Curage.*

» Art. 6. Il est défendu d'employer au curage d'un puits des ouvriers qui n'auraient pas de médaille. (§ V, art. 3, loi du 24 août 1890 ; § V, art. 471 du Code pénal.)

» Art. 7. Les cureurs ne pourront descendre dans les puits, pour quelque cause que ce soit, sans être ceints d'un bridage dont l'extrémité sera tenue par un ouvrier placé à l'extérieur. (*Idem.*)

» Art. 8. Les puits abandonnés ou qui, sans être abandonnés, pourraient être soupçonnés de méphitisme, ne seront curés que d'après l'instruction annexée à la présente ordonnance.

» On prendra les mêmes précautions lorsque les travaux auront été suspendus pendant vingt-quatre heures. (*Idem.*)

» Art. 9. Si, nonobstant les précautions indiquées par l'instruction, un ouvrier était frappé du plomb, les travaux seraient suspendus.

» Il est enjoint aux propriétaires, locataires et entrepreneurs d'en faire sur-le-champ la déclaration à Paris, au commissaire de police, et au maire, dans les communes rurales. (*Idem.*)

» Art. 10. Lorsqu'un puits sera reconnu méphitisé, il sera par nous statué si les eaux peuvent être coulées dans le ruisseau sans danger, ou s'il est important pour la salubrité de les faire transporter à la voirie de Mont-Faucon ; dans ce dernier cas, l'opération ne pourra être faite que par des ouvriers vidangeurs et dans des tinettes hermétiquement fermées. (§ Ier et V de la loi du 24 août 1790, § VI, art. 471 du Code pénal.)

» § III. *Réparations.*

» Art. 11. Les maçons, appelés à la réparation ou à reconstruction d'un puits dont l'eau aura été trouvée corrompue, ne pourront y travailler qu'avec les précautions ci-après :

» Art. 12. Tout maçon chargé de la réparation d'un puits sera tenu, tant que durera l'extraction des pierres des parties à réparer, d'avoir à l'extérieur du puits autant d'ouvriers qu'il en emploiera dans l'intérieur. (§ V, art. 3, loi du 25 août 1790, § V, art. 471 du Code pénal.)

» ART. 13. Chaque ouvrier travaillant à l'extraction des pierres d'un puits à réparer, sera ceint d'un bridage dont l'attache sera tenue par un ouvrier placé à l'extérieur (*Idem.*)

» ART. 14. Si des ouvriers maçons sont frappés du plomb pendant la démolition ou réparation d'un puits, les travaux seront suspendus et déclaration en sera faite dans le jour, à Paris, au commissaire de police, et au maire dans les communes rurales. (*Idem.*)

» La démolition ou réparation ne pourra en être reprise qu'avec les précautions qui seront prescrites par l'autorité locale, sur l'avis des gens de l'art.

» § IV. *Entretien.*

» ART. 15. Il est enjoint aux propriétaires ou principaux locataires des maisons où il y a des puits de les entretenir en état de service et garnis de cordes, poulies et seaux, ou d'avoir soin que les pompes ou autres machines hydrauliques qui y seraient établies soient constamment maintenues en bon état, de manière qu'on puisse s'en servir en cas d'incendie, sous les peines portées par les ordonnances de police des 20 janvier 1727, 15 mai 1734 et 15 novembre 1781. (*Idem.*)

» § V. *Dispositions générales.*

» ART. 16. Les entrepreneurs sont responsables des contraventions aux dispositions de la présente ordonnance. (Art. 74 du Code pénal et 1374 du Code civil.

» ART. 17. Les ouvriers qui trouveraient dans les puits soit des objets qui pourraient faire soupçonner un délit, soit des effets quelconques, en feront la déclaration chez un commissaire de police, et au maire dans les communes rurales. (Art. 379 du Code pénal.)

» Il leur sera donné une récompense s'il y a lieu. »

Instruction relative au curage et à la réparation des puits.

(Les infractions à cette instruction sont prévues par le § V de la loi du 24 août 1790, l'art. 5 même loi, les art. 600 et suivants du Code des délits et des peines.)

« Lorsqu'il est nécessaire de curer un puits ou d'y descendre pour y faire quelques réparations, le premier soin que l'on doit avoir est de s'assurer de l'état de l'air qu'il renferme. Cet air peut être vicié par différentes causes et donner lieu à des accidents très-graves : il faut donc commencer par descendre une lanterne allumée jusqu'à la surface de l'eau ; si elle ne s'éteint pas, on la retire, et par le moyen d'un poids attaché à une corde on agite fortement l'eau jusqu'à son fond ; on redescend la lumière. Si à cette seconde épreuve la lumière ne s'éteint pas, les ouvriers peuvent commencer leurs travaux, en se munissant par précaution d'un petit appareil désinfectant de Guyton-Morveau. Il est important que les ouvriers soient revêtus d'un bridage.

» Si la lumière s'éteint, on remarquera la profondeur à laquelle elle cesse de brûler. On ne descendra point dans le puits, parce qu'on y serait asphyxié. Le gaz ou air méphitique, qui ne permet ni la combustion ni la respiration, peut être *du gaz azote, du gaz acide carbonique, du gaz oxide de carbone, de l'hydrogène sulfuré.* Dans l'incertitude où l'on est sur sa nature, il faut, quel qu'il soit, renouveler l'air du puits, et pour cela le moyen le plus prompt et le plus certain est un ventilateur.

» Pour l'établir il faut, avec des planches, du plâtre et de la glaise, boucher hermétiquement l'ouverture du

puits; au milieu de cette espèce de couvercle pratiquer un trou d'un décimètre environ de large, sur lequel on placera un fourneau ou réchaud de terre, qui
ne pourra recevoir d'air que celui du puits; on ajou-
tera près de la mardelle un tuyau de plomb ou fer-blanc,
qui descendra dans le puits jusqu'à un décimètre de la
surface de l'eau. Cet appareil une fois établi, on rem-
plira le fourneau de braise ou de charbon allumé, et
on le couvrira d'un dôme de terre cuite ou de tôle sur-
monté d'un bout de tuyau de poêle, afin de donner au
fourneau la propriété d'attirer beaucoup d'air. Quand
le fourneau a été en activité pendant une heure ou deux,
suivant la profondeur du puits, on l'enlève et l'on des-
cend dans le puits la lanterne. Si elle s'éteint encore à
peu de distance de la surface de l'eau, c'est que le gaz
méphitique s'y renouvelle.

» Alors il faut mettre le puits à sec, attendre
quelques jours, l'épuiser de nouveau, et recommencer
l'application du fourneau ventilateur, ou, si l'on ne
peut établir cet appareil, y substituer un ou deux forts
soufflets de forge que l'on adaptera au tuyau prolongé,
jusqu'à la surface de l'eau. Ces soufflets mis en action
pendant un quart d'heure ou deux déplaceront l'air
vicié du puits. Enfin on redescendra la lanterne, et si
elle s'éteint il faut renoncer à l'usage du puits et le
condamner.

» Si par un essai préliminaire fait par un homme de
l'art, on a reconnu la nature du gaz délétère que l'on
veut détruire, on peut employer les réactifs suivants :

» Pour neutraliser *l'acide carbonique* on verse dans
le puits avec des arrosoirs plusieurs sceaux de lait de
chaux et l'on agite ensuite l'eau fortement.

» Pour détruire *le gaz hydrogène sulfuré ou carboné*,
on fait descendre au fond du puits, par le moyen d'une
corde, un vase ouvert, contenant un mélange de man-
ganèse et de muriate de soude arrosé d'acide sulfurique;

mais lorsque le gaz est de l'*azote*, il faut avoir recours au fourneau ventilateur, ou au soufflet, et en vérifier l'effet par l'épreuve de la lanterne allumée. »

Ordonnance du roi qui détermine le mode de construction des fosses d'aisance dans la ville de Paris.

Du 24 septembre 1819.

« SECTION Ire. *Des constructions neuves.*

» ART. 1er. A l'avenir dans aucun des bâtiments publics ou particuliers de notre bonne ville de Paris et de leurs dépendances, on ne pourra employer pour fosses d'aisance, des puits, puisarts, égouts, aqueducs ou carrières abandonnées, sans y faire les constructions prescrites par le présent règlement.

» ART. 2. Lorsque les fosses seront placées sous le sol des caves, ces caves devront avoir une communication immédiate avec l'air extérieur.

» ART. 3. Les caves sous lesquelles seront construites les fosses d'aisance devront être assez spacieuses pour contenir quatre travailleurs et leurs ustensiles, et avoir au moins deux mètres de hauteur sous voûte.

» ART. 4. Les murs, la voûte et le fond des fosses seront entièrement construits en pierres meulières, maçonnées avec du mortier de chaux maigre et de sable de rivière bien lavé.

» Les parois des fosses seront enduites de pareil mortier lissé à la truelle.

» On ne pourra donner moins de trente à trente-cinq centimètres d'épaisseur aux voûtes, et moins de quarante-cinq ou cinquante centimètres aux massifs et aux murs.

» ART. 5. Il est défendu d'établir des compartiments ou divisions dans les fosses, d'y construire des piliers, et d'y faire des chaînes ou des arcs en pierres apparentes.

» Art. 6. Le fond des fosses d'aisance sera fait en forme de cuvette concave.

» Tous les angles intérieurs seront effacés par des arrondissements de vingt-cinq centimètres de rayon.

» Art. 7. Autant que les localités le permettront, les fosses d'aisance seront construites sur un plan circulaire, elliptique ou rectangulaire.

» On ne permettra point la construction de fosses à angles rentrants, hors le seul cas où la surface de la fosse serait au moins de quatre mètres carrés de chaque côté de l'angle; et alors il serait pratiqué, de l'un et de l'autre côté, une ouverture d'extraction.

» Art. 8. Les fosses, quelle que soit leur capacité, ne pourront avoir moins de deux mètres de hauteur sous clef.

» Art. 9. Les fosses seront couvertes par une voûte en plein cintre, ou qui n'en différera que d'un tiers de rayon.

» Art. 10. L'ouverture d'extraction des matières sera placée au milieu de la voûte, autant que les localités le permettront.

» La cheminée de cette ouverture ne devra point excéder un mètre cinquante centimètres de hauteur, à moins que les localités n'exigent impérieusement une plus grande hauteur.

» Art. 11. L'ouverture d'extraction correspondant à une cheminée d'un mètre cinquante centimètres au plus de hauteur, ne pourra avoir moins d'un mètre en longueur sur soixante-cinq centimètres en largeur.

» Lorsque cette ouverture correspondra à une cheminée excédant un mètre cinquante centimètres de hauteur les dimensions ci-dessus spécifiées seront augmentées de manière que l'une de ces dimensions soit égale aux deux tiers de la hauteur de la cheminée.

» Art. 12. Il sera placé en outre à la voûte, dans la partie la plus éloignée du tuyau de chute et de l'ouverture d'extraction, si elle n'est pas dans le milieu, un tampon mobile, dont le diamètre ne pourra être moindre de cinquante centimètres; ce tampon sera encastré dans un châssis en pierre, et garni dans son milieu d'un anneau en fer.

» ART. 13. Néanmoins ce tampon ne sera pas exigible pour les fosses dont la vidange se fera au niveau du rez-de-chaussée, et qui auront sur ce même sol des cabinets d'aisance avec trémie ou siége sans bonde, et pour celles qui auront une superficie moindre de six mètres dans le fond, et dont l'ouverture d'extraction sera dans le milieu.

» ART. 14. Le tuyau de chute sera toujours vertical.

» Son diamètre intérieur ne pourra avoir moins de vingt-cinq centimètres s'il est en terre cuite, et de vingt centimètres s'il est en fonte.

» ART. 15. Il sera établi parallèlement au tuyau de chute un tuyau d'évent, lequel sera conduit jusqu'à la hauteur des souches de cheminées de la maison ou de celles des maisons contiguës, si elles sont plus élevées.

» Le diamètre de ce tuyau d'évent sera de vingt-cinq centimètres au moins : s'il passe cette dimension, il dispensera du tampon mobile.

» ART. 16. L'orifice intérieur des tuyaux de chute et d'évent ne pourra être descendu au-dessous des points les plus élevés de l'intrados de la voûte.

» SECTION II. *Des reconstructions des fosses d'aisance dans les maisons existantes.*

» ART. 17. Les fosses actuellement pratiquées dans des puits, puisarts, égouts anciens, aqueducs ou carrières abandonnées, seront comblées ou reconstruites à la première vidange

» ART. 18. Les fosses situées sous le sol des caves qui n'auraient point de communication immédiate avec l'air extérieur, seront comblées à la première vidange, si l'on ne peut pas établir cette communication.

» Art. 19. Les fosses actuellement existantes dont l'ouverture d'extraction, dans les deux cas déterminés par l'art. 11, n'aurait pas et ne pourrait avoir les dimensions prescrites par le même article ; celles dont la vidange ne peut avoir lieu que par des soupiraux ou des tuyaux, seront comblées à la première vidange.

» Art. 20. Les fosses à compartiments ou étranglements seront comblées ou reconstruites à la première vidange, si l'on ne peut pas faire disparaître ces étranglements ou compartiments, et qu'ils soient reconnus dangereux.

» Art. 21. Toutes les fosses des maisons existantes qui seront reconstruites le seront suivant le mode prescrit par la première section du présent règlement.

» Néanmoins le tuyau d'évent ne pourra être exigé que s'il y a lieu à reconstruire un des murs en élévation au-dessus de ceux de la fosse, ou si ce tuyau peut se placer intérieurement ou extérieurement sans altérer la décoration des maisons.

» Section III. *Des réparations des fosses d'aisance.*

» Art. 22. Dans toutes les fosses existantes et lors de la première vidange, l'ouverture d'extraction sera agrandie, si elle n'a pas les dimensions prescrites par l'art. 11 de la présente ordonnance.

» Art. 23. Dans toutes les fosses dont la voûte aura besoin de réparations, il sera établi un tampon mobile, à moins qu'elles ne se trouvent dans les cas d'exception prévus par l'art. 13.

» Art. 24. Les piliers isolés établis dans les fosses seront supprimés à la première vidange, ou l'intervalle entre les piliers et les murs sera rempli en maçonnerie, toutes les fois que le passage entre ces piliers et les murs aura moins de soixante-dix centimètres de largeur.

» Art. 25. Les étranglements existants dans les fosses, et qui ne laisseraient pas un passage de soixante-dix centimètres au moins de largeur, seront élargis à la première vidange, autant qu'il sera possible.

» ART. 26. Lorsque le tuyau de chute ne communiquera avec la fosse que par un couloir ayant moins d'un mètre de largeur, le fond de ce couloir sera établi en glacis jusqu'au fond de la fosse, sous une inclinaison de quarante-cinq degrés au moins.

» ART. 27. Toute fosse qui laisserait filtrer ses eaux par les murs ou par le fond sera réparée.

» ART. 28. Les réparations consistant à faire des rejointoiements, à élargir l'ouverture d'extraction, placer un tampon mobile, rétablir les tuyaux de chute ou d'évent, reprendre la voûte et les murs, boucher ou élargir des étranglements, réparer le fond des fosses, supprimer des piliers, pourront être faites suivant les procédés employés à la construction première de la fosse.

» ART. 29. Les réparations consistant dans la reconstruction entière d'un mur, de la voûte ou du massif du fond des fosses d'aisance, ne pourront être faites que suivant le mode indiqué ci-dessus pour les constructions neuves.

Il en sera de même pour l'enduit général, s'il y a lieu à en revêtir les fosses.

» ART. 30. Les propriétaires des maisons dont les fosses seront supprimées en vertu de la présente ordonnance, seront tenus d'en faire construire de nouvelles, conformément aux dispositions prescrites par les articles de la première section.

» ART. 31. Ne seront pas astreints aux constructions ci-dessus déterminées les propriétaires, qui, en supprimant leurs anciennes fosses, y substitueront les appareils connus sous le nom de *fosses mobiles inodores*, ou tous autres appareils que l'administration publique aurait reconnu, par la suite, pouvoir être employés concurremment avec ceux-ci.

» ART. 32. En cas de contravention aux dispositions

de la présente ordonnance, ou d'opposition de la part des propriétaires aux mesures prescrites par l'administration, il sera procédé dans les formes voulues devant le tribunal de police ou le tribunal civil, suivant la nature de l'affaire.

» Art. 33. Le décret du 10 mars 1809, concernant les fosses d'aisance dans Paris, est et demeure annulé. »

Ordonnance de police pour l'exécution de l'ordonnance royale qui précède.

Du 23 octobre 1819.

« Vu, 1° l'ordonnance du roi du 24 septembre 1819, etc. ;

» 2° L'ordonnance de police du 24 avril 1808, concernant les vidangeurs ;

» 3° La loi des 16—24 août 1790, titre XI, article 3, § V ;

» 4° L'article 23, § V de l'arrêté du gouvernement du 12 messidor an VIII (1er juillet 1800).

» Art. 1er. L'ordonnance du roi du 24 septembre 1819, contenant règlement pour les constructions, reconstructions et réparations des fosses d'aisance dans la ville de Paris, sera imprimée et affichée.

» Art. 2. Aucune fosse ne pourra être construite, reconstruite, réparée ou supprimée sans déclaration préalable à la préfecture de police.

» Cette déclaration sera faite par le propriétaire ou par l'entrepreneur qu'il aura chargé de l'exécution des ouvrages.

» Dans le cas de construction ou de reconstruction, la déclaration devra être accompagnée du plan de la fosse à construire ou reconstruire, et de celui de l'étage supérieur.

» Art. 3. La même déclaration sera faite, soit par les propriétaires qui feront établir dans leurs maisons les appareils connus sous le nom de *fosses mobiles inodores*, et tous autres appareils que l'administration publique approuverait par la suite, soit par les entrepreneurs de ces établissements.

» Art. 4. Seront tenus à la même déclaration les propriétaires qui voudront combler des fosses d'aisance ou les convertir en caves, ou les entrepreneurs chargés des travaux relatifs à ces comblements et suppressions.

» Art. 5. Il est défendu, même après la déclaration faite à la préfecture, de commencer les travaux relatifs aux fosses d'aisance, ou à l'établissement d'appareils quelconques, sans avoir obtenu l'autorisation nécessaire à cet effet.

» Art. 6. Il est défendu aux propriétaires ou entrepreneurs d'extraire ou faire extraire, par leurs ouvriers ou tous autres, les eaux, vannes et matières qui se trouveraient dans les fosses.

» Cette extraction ne pourra être faite que par un entrepreneur de vidange.

» Art. 7. Il leur est également défendu de faire couler dans la rue les eaux claires et sans odeur qui reviendraient dans la fosse après la vidange, à moins d'y être spécialement autorisés.

» Art. 8. Tout propriétaire faisant procéder à la réparation ou à la démolition d'une fosse, ou tout entrepreneur chargé des mêmes travaux, sera tenu, tant que dureront la démolition et l'extraction des pierres, d'avoir à l'extérieur de la fosse autant d'ouvriers qu'il en emploiera dans l'intérieur.

» Art. 9. Chaque ouvrier travaillant à la démolition ou à l'extraction des pierres sera ceint d'un bridage, dont l'attache sera tenue par un ouvrier placé à l'extérieur.

» Art. 10. Les propriétaires et les entrepreneurs sont, aux termes des lois, responsables des effets des contraventions aux quatre articles précédents.

» Art. 11. Toute fosse, avant d'être comblée, sera vidée et curée à fond.

» Art. 12. Toute fosse destinée à être convertie en cave sera curée avec soin ; les joints en seront grattés à vif et les parties en mauvais état réparées, en se conformant aux dispositions prescrites par les articles 6, 7, 8 et 9.

» Art. 13. Si un ouvrier est frappé d'asphyxie en travaillant dans une fosse, les travaux seront suspendus à l'instant, et déclaration en sera faite dans le jour à la préfecture de police.

» Les travaux ne pourront être repris qu'avec les précautions et les mesures indiquées par l'autorité.

» Art. 14. Tous matériaux provenant de la démolition des fosses d'aisance seront immédiatement enlevés.

» Art. 15. Il ne pourra être fait usage d'une fosse d'aisance nouvellement construite ou réparée qu'après la visite de l'architecte commissaire de la petite voirie, qui délivrera son certificat constatant que les dispositions prescrites par l'autorité ont été exécutées.

» Toutefois, lorsqu'il y aura lieu à revêtir tout ou partie de la fosse de l'enduit prescrit par le § 2 de l'art. 4 de l'ordonnance royale du 24 septembre 1819, il devra être fait, par le même architecte, une visite préalable pour constater l'état des murs avant l'application de l'enduit.

» Art. 16. Tout propriétaire qui aura supprimé une ou plusieurs fosses d'aisance, pour établir des appareils quelconques en tenant lieu, et qui par la suite renoncerait à l'usage desdits appareils, sera tenu de rendre à leur première destination les fosses supprimées, ou d'en faire construire de nouvelles, en se conformant aux dispositions de l'ordonnance du roi du 24 septembre 1819 et de la présente ordonnance.

» Art. 17. Les contraventions seront constatées par

des procès-verbaux ou rapports qui nous seront transmis sans délai.

» Art. 18. Les commissaires de police, l'architecte
commissaire de la petite voirie, l'inspecteur général de
la salubrité, et les autres préposés de la préfecture de police, sont chargés de surveiller l'exécution de la présente
ordonnance. »

FIN.

TABLE

ALPHABÉTIQUE ET ANALYTIQUE DES MATIÈRES.

A.

F.

G.

H.

I.

J.

L.

M.

N.

P.

R.

153. — De faire aucun trou, fouille ni culture sur les côtés des chaussées et accottements, 154. — Ouverture de nouvelles routes ; formalités à suivre, 224. — Formes des enquêtes, 247 et suiv. — Dispositions relatives à la police de conservation, 310, 311. (*Voyez* ALIGNEMENTS, ARBRES, CHEMINS PUBLICS, RUES.)

RUES de Paris ; sont réputées grandes routes, T. I, 15. — Des communes rurales sont régies comme celles des villes, 38, T. II, 44. — Leur largeur à Paris, 197, 262. — Percement et alignement des rues à Paris, 261 et suiv. (*Voyez* ALIGNEMENTS, CHEMINS, ROUTES.)

S.

SAILLIES ; en quoi elles consistent , T. I, 46. — Distinction qu'elles présentent, 47. — Défense d'en faire sur les rues, 48, 140. — A Paris, défense de bâtir en saillie sur les rues, T. II, 196, 204, 205. — De consolider celles qui existent, 205. — Sont classées selon leur nature dans les attributions du préfet de la Seine et dans celles du préfet de police, 202. — Droits attachés aux permissions que l'administration accorde, 203, 206 et suiv. — Tarif de ces droits, 209 et suiv. — Règlement général sur les saillies à Paris, leur nature et la dimension de celles qui peuvent être autorisées, 212, 270, 317. (*Voyez* ALIGNEMENTS, CHEMINS, ROUTES, RUES.)

SALPETRIERS. (*Voyez* DÉMOLITIONS.)

SERVITUDES aux abords des places de guerre, T. I, 162. — Aux abords des forêts, 216.

SURETE de la voie publique à Paris, 306, 307, 308, 309, 339.

T.

TERRAINS pris ou fouillés ; règles à suivre, T. I, 143. — Obligations imposées aux agents de l'administration, 157. Les règles établies s'appliquent pour les travaux des communes comme pour ceux de l'état, 157. (*Voyez* INDEMNITÉS.)

V.

www.ingramcontent.com/pod-product-compliance
Lightning Source LLC
Chambersburg PA
CBHW060532220326
41599CB00022B/3497